불온한 공익

지은이 류하경

민주사회를 위한 변호사모임 노동위원회 소속 변호사. 연세대학교 사회학과, 전남대학교 법학전문대학원을 졸업했다. 변호사가 된 이후부터 지금까지 소수자, 약자와 함께 싸워왔다. 해우법률사무소와 법률사무소 휴먼에서 일했고, 현재는 관악구에서 법률사무소 '물결'과 동네책방 '밝은책방'을 운영하고 있다.

불온한 공익

왜 어떤 '사익 추구'는 '공익'이라 불리나

ⓒ 류하경, 2024

초판 1쇄 인쇄 2024년 10월 23일
초판 1쇄 발행 2024년 10월 31일

지은이 류하경
펴낸이 이상훈
편집2팀 원아연 최진우
마케팅 김하성 조재성 박신영 김효진 김애린 오민정

펴낸곳 ㈜한겨레엔 www.hanibook.co.kr
등록 2006년 1월 4일 제313-2006-00003호
주소 서울시 마포구 창전로 70(신수동) 화수목빌딩 5층
전화 02-6383-1602~3 팩스 02-6383-1610
대표메일 book@hanien.co.kr
ISBN 979-11-7213-149-4 03330

(불온한 공익)

류하경 지음

한겨레출판

왜 어떤 '사익 추구 행위'는 '공익'이라 불릴까

'공익·인권 변호사'로 소개될 때가 종종 있다. 참 부끄러운 일이다. 다루는 사건의 양으로만 보면 소위 말하는 '공익·인권' 사건이 아닌 '사익·이권' 사건이 더 많기 때문이다. 그런데 생각해 보면 사람들이 말하는 '공익'도 결국 누군가의 '사익·이권'이다. 장애인의 사익, 성소수자의 사익, 아동의 사익, 난민의 사익이다. 그렇다면 우리는 어떤 것을 '공익'이라고 부르는가? 문언 그대로 해석한다면 '모두의 이익'이란 뜻인데 과연 누구에게나 이익이 되는 보편타당한 '공익'이라는 게 존재할까? 나는 아니라고 생각한다.

장애인의 사익을 위해서는 비장애인의 양보가 필요하다. 성소수자의 사익이 곧 이성애자의 이익인 것은 아니다. 그렇다면 특정 사회 구성원의 사익 추구 행위가 아닌 '환경운동' 정도라면 어떨까? 개발도상국에는 이익이 되지 않기에 실제로 그들은 환경운동을 적극 반대한다. 선진국 너희는 몇십 년 동안 화석연료 태워서 경제발전 해놓고 왜 우리는 못 하게 하느냐는 식이다.

이렇게 보면 '공익'이란 허위의 개념이다. 그러나 '공익'이라는 표상이 우리에게 주는 어떤 이미지, 즉 의미의 '이데아idea'는 분명히 있다. 그래서 부족하지만 이렇게 정리해 봤다. 아마도 사회에서 통용되는 '공익'이란, '사회적약자의 사익 중 현재의 공동체 다수가 그 추구 행위를 허용하는 사익'이라고.

이를테면 우리는 장애인 이동권 투쟁을 '공익 활동'이라고 한다. 반면 노동조합의 '임금 및 단체협약' 투쟁을 공익이라고 부르는 건 좀 주저하게 된다. 노동자의 투쟁은 '노동운동'이되, 공익 활동이라고 하려니 좀 이상하다. 소송의 경우도 마찬가지다. 장애인 인권 사건, 아동 인권 사건은 자연스레 '공익·인권 사건'이 되지만, 노동삼권 사건은 그냥 노동 사건이지 공익·인권 사건이라 하기엔 뭔가 개운치가 않다. 노동삼권 역시 다른 인권과 마찬가지로 헌법에 명시된 보편적 기본권인데도 그렇다. 특정 사회 구성원의 사익 추구 행위 간에도 이렇게 차이가 있다.

왜 그럴까. 앞서 말한 것처럼 '공익' 개념이 사회적 '허용' 여부와 연결되어 있다면 이제 '허용'의 기준이 무엇인지를 분석해야 한다. 내가 생각하기로는 그 추구 행위가 '기존 시스템을 건드리는지' 여부가 기준인 듯하다. 즉 그 '사익'이 사회체제, 하부구조 또는 국가 운영 방식 자체를 위협하는지가 중요하다. 지배 세력이 볼 때 그 사익 추구가 정치·경제적으로 '위험하지 않으면' 공익이라 부르는 것이 허용된다. 심지어 사람들은 동정하고 박수쳐 응원하기도 한다.

정리하자면, 사회에서 통용되는 '공익'이라는 개념은 '사회적 약자의 사익 중 현재의 공동체 다수가 위험하지 않다고 보아 그 추구 행위를 허용하는 사익'이다.

이렇게 정의되는 공익의 틀 안에서 하는 활동도 물론 중요하다. 현재 우리 공동체가 '공익'이라고 인정하는 것을 열심히 추구하여 쟁취하는 일은 필수적이다. 다만 역사의 관점에서 보자면 인류의 투쟁은 이 '공익의 범위'를 확장하면서 계속되어 왔다. 만들어진 경기장 안에서의 경기를 넘어서 경기장 자체를 더 넓히는 공사工事.

노예해방 운동 당시 노예들은 이기적이고 폭력적인 짐승으로 취급받아 매질을 당했다. 여성참정권 투쟁 당시 여성에게 일어난 일도 비슷한 양상이었다. 반상 차별 철폐를 외친 조선의 '상놈'들은 그야말로 대중으로부터도 상놈이라고 욕먹었고 죽임을 당했다. 해당 시대, 해당 공동체에서 '공익'으로 인정받지 못했으나 그들이 가장 '이기적'인 목적으로 '과격한' 방식을 사용하여 처절히 투쟁해 승리했을 때, 그때를 우리는 역사가 한 단계 발전한 시점이라고 배운다. 이기적이고 과격해야 한다는 것이 아니다. 그렇게 보일 수 있고 그럴 수도 있다는 것이다.

노예제가 폐지되고 여성이 참정권을 얻고 반상 계급이 철폐되었을 때 봉건제에서 공화제로, 고대에서 근대로, 계급사회에서 민주사회로 발전한 것이다.

'공익·인권 변호사'로 불리는 것은 좋은 일이다. 그만큼 안전하고 평화롭게 사회의 존중을 받을 수 있는 일이다. 그러나 지배계급이 허용하지 않은 '공익'을 추구하다 '위험한 변호사', '법을 무시하는 변호사', '반사회적 강성 변호사', '길거리 변호사', '피고인이 된 변호사' 이런 비아냥과 무시를 당하는 것은 참으로 견디기 어렵고 개인적인 삶이 대단히 불안정해지며 시종 불쾌감과 스트레스가 엄습하는 일이다.

집회 시위의 자유와 노동조합 할 권리를 주장하다가 경찰에게 현행범으로 체포되기도 하고, 소위 '민주 교육감'의 낮은 성인지감수성에 의한 잘못된 행정에 소송을 걸어 공격하다가 '소중한 민주 인사를 소중하게 대하지 않는다'는 비난들에 고립되었다. 철거민, 노점상 등이 벌이는 빈민 투쟁의 야수적 폭력을 변호인이 감싸기만 한다며 '그래도 선은 넘지 말아야지', '실정법을 위반하면 안 되지', '변호사가 자제시켜야지 부추기면 어떡하냐'는 욕을 먹기도 했다. 나는 답한다. '역할극이다', '이런 방법이 효과가 있고 이래야지 이길 수 있다', '이것 말고는 딱히 방법이 없다', '대화 상대로 안 받아주니 힘으로 싸워야 한다', '무시는 저들의 힘이고 뭉쳐서 덤비는 것은 우리의 힘이다.' 이렇게 답하고 나면 스스로가 야만인이 된 것 같다. 그러고는 자기 합리화, 자기 위안을 또 한다. '우리 덕에 문명에서 고귀하게 사는 이들이 막상 우리는 야생에 버려둬서 이렇게밖에 할 수가 없다.'

배움이 짧고 재산이 적으며 착취당하기 쉬운 일에 종사하거나, 일의 세계에서 배제된 사람들은 목소리가 크고 화를 내는 경우가 잦다. 그 반대 조건의 사람들은 참 '젠틀'하고 차분하고 배려심이 넘친다. 전자의 사람은 언성을 높이지 않으면, 화를 내지 않으면 자기의 권리를 억울하게 뺏기는 일을 살면서 계속 겪어왔다. 반면 후자의 사람은 그렇지 않다.

법정에 가본 적이 있는가? 판사의 목소리는 마이크의 도움에도 불구하고 거의 들리지 않을 때가 많다. 그런데 변호사도 없이 홀로 나와 법정에서 억울함을 호소하는 전자의 당사자들은 마이크가 있는데도 법원이 떠나가라 '아이고, 판사님 분해서 죽겠어요' 하고 샤우팅을 한다. 시각적, 청각적 대조가 가장 잘 드러나는 공간이다. 판사는 작게 말해도 사람들이 귀 기울여 듣고, 말 한마디 한마디가 다 힘이고, 심지어 말할 필요도 없이 판결문으로써 자신의 의지를 관철시키면 그만이다. 권력이란 무엇인가. 상대방을 내 의지대로 할 수 있는 힘이다. 권력이 있으면 악다구니가 필요 없다.

권력이 없는 이들에게 녹아들면 나도 권력이 없는 사람이다. 그런데 사람들이 자꾸 다가와서 계속 녹아든다면? 그럼 곧 다수가 되어서 권력이 있는 '집단'이 된다. 그게 노동조합, 장애인 단체, 성소수자 단체, 동물권 옹호 단체, 기타 각종 시민 단체다. 뭉치면 살고 흩어지면 죽는다. 해양생물이 등장하는 다큐멘터리를 보면 아주 작은 물고기들이 큰 물고기에 대항하기 위해 자기들끼리 뭉쳐서 큰 물고기 모양의 편대를 만드는 모습이 나온다. 그런 것이다. 권력이 없는 자들의 삶이란. 물론 상당한 물리적 힘을 가진 편대가 되기는 대단히 어렵고, 그 편대를 만드는 과정에서도 끊임없이 무시당하고 공격당한다. '작은 물고기 주제에', '태어난 대로 살지 어딜 덤비려고', '그냥 조용히 살아라.' 그런 혐오의 목소리들을 끝없이 듣게 된다.

작은 물고기 대오의 일부로 살아가는 것은 쉽지 않다. 거대 상어의 빨판상어로 살아가는 변호사가 훨씬 많은 변호사 업계에서도 마찬가지다. 작은 물고기 무리의 일원이랍시고 직접 중대형 물고기를 깨물고 다니다가는 고독이 심해처럼 다가온다. 옳고 그름의 영역은 아니다. 때에 따라 어리석은 전략이 될 수도 있다. 그러한 경계를 의식하면서, 남 눈치도 보면서 목적 달성을 위해 '연대'하는 삶은 참으로 어렵다.

물론 이상한 의뢰인도 많다. 피해자, 사회적약자라고 해서 늘 옳거나 선한 것은 아니다. 우리는 다 보통의 인간이기 때문이다. 피해자다움, 약자다움, 노동자다움은 없다. 그럼에도 불구하고 피해자와 약자, 노동자를 위해 일하는 이유는 결국 대립 상황에서 누구 편을 들 것인가 양자택일을 해야 하는 순간이 오기 때문이다.

'그럼에도 불구하고' 같이 가는 것이다. 그 과정이 너무 극단적, 급진적, 강경일변도라면 곤란하겠지만 하여튼 택일을 해야 하는 실존적 순간은 분명히 있다. 개개인 인간에게 고결하고 위대한 뭔가가 있어서 그런 것은 아니다. 이해관계가 대립하는 상황에서 누구 편을 들 것인가 선택해야 할 때가 있다는 말이다. 침묵은 중립이 아니다. 강자가 지배하는 현 상태를 용인하는 것에 불과하다. 그래서 불합리 또는 불의한 현 상태를 개선할 필요가 있을 때 적극적으로 양자택일을 해야 하는 사회적 책무가 우리에게는 있다. 그런데 마치 몰랐던 것처럼 구체적인 사건에서 피해자, 약자, 노동자 등의 결함을 언급하며 '나는 싫다', '떠난다'는 사람들이 있는데 그 마음도 이해 못 하는 것은 아니다.

나도 마음이 다칠 때가 많다. 그렇다면 나는 무슨 힘으로 버티는가? 소위 '공익' 사건에 뛰어드는 이기적 동기라고 한다면 끝없는 무의미 속에서 삶에 의미가 필요해서이고, 이타적 동기라 한다면 그 이기적 동기를 부끄럽지 않게 하는 명분의 발견이다. 결국 후자도 넓게 보면 이기적 동기라고 할 수 있다. 그래서 위대하거나 웅장한 태도, 희생하거나 헌신한다는 마음을 떠나 자아를 지우고 소박하게 일하려고 하는 편이다. 그러다 보면 가끔 마주치는 오해, 의심, 힐난이 별 대수롭지 않게 여겨진다. 자아가 크지 않으니까. 집요하게 결과를 내서 의미를 만들려고 노력할 뿐. 쉽게 말해 눈에 뵈는 게 없다. 이기적인데 자아가 없다? 아이러니한 상태다. 자기가 이타적이라고 자평하는 사람의 자아가 비대할 수밖에 없는 것처럼. 돈이 아예 고려 대상이 아닐 정도면 내 이기심에 딱 맞는 사건이다. 또는 그 일을 하는 동안 나의 생존을 유지해 주는 정도면 된다. 여러 면에서 참 순탄하지는 않은 일상들이다.

그럼에도 불구하고, '공익·인권'이라고 세상이 불러주든 말든, 개의치 않고 불의한 사회 시스템에 의해 피해를 보는 이들과 연대하고, 문제의 근본적 원인인 구조 자체를 변화시켜 역사를 한 단계 더 진보시키려는 변호사, 활동가가 많다. '공익·인권'의 개념을 확대하기 위해 세상을 상대로 인정투쟁을 벌이고 있는 훌륭한 '사익·이권' 투쟁가들을 응원한다. 그들에게 역사적으로 많이 빚졌고 지금도 마찬가지다. 그들에게 감사하며 졸필을 책으로 엮어보았다.

차례

들어가는 글 왜 어떤 '사익 추구 행위'는 '공익'이라 불릴까   4

1장 공룡과의 싸움—
     국가는 국민의 공익을 보호하는가

대한문의 아이히만과 피고인이 된 변호사   17

스쿨미투, 국가는 가해자의 대변인이었다   30

살려달라 말하니 공무집행방해가 됐다   44

'비례위성정당'이 망친 것들   63

강아지 '로마'의 가족 등록 소송기   85

바이러스가 목소리를 막을 순 없다   99

2장 무엇이 공익인가—
     불온한 사익 투쟁들의 이면

자기 가슴에 칼을 꽂은 철거민   113

'영혼 살인', 경비 노동자의 유언   126

청소 노동자를 고소한 대학생   138

메탄올 실명 사건 판결문을 받아 들며   147

'공장의 전두환', 힘센 자는 수단이 많다   155

세상을 흔든 이마트 노동자들   163

80년 삼성 '흑역사'를 무너뜨린 다윗들   174

이혼하기 쉬운 나라가 행복한 나라   195

3장 나의 사익 투쟁기—
변호사를 변호합니다

전투에서 이겨도 전쟁에서 패배한다 209

변호인을 위한 변호 220

선비와 상인의 경계에서 232

변호인은 아무도 믿지 않는다 240

나는 왜 로스쿨 개혁 운동에 나섰나 244

변호사시험 운영 방식과 '5탈제'는 위헌이다 256

검경 수사권 조정 그 이후 275

때로는 '미움받을 용기'가 필요하다 293

최악을 피하는 법 300

나가는 글 "평화비용" 309

1장

공룡과의 싸움

국가는 국민의 공익을 보호하는가

대한문의 아이히만과 피고인이 된 변호사

변호사는 기본적 인권을 옹호하고 사회정의를 실현함을 사명으로 한다.

변호사법 제1조 제1항이다. 이 같은 변호사의 '존재 이유'로 인해 인권이 침해되는 현장에 변호사가 직접 나가는 일도 있다. 법정에서 다투면 시간이 오래 걸리고, 이미 피해가 생긴 뒤에는 권리 회복이 불가능한 경우가 많기 때문이다.

대표적인 경우가 헌법 제21조에 명시된 표현의 자유가 침해되는 때다. 이를테면 거리에서 집회, 기자회견, 1인 시위 등을 통한 공개적 의사 표현을 공권력이 탄압하는 경우다. 현장에서 직접 구제하지 않으면 소송을 해도 아무런 이익이 없다. 나중에라도 소송에서 이길 수는 있지만 이기더라도 이미 집회 신고 기간이 지났거나, 시의적절한 집회 시기가 지났기 때문에

'지연된 정의는 정의가 아닌' 상태가 되는 것이다. 그래서 이기더라도 이익이 없다. 법률용어로는 '실익이 없다'고 한다. 이처럼 의사 표현은 적절한 시기와 장소가 필수 요건이어서 표현의 자유 중 특히 '집회·결사의 자유'라는 기본권을 보호하려면 현장에서 신속하게 대응해야 한다. 법률 전문가가 아닌 일반인은 당장 마주한 경찰에 합리적으로 항의하기 어렵고 물리력 차이도 크므로 변호사의 조력이 필요하다. 그래서 변호사법 제1조 제1항에 따라 '기본적 인권을 옹호'하려면 법정보다 거리에 더 주목해야 할 때가 있다.

2013년 여름 대한문

변호사가 시민의 인권을 지키기 위해 공권력과 대립한 극단적인 사건이 있었다. 2013년 뜨거운 여름 서울 중구 대한문 화단 앞에서 변호사들이 경찰에 연행되어 형사재판을 받은 일이다. 2012년부터 대한문 앞에서는 쌍용자동차 해고 노동자, 제주해군기지 건설 반대 강정마을 주민, 용산 철거 참사 유족 등 한국 사회를 대표하는 사회갈등 당사자들의 소규모 집회가 연일 이어졌다.

2013년 경찰은 자살한 쌍용자동차 해고 노동자들의 분향소를 강제로 철거하고 다른 집회도 원천 봉쇄 하기 위해 대한문 앞 인도 위에 거대한 화단을 설치했다. 화단 앞 집회는 물론이고 법률상 신고조차 필요하지 않은 기자회견 및 1인 시위도 모두 금지했다. 대한민국 헌법 제21조 '표현의 자유'는 서울 중구 대한문 앞에서 멈추어 섰다. 그곳은 경찰로 인해 헌법과 법률이 기능하지 않는 치외법권 구역이 되고 말았다. 국회에서 파악한 바에 따르면 당시 대한문 앞에 투입된 경찰 병력은 전국에서 청와대 다음으로 많았다고 한다.

이렇게 대한문 앞은 집회 절대 금지 구역이 되어버렸다. 헌법에 반하고 법률 근거도 없는 기본권 침해다. 이에 양심의 가책을 참을 수 없었던 몇몇 변호사가 '민주사회를 위한 변호사 모임'(이하 '민변')의 이름으로 대한문 앞에 집회신고를 냈다. 2013년 7월 한여름에 열린 그 집회의 이름은 '집회 통제를 위한 화단 설치의 위법성 규탄과 집회의 자유 회복을 위한 시민 강연 및 집회'다. 긴 이름에서 집회의 내용과 목적이 드러난다.

경찰은 집회신고 4일 만에 이를 제한하는 통고를 했다. 가만히 있을 변호사들이 아니었다. 우리는 행정법원에 '집행정지 신청'을 해서 10여 일 뒤 법원으로부터 '경찰의 집회 제한은 부당하다'는 결정을 이끌어냈다.

쾌재를 부르며 집회 현장으로 달려갔으나, 황당하게도 경찰 병력이 집회 장소에 가득 들어와 있었다. 해볼 테면 해보라는 노골적 방해였다. 변호사들이 법원 결정문을 설명하고 집회 장소에서 나가달라고 요청했으나 경찰의 방해는 며칠 동안 반복됐다. 국가인권위원회에 긴급구제 신청까지 했고, 국가인권위원회 역시 경찰이 표현의 자유를 침해할 여지가 있다, 위 법원의 판단을 존중하라는 취지로 권고를 내렸다.

하지만 경찰은 요지부동이었다. 결국 변호사들은 최후의 수단으로서 '정당방위'를 행사하기로 했다. 2013년 7월 25일, 우리는 경찰의 공권력 집행이 왜 위법한지 법률 규정과 행정법원 결정문 내용을 구체적으로 설명한 후 형법에 따른 적법한 정당방위 행사를 공표하고 경찰들을 밀어내기 시작했다. 그렇지만 계란으로 바위 치기였다. 경찰은 권영국 변호사와 나를 현행범으로 체포했다. 특수공무집행방해 혐의였다. 우리는 짐승처럼 사지가 들린 채 버둥거리고 소리 지르다 경찰 버스에 실렸다. 이틀 밤을 유치장에서 보냈고, 석방 이후 불구속 상태에서 기나긴 형사재판의 여정이 시작되었다.

피고인이 된 변호사들

기소된 변호사는 총 여섯 명이었다. 첫 재판일, 피고인이 된 변호사들을 위해 동료 변호인 84인이 법정에 직접 출석했다. 민변의 이덕우 변호사가 일어나 변론을 시작했다.

"검사께서는 재범의 위험이라고 하셨습니까? 변호사들은 또 거리로 나갈 것입니다. 헌법에 명시된 국민의 기본권을 지키기 위한 변호사의 활동을 재범이라고 한다면 재범의 위험이라고 부르십시오. 범행 부인이라 말했습니까? 이 법정에서 거짓을 말하는 자가 누구입니까. 재판장님, 만일 이 변호사들을 벌한다면 변호사법 제1조 제1항을 삭제해야 합니다. 이 사건은 가해자와 피해자가 뒤바뀐 사건입니다."

1심에서 공무집행방해에 대하여 무죄가 선고되었다. 항소심과 대법원도 마찬가지였다. 대법원 선고는 2019년 1월 10일이었다. 장장 6년에 걸친 형사재판이다. 1, 2, 3심 법원 모두 경찰이 집회를 방해했고 변호사들의 행위는 정당방위이므로 체포 역시 위법하다고 판단했다. 대법원이 그대로 확정한 2심 판결문 중 주요 내용은 아래와 같다.

집회 당시 남대문경찰서에서 화단 앞에 질서유지선을 설치한 행위와 경찰관을 배치한 행위는 모두 위법한 공무집행이라고 보인다.

집회 당시에 신고된 집회 장소 내에 질서유지선을 설치하고 경찰관을 배치한 것은 (…) 달리 그 적법성을 인정할 증거가 없으므로, 피고인이 위 각 일자에 그와 같은 공무집행을 하는 경찰관에 대하여 유형력을 행사하였다는 부분에 관하여 더 나아가 판단할 필요도 없이 이 부분 각 공소사실은 범죄의 증명이 없는 경우에 해당한다.

집회의 자유를 침해하게 된 이상, 피고인 등 집회 참가자들이 이를 치운 행위는 위법한 침해에 대한 방위 행위에 해당한다.

한편 변호사들은 기소됨과 동시에 경찰 책임자들을 직권남용죄, 집회방해죄, 불법체포·감금죄로 고소했는데, 검찰은 위 기소 사건의 1심 판결이 나기도 전에 경찰들을 무혐의 처분했다. 항고, 재항고도 마찬가지였다. 심지어 대법원 확정판결 이후 재고소한 결과도 다르지 않았다. 변호사들이 피해자이며 가해자는 경찰이라고 대법원에서 확정되었는데도 수사기관은 경찰에 책임이 없단다. 대법원이 틀렸단다.

우리는 경찰의 책임을 끝까지 묻기 위해 수사기관이 아닌 법원에 국가와 경찰에 대한 손해배상청구를 제기했다. 우리는 일단 무죄가 확정되었고, 이제 반격의 시간이 온 것이다. 민사소송의 결과는 원고 승소였다. 원고는 당시 현행범으로 체포되었던 나와 권영국 변호사였다. 선고일은 2023년 2월 2일이다. 피고가 항소하지 않아 판결은 확정되었다. 이로써 우리는 형사법원, 민사법원 모두에서 경찰의 불법 행위와 우리의 피해 사실을 확인받게 되었다. 10년이 걸렸다. 민사법원은 집회 장소를 점거하고 폴리스 라인을 설정한 경찰의 행위는 위법이라며 다음과 같이 판결했다.

집회 장소가 집회의 자유에서 차지하는 중요성을 고려할 때, 특별한 사정이 없는 한 피고 대한민국은 국가배상법 제2조 제1항에 따라 공무원인 피고 연정훈, 최성영의 위법한 직무집행으로 인하여 원고들이 입은 집회의 자유 침해로 인한 정신적 손해를 배상할 책임이 있다.

남대문의 아이히만

판결문에서 드러나듯, 2013년 사건 당시 가해자였던 경찰 책임자는 남대문경찰서 서장 연정훈, 경비과장 최성영이다. 특히 최성영은 '남대문의 아이히만'이라는 별명으로 불렸다. 집회하고 투쟁하는 사람들이 지어준 것이다. 독일의 철학자 한나 아렌트Hannah Arendt의 저서 《예루살렘의 아이히만Eichmann in Jerusalem》에서 따왔다. 이 책은 '악의 평범성'에 대해 말한다. 악이란 특별한 사람에게서 발현되는 것이 아니라 평범한 사람이 사유하지 않음으로써 실현된다는 뜻이다. 유대인 학살 핵심 전범인 아이히만은 법정에서 "지시받은 업무를 잘 처리하기 위해서 열심히 일했을 뿐"이라고 했다. 방청객들은 그의 평범한 외모와 정중한 태도를 목격하고 충격에 빠졌다. 그는 악마가 아니었던 것이다. 끝까지 재판을 지켜본 한나 아렌트는 말한다. "그는 아주 근면한 인간이다. 이런 근면성 자체는 결코 범죄가 아니다. 그러나 그가 유죄인 명백한 이유는 사유하지 않았기 때문이다."

남대문경찰서 경비과장 최성영은 당시 박근혜 정부의 신공안 탄압 흐름 속에서 조직의 명시적 지시 또는 묵시적 기조에 따랐던 것으로 보인다. 그는 당시 어느 기자와 사담 중 "제가 올해 총경으로 승진을 못 하면 나이 제한이 있어서 어려워져요" 라고 말한 것으로 알려져 있다. 특별한 퍼포먼스, 성과가 필요했던 것으로 보인다.

실제 그는 다른 경찰에 비해 구체적 행위에 있어 과도했고 그래서 악명이 높았다. 박근혜 정권 시절 대한문 앞, 시청광장 등 신고된 집회장에 난입하여 집회를 방해하고 시민들을 불법적으로 체포·연행하여 감금했다. 그리고 2013년 12월 22일 그 유명한 경향신문사 건물 민주노총 사무실 강제 침탈이라는, 제6공화국 출범 이래 초유의 사건을 현장에서 지휘했다. 그리고 한 달이 채 되지 않은 2014년 1월 9일, 경정에서 총경으로 승진했다. 최성영은 2008년 촛불집회에서 여대생 군홧발 폭행 사건의 지휘 책임자로도 알려져 있다. 2009년 하이서울페스티벌 행사장인 서울광장에서 청소년 등 현행범이 아닌 사람들을 불법 체포한 사실도 있다.

이처럼 끊임없이 사회적 물의를 일으켜 온 최성영은 이명박 정권과 박근혜 정권에서 차근차근 승진 절차를 밟았다. 1964년 전남 해남 출신으로 동국대 경찰행정학과를 졸업하고

1992년 간부 후보 40기로 경찰에 입문한 그는 2014년 '경찰의 꽃'으로 불리는 총경으로 승진했다. 이 승진은 두 정권이 국민을 대하는 태도와 경찰에게 기대하는 바를 단적으로 보여주는 것이었다.

총경 승진 이후에도 최성영은 충북 보은경찰서장, 서울청 1기동단장, 구리경찰서장, 금천경찰서장, 경기남부청 정보화장비과장, 광명경찰서장, 충북청 생활안전과장 등을 역임했다. 지난 2022년 8월부터 경기북부청 청문감사인권담당관으로 근무하다 2023년 당진경찰서장으로 발령받았다.

그랬던 그가 최근 다시 불미스러운 일로 뉴스에 오르내리고 있다. 2023년 5월 4일 현대제철 비정규직 노동자들이 충남 당진공장 앞에서 직접고용을 요구하는 사내 선전전을 진행하던 중 경찰에 연행되고 부상당한 사건이 발생했다. 최성영 당진경찰서장은 미신고 집회라는 이유를 들어 현장에 경찰 병력을 투입해 선전전을 중단시키고 집회를 폭력 진압 했다. 해산 명령에 불응한 노조 간부들도 현행범으로 긴급 체포 했다. '사내 옥외 집회는 경찰에 신고할 의무가 없다'는 대법원 판결을 무시하고 미신고 집회라는 이유로 그리한 것이다. 현저히 위법한 공무집행이라 해석된다. 이날은 정의선 현대차그룹 회장이 현대제철 당진공장에 방문하는 날이었다. 최성영과 경찰의 과잉 충성 대상은 국가만이 아니었다.

공권력의 본질

인류는 근대사회에 들어오면서 사적 폭력을 금지하고 폭력 행사의 권한을 국가에 위임했다. 경찰과 군대로 대표된다. 즉 공권력의 본질은 '폭력'이다. 폭력에는 이성이 없다. 폭력을 길들이고 통제하는 이성, 그것이 바로 헌법과 법률이다.

앞서 이야기한 2013년 대한문 사건과 최성영의 사례는 다소 이례적이다. 그러나 정도의 차이가 있을 뿐, 최성영과 같은 양상의 무도한 공권력 행사는 많다. 국민이 긴장하고 견제하지 않으면 무도함의 정도는 심해지고 범위는 넓어진다. 다시 강조하건대 공권력의 본질은 이성 없는 폭력이기 때문이다. 우리가 위임한 폭력행사 권한으로 치안·질서를 유지하는 경찰의 헌신과 희생은 늘 고맙다. 그러나 공권력은 '공인된 폭력'이므로 헌법과 법률에 부합하지 않게 행사한다면 국민을 억압하는 수단으로 돌변한다. 이를 우리는 지난 군부독재 시절 경험했다. 법치주의는 국가권력을 법에 따라 통치하라는 뜻이고 그래서 헌법과 법률은 공권력이 지켜야 할 '질서유지선'이다.

법은 경찰을 '국민의 봉사자'로 규정한다. 그런데 공권력은 표현의 자유라는 헌법상 기본권을 가장 자주 침해하는 주체이기도 하다. 공권력을 이용해서 집회를 원천 봉쇄하고 언론·출판을 막는 것은 국가 권력자가 참 편하게 택할 수 있는 방법이다. 듣기 싫고 보기 싫으니 가려버리면 그만인 것이다. 그러나

　　　　　　　　　　　　　　　　　　　　불온한 공익

듣기 싫어도 들어야 하고, 보기 싫어도 보아야 한다. 그것이 민주주의이기 때문이다. 표현의 자유는 민주주의 그 자체다.

인간으로서, 국민으로서 가지는 수많은 기본권이 있다. 그러나 헌법에는 그중 몇 가지만을 명시해 놓았다. 무척 중요한 기본권이기 때문이다. 우리 헌법은 제21조에서 "모든 국민은 언론·출판의 자유와 집회·결사의 자유를 가진다"라고 하면서 표현의 자유를 명시한다.

표현의 자유가 왜 중요한지는 헌법 전문을 보면 알 수 있다. 헌법 전문에는 "유구한 역사와 전통에 빛나는 우리 대한민국은 3·1운동으로 건립된 대한민국임시정부의 법통과 불의에 항거한 4·19 민주 이념을 계승하고"라고 쓰여 있다. 20세기 초 일본 제국주의와 해방 이후 이승만 독재정권 그리고 박정희, 전두환, 노태우 군부를 거치면서 우리 민주시민들이 피와 땀으로 얻어낸 역사적 교훈이 바로 헌법 제21조 표현의 자유다. 다른 나라를 제 식민지로 만들려는 제국주의 또는 국가권력을 사유화하여 폭력적으로 국가를 통치하려는 독재주의, 이들이 역사의 수레바퀴를 엇나가게 하고 뒤로 가게 할 때 시민들이 유일하게 할 수 있는 것. 그 최후의 보루가 헌법 제21조에 명시된 언론·출판, 집회·결사의 자유, 즉 표현의 자유다.

공인된 물리력도 없고, 사회·경제적으로 유력한 수단도 없는 힘없는 시민들이 못 살겠다고, 죽겠다고, 억압당하고 착취당해서 도저히 이대로는 안 되겠다고 느낄 때 무엇을 할 수 있고 무엇을 해야 할까. 거리로 나와야 한다. 그렇기 때문에 전 세계 민주주의 국가들은 표현의 자유를 최고의 가치로서 헌법과 같은 최상위법에 명시하고 있다. 이를 알고 있는 사람이라면 2013년의 대한문에서 경찰과 맞설 수밖에 없었을 것이다.

2013년, 나는 변호사 1년 차였다. 변호사 합격 통지를 받고 3개월 뒤 위 사건에서 현행범으로 체포되어 형사재판을 받기 시작했다. '특수공무집행방해죄'는 교과서에서나 봤던 중범죄로 징역 7년까지 선고가 가능하다. 변호사가 되자마자 변호사 자격이 박탈될 위기에 처했다. 그 상태로 6년 동안 형사재판을 받았는데, 개의치 않고 변호사 일을 하면서 집회와 투쟁 현장에도 꾸준히 나갔다. 다음에 또 '○○○의 아이히만'을 만난다면 2013년과 똑같이 행동할 것이다. 우리는 사유하는, 사유해야 하는 사람이기 때문이다.

불온한 공익

윤석열 정권
경찰의 노골적 퇴행

2023년 5월 25일 윤희근 경찰청장은 "집회·시위 현장에서 적극적 법 집행으로 문제가 발생할 경우 본인의 신청이 없더라도 적극행정면책 심사위원회를 개최하겠다"며 "적극행정으로 결정되면 징계 요구 없이 즉시 면책하겠다"고 공식 발표 했다. '징계 안 할 테니까 최대한 집회·시위를 제지하라'는 전국의 경찰에게 보내는 메시지다. 일선 경찰 입장에서는 투견의 목줄을 풀어주는 것으로 이해하고, 국민 입장에서는 숨거나 전력 도주하라는 것으로 이해한다. 경찰청장은 전국의 경찰들을 아이히만으로 만드는 작업에 착수한 것으로 보인다.

경찰관직무집행법을 위반하는 위헌적 명령이다. 경찰관직무집행법 제1조 제1항에 따르면 "이 법은 국민의 자유와 권리 및 모든 개인이 가지는 불가침의 기본적 인권을 보호하고 사회공공의 질서를 유지하기 위한 경찰관의 직무수행에 필요한 사항을 규정함을 목적으로 한다"고 한다. 특히 2항에서는 "이 법에 규정된 경찰관의 직권은 그 직무수행에 필요한 최소한도에서 행사되어야 하며 남용되어서는 아니 된다"고 한다. 즉 국민의 기본권 보호가 경찰의 최우선 의무이고 공권력 행사는 필요 최소한에 그쳐야 한다는 것이다. 이는 경찰행정 영역에서의 헌법상 과잉금지원칙을 표현한 것이다.[1] 윤석열 정권의 공권력 남용이 대단히 우려스럽다.

---

1   대법원 2021년 11월 11일 선고 2018다288631 판결.

스쿨미투,
국가는 가해자의 대변인이었다

2014년 서울시교육감으로 조희연 교수가 당선되었다. 소위 '민주 교육감'에 대한 기대가 높았다. 잘한 일이 많다. 그러나 그는 학내 성폭력 즉 '스쿨미투(#MeToo)' 사건 처리에 있어서는 큰 실망감을 줬다. 조 교육감은 2015년 학내 성폭력 사건에 무관용 원칙으로 대응하겠다고 발표한 바 있다. 실제로 2018년 여러 학교에서 '스쿨미투'가 터져 나오자 그는 '원 스트라이크 아웃' 기조를 발표하며 더욱 강경하게 의지를 내보였다. 그러나 결국 말뿐이었다. 시민 단체 '정치하는엄마들'이 스쿨미투 후속 조치 결과에 대해 정보공개청구를 하자 거부했고, 이에 '정치하는엄마들'은 행정소송까지 해서 정보를 받아내야 했다. 그 결과는 충격적이었다. 후속 조치가 엉망이었던 것이다. '이래서 숨겼구나.' 우리는 그렇게 생각했다. 그렇다면 민주주의란 무엇이고 왜 '정보공개' 제도를 '민주주의의 꽃'이라고 할까.

국가는 국민의 '불신'을 해소해야 할 사명이 있다

민주주의 체제에서 각종 대의 제도와 감시 제도가 존재하는 이유는 국민이 국가를 '불신'하기 위함이다. 이것이 민주주의를 유지하는 원동력이자 민주주의의 본질이자 당위다. 따라서 국가는 시시포스의 형벌처럼 영원히 이 불신을 해소해야 할 사명이 있다. 이를 제도로 구체화한 것이 바로 정보공개제도다. 그래서 정보공개제도는 선거제도와 더불어 또 한 송이 수려한 민주주의의 꽃으로 불린다. 정보공개가 잘될수록 권력기관에 대한 시민 통제가 제대로 이루어진다.

그런데 교육청들은 스쿨미투 사건에서 특별히 구체적인 근거 없이 막연한 일반조항을 근거로 '정치하는엄마들'이 청구한 주요 정보를 비공개 처분했다. 지금도 대부분의 교육청은 가해자나 피해자 신상이 노출될 수 있다는 비현실적인 핑계, 법원 확정판결이 부정한 비논리적 근거를 들어 학교명 등 주요 정보를 공개할 수 없다는 입장이다. 과연 교육을 총괄하는 정부로서의 교육청이 학생의 공익을 이처럼 가벼이 여겨도 되는지 어리둥절하다.

교육청들의 주장에는 학생의 안전할 권리, 국민의 알권리, 재발 방지의 필요성을 진지하게 고려한 흔적이 보이지 않았다. 오로지 우리나라 공무원 특유의 무사안일주의, 소나기만 피하자는 식의 복지부동, 행정편의주의적 사고, 조직 보위 논리만

이 있었다. 그중 조 교육감의 서울시교육청이 특히 심했다. 학생 수가 전국에서 경기도 다음으로 많고 스쿨미투 사건 역시 가장 많이 일어난 곳이 서울시인데, 서울시교육청이 이래도 되나 싶었다. 그것도 소위 '민주 교육감'이라고 불리는 사람이 수장으로 있는데 말이다. 그래서 우리는 전국 교육청 중 서울시교육청에 대표소송을 제기했다. 조 교육감은 스쿨미투 사안 앞에서 그때그때 아름답고 진보적인 말만 앞세울 뿐, 현실을 개선하고자 하지 않았다.

"저는 엄마도 아니고 아빠도 아닙니다." 내가 시민 단체 '정치하는엄마들' 활동을 하면서 행사에서 종종 하는 인사말이다. 결혼도 안 했고 아이도 없지만 '정치하는엄마들'의 뜻에 공감하여 열심히 활동하고 있다고 말하기 전에 여는 말이다.

'정치하는엄마들'을 간단히 소개하자면, 정치 참여를 통해 부모, 아이를 비롯한 모든 사람이 자유롭고 행복하게 가정을 이루고 사는 세상을 만들고자 하는 단체다. 그 정관에 따르면 "엄마들의 직접적인 정치참여를 통해 엄마들의 정치세력화를 도모하고 △ 모든 엄마가 차별받지 않는 성평등 사회 △ 모든 아이가 사람답게 사는 복지사회 △ 모든 생명이 폭력 없이 공존하는 평화 사회 △미래세대의 환경권을 옹호하는 생태 사회를 만들고자" 하는 단체다. 나는 2017년 6월 단체가 성립될 때부터 참여하여 2023년까지 법률팀장으로 활동했고, 현재도 회원으로 함께하고 있다.

단체의 성과는 무수히 많다. 비리유치원 명단 공개 및 유치원3법 통과 촉구, 햄버거병 진상규명, 각종 아동학대 사건 지원 등이다. 그중 가장 기억에 남고 현재도 진행 중인 사건은 '스쿨미투' 처리 결과 정보공개 활동이다.

가해자는 선생 학교는 공범

2018년경 학내 성폭력 피해 학생들이 연달아 피해 사실을 폭로하면서부터 학교는 성폭력에 있어서 안전지대가 아니라 그 반대임이 드러났다. 가해자는 선생이었고 학교는 공범이었다. 동아시아 유교문화권에서 선생은 지위 권력, 나이 권력, 젠더(남성) 권력을 동시에 휘두르며 학생들 위에 군림한다. 그리고 이런 구조를 이용해서 손쉽게 수많은 성폭력을 저지른다. 특히 여학생들에게 이는 세대를 불문하고 아주 오래된 기억이다. 학교는 가해자를 두둔하고 피해자를 어르고 달래거나 무시하기도 하고, 심지어 겁박하면서 사건을 덮어왔다.

수많은 피해자가 우후죽순 스쿨미투를 이어가면서 뜨거운 사회문제가 되자 정치인들, 교육 행정가들은 앞다투어 말을 쏟아냈다. 조희연 서울시교육청 교육감이 가장 적극적이었는데 그는 '스쿨미투 처리 과정에서 나다날 수 있는 의문을 불식시키고자 스쿨미투 발생에서 종료 시점까지 모든 과정을 가정통신

문이나 문자메시지 등을 통해 학교 공동체 구성원들에게 정확히 안내할 예정'이라고 했다.[2]

그러나 '정치하는엄마들'이 파악하기로 스쿨미투 대상 학교에서 피해자를 포함한 학부모와 학생들은 가정통신문이나 문자메시지 등을 통해 스쿨미투 사건 처리 경과를 안내받은 사실이 없다. 소송에서도 서울시교육청은 이에 대해 반론하지 못했다. 학부모와 학생들은 언론을 통해서만 우리 학교 또는 인근 학교에서 이런 일이 일어났다고 알 수 있을 뿐이었다. 그래서 '정치하는엄마들'이 서울시교육청 포함 전국 시도교육청 17개 전체를 대상으로 스쿨미투 후속 조치 결과에 대해 정보공개청구를 했다. 공개를 요구한 정보는 ① 피해자·가해자 분리 여부, ② 가해 교사 직위해제 여부, ③ 교육청 징계 요구 내용 및 처리 결과 등이었다.

교육청들은 공개를 거부했다. 17개 교육청 중 15곳이 학교명 등 주요 정보를 비공개했다. 왜 그랬을까. '선생들은 뭐가 그렇게 무서운가', '학교들은 왜 이렇게 난리인가' 하는 의문에 대한 답은 이후 소송을 통해 받아낸 자료에 담겨 있었다. 통계가 가리키는 답은 하나였다. 스쿨미투 후속 조치를 엉망으로 했기 때문이었다. 공개되면 큰일이 날 게 뻔했기 때문이었다. 지탄을 받을 것이고, 그러면 앞으로 감사나 징계 같은 후속 조치를 더 열심히 해야 해서 일이 힘들어지기 때문이었다.

---

2   2018년 11월 8일 자 서울시교육청 보도자료 "서울시교육청, 스쿨미투 외침에 응답하다".

비유하자면 어떤 학생이 지금까지는 숙제 검사를 하려는 선생님에게 '잘했으니까 그리 아세요'라고 말하며 검사를 넘겨온 것이다. 그런데 만약 잘못한 숙제가 공개되면 국민이라는 선생님이 낸 숙제를 더 열심히 할 수밖에 없고, 매번 제출해서 검사도 맡아야 한다. 교사와 학교, 교육청은 그게 너무 두렵다. 그런데 그게 바로 헌법상 알권리라는 기본권과 정보공개법이 만들어진 취지에 정확히 부합하는 결과다. 이 당연한 결과를 확인하기 위해 서울시교육청을 상대로 우리는 5년 동안 싸워야 했다.

정보를 공개하라

2018년 정보공개청구 당시 서울시교육청은 많은 항목을 비공개한 편이었다. 피해자가 제일 많은 지역인데도 공개에 대단히 소극적이었다. 그래서 '정치하는엄마들'은 서울시교육청 한 군데만 대표로 행정소송을 제기했다. '정보공개 거부처분 취소 소송'이었다. 재판은 험난했다. 익히 접했던 가해자 관점, 가해자 비호의 논리를 서울시교육청은 재판 때마다 장황하게 법원에 제출했다. 낯설고 놀라웠다. 이를테면 '가해자가 향후 교단에 서기 어렵다', '가해자의 개인정보가 유출된다'는 식이었다. 우리는 가해자 신상 등 개인정보를 청구한 바가 없다. 가해자를 추정할 수 있는 정보들도 아니었다. 가해자에게 미칠 불이익이 지나치게 크면 안 되지만 서울시교육청은 그 불이익이 존재하지 않음에도 가정법으로 창출하거나 과장했다.

특히 서울시교육청이 소송 말미에 더는 방어논리가 없었는지 피해자의 불이익까지 핑곗거리로 삼고 나섰을 때는 정말 참을 수 없었다. 우리가 정보공개를 고집하면 간접적으로 그 정보의 꼬리를 물고 결국 피해자들이 누군지 알려지므로 2차 피해가 발생한다는 무리한 주장이었다. 그야말로 과대망상 또는 소설이었다. 방청석의 엄마들은 분노에 휩싸였다. 스쿨미투 사건 처리를 잘했는지 못했는지 그 객관적인 자료만 한번 보자는 것인데, 정보를 청구한 엄마들이 피해자들에게 해를 끼치고 있다는 주장까지 하는 서울시교육청의 태도 앞에서 분노하지 않을 수 없었다. 자기들의 엉망진창 후속 조치를 숨기려고 이제는 하다 하다 피해자들까지 방패막이로 삼는 모습에 엄마들은 큰 충격을 받았다. 법원은 판결문에서, 이 사건의 정보공개로는 서울시교육청이 우려하는 일은 발생하지 않는다고 했다. 서울시교육청은 자기들이 가해자로부터 민사소송을 당할 수도 있다고 판례를 들어 호소하기도 했으나, 그 판례는 가해자가 특정되는 아주 특수한 경우라서 이 사건에 적용될 예시가 전혀 아니었다. 따라서 법원은 이 주장도 받아들이지 않았다. 결국 '정치하는엄마들'의 승소였다.

법원은 판결문에서 서울시교육청의 주장을 하나하나 비판

하면서 "향후 교내 성폭력 사건의 고발 및 그 처리 과정의 공정성과 투명성을 확보할 수 있는 계기", "교육기관 내에서 벌어진 성폭력 사건의 조사 결과와 그에 따른 징계처분의 결과가 어떠했는지를 알리는 것은 학부모를 비롯한 일반 국민들에게도 매우 중요한 관심사", "이 사건 나머지 정보는 헌법상 알권리나 정보공개법에 의한 정보공개청구권의 보호 범위에 포함시켜 이를 공개하도록 할 필요성이 크다"라고 명시했다. 서울시교육청은 승복하지 않고 항소했다.

항소장 제출 후 흥미로운 일이 한 번 있었다. 서울시교육청 성평등 팀에서 만나자고 연락이 온 것이다. 나의 사무실에서 '정치하는엄마들' 활동가 몇 명과 그들을 마주했다. 놀랍게도 그들 중 일부는 항소심에서 이길 수 없는 것을 알지만 판결의 파장이 커서 항소를 할 수밖에 없다는 식으로 말했다. '항소를 했으면 법정에서 정정당당하게 싸우면 될 일이지 지금 약 올리러 왔냐'고 꾸짖고 자리에서 일어나 그들을 사무실에서 쫓아내듯 면담을 종료했다. 그들은 착한 척도 하고 싶고 가해자와 일선 학교들의 곤란한 입장도 대변하고 싶었던 것이다. 조 교육감의 서울시교육청은 시종 이렇게 이중적이었다. 결론은 늘 '공개거부'였으면서 말이다. 이를 우리는 위선이라 한다.

서울시교육청은 항소심에서도 패소하고 상고를 포기하여 판결이 확정되었다. 결국 서울시교육청은 스쿨미투 후속 처리 정보를 공개했다. 그 내용은, '피해자·가해자 분리 여부', '가

해 교사 직위해제 여부', '교육청 징계 요구 내용 및 처리 결과'
였다. 당연히 당사자들의 개인정보는 다 삭제하고 학교명은 전
부 실명으로 밝혔다. 다만 이 정보는 2018년 한 해 동안의 것에
국한되었기 때문에 '정치하는엄마들'은 위 판결문을 첨부하여
2019년부터 2020년까지의 정보에 대해 새로이 공개 청구서를
접수했다.

'법꾸라지'가 된 서울시교육청

서울시교육청은 충격적이게도 '기판력旣判力[3]이라는 법리
를 악용하여 선행 확정판결의 취지를 완전히 무시하고, 2018
년 이후 스쿨미투 처리결과에 대해서는 가장 핵심적인 정보
인 학교명을 전부 익명 처리한 채 공개했다. 이러면 법원이 공
개하라고 명령한 정보의 효용은 완전히 없어진다. 스쿨미투 사
건이 어느 학교에서 일어났는지 알 수 없으면 나머지 정보에서
아무리 문제가 발견되어도 국민이 쓸모 있는 문제 제기를 할
수도, 개선을 요구할 수도, 개선되었는지 확인할 수도, 개선되
지 않은 경우 입학을 피할 수도 없다.

서울시교육청과 사건 발생 학교 및 가해 교사 입장에서는
아주 '영리한' 방식이었다. 그야말로 '법꾸라지' 짓이었다. 어떻

---

[3]   판결의 효력은 해당 사건의 판결문 주문에 포함된 사항에 한한다는 민사소송법 원리.

게 일반인이나 민간 조직에서도 하지 않는 이런 법기술적인 꼼수를 교육청이라는 곳이 쓸 수 있을까. 추가 소송을 하면 당연히 질 것이 뻔한데도 이런 무용한 처분을 하다니 당혹스러웠다. 시간을 벌기 위함이고, '설마 또 소송할까' 하는 심산일 테고, 당장의 책임을 멀지 않은 나중으로 미루려는 어리석은 나태에서 비롯된 어처구니없는 거부였다.

변호사로서 이렇게 기판력을 악용하는 상대는 처음이었다. 우습고 허탈하다가 이내 분노가 차올랐다. 우리 '정치하는엄마들'은 서울시교육청 앞에 가서 기자회견도 하고 국회에도 제보했으며 법정 밖에서도 여러 투쟁을 이어나갔다. 그 과정에서 여야 막론 국회의원들이 조 교육감을 공개적으로 혼내기도 하고 언론 보도도 몇 차례 있었다. 그래도 서울시교육청, 조 교육감은 흔들리지 않았다. 여전히 피해 학생 편이 아니라 선생, 일선 학교의 대변인을 자처했다.

위 판결이 확정되기 전 항소심 진행 중에 조 교육감은 이런 말을 했다. 선행 사건 1심 패소 후 항소를 강행한 것에 대해 2020년 10월 15일 국회 국정감사에 출석하여 질타를 받던 중이었다. "최대치로 공개하되 역소송을 당하지 않는 정도의 공적 범위를 가지고 합의된 규칙을 만들자는 입장에서 접근하고 있다." 그래놓고 판결이 확정된 후에도 동일한 정보공개청구에 대해 학교명을 비공개한 것이다.

조 교육감에게 묻고 싶었다. 똑같은 재판을 대체 몇 번이나 더 해야 당신이 말하는 "공적 범위"가 확인되는 것인지 말이다. 순간을 모면하기 위해 그럴싸해 보이는 용어를 어지럽게 나열하며 둘러대고, 얄팍한 수사들을 외우듯 읊어대던 그때 조 교육감의 두꺼운 얼굴은 예전에 내가 알던, '지식인' 시절의 그가 아니었다. 그를 이렇게 나쁘게 표현하는 이유는 딱 한 가지다. 결국 그가 "역소송을 당하지 않는 정도의 공적 범위"를 법원이 확언해 주었음에도 판결을 따르지 않았고, "최대치"가 아닌 최저치로만 정보를 공개했으며 "합의된 규칙"은 그 이후에도 만들지 않았기 때문이다.

사실 교육청들이 서울시교육청처럼 기판력을 악용해서 계속 정보공개를 거부하면 학생과 학부모들은 매년 소송을 할 수밖에 없다. 교사, 공무원 자신은 편하면서도 국민은 괴롭게 하는 대단히 간단한 방법이다. '그래. 끝을 보자'는 생각으로 우리는 서울시교육청을 상대로 2차 행정소송을 제기했다. 법원은 역시 이번에도 '학교명'까지 포함한 정보들을 다 공개하라며 원고 승소 판결을 내렸고 서울시교육청은 더 이상 판결에 맞서지 않고 항소를 포기하여 위 판결은 확정되었다. 같은 내용의 두 번째 확정판결이었다. 희한한 경험이었다. 조희연 교육감의 서울시교육청이 늘어놓은 말들과 비교할 때 우리가 자료로부터 얻은 정보들이 말해주는 현실은 더욱 처참했다.

서울시교육청은 2018년 보도자료에서 "교(직)원의 성희롱·성폭력 사안은 교육청에서 직접 조사하고 중대 사안의 경우

특별감사 실시 후 사안에 따라 최고 파면까지 의결한다. 범죄로 수사·조사 통보 시 교(직)원은 바로 직위해제하여 성폭력 교원을 교단에서 원천 배제할 계획이다"라고 했다. 하지만 소송을 통해 받아낸 자료에 따르면, 2018~2020년 서울시 학교들에서 성희롱, 심지어 신체적 강제 추행이 발견된 경우에 피해자·가해자 분리를 하지 않은 비율이 전체 사건의 50.3%에 달한다. 직위해제를 하지 않은 경우는 77.5%다. 감사를 아예 실시하지 않은 경우는 58.3%다. 교육청이 징계 요구를 아예 하지 않은 비율은 80.2%에 달하고, 각 학교에서 징계를 전혀 하지 않은 비율은 67.4%다. 피해 학생 지원을 하지 않은 비율은 놀랍게도 74.3%다. 스쿨미투 신고를 한 피해 학생의 처리에 대해 전혀 관심이 없었다고 해도 과언이 아니다.

특히 범행 정도가 심각해서 형사 고발까지 된 사건들을 오히려 더 방만하게 처리했다는 기막힌 사실도 드러났다. '수사 중이니까 우리(교사, 교육공무원)는 아무것도 하지 말자'는 식의, 평소와 같은 무책임하고 기계적인 태도 때문이었다.

2018년 스쿨미투 형사 고발 건은 102건인데 가해자가 직위해제된 경우는 18건에 불과했다. 2019년 고발 건은 38건이고 그중 직위해제는 12건, 2020년도 고발 건은 11건이고 그중 직위해제는 7건이다. 위 기간 중 비위 사실이 중대하여 형사 고발까지 된 가해자를 직위해제 하지 않은 비율이 무려 75.5%에 달하는 것이다. 또 이들을 피해자로부터 분리하지 않은 비율은 48.3%에 달한다. 절반이다. 형사 고발 건에 대해 감사를 실시하지 않은 비율은 57.6%, 교육청이 징계 요구조차 하지 않은 비율은 80.8%, 징계 처리를 전혀 하지 않은 비율은 62.9%, 피해 학생을 지원하지 않은 비율은 88.7%다(2018년에는 100%). 실로 놀랍다. 특히 중한 성폭력 행위가 발견되어 형사 고발 당한 건에 대한 통계임을 다시 강조한다.

이와 같이 학부모와 학생이 볼 때 스쿨미투 후속 조치는 참담할 정도로 '엉망진창'이었다. 사정이 이러한데도 교육청은 학생과 학부모에게 자기들만 믿고 가만히 있으라고 한다.

2023년 3월엔 같은 내용의 행정소송을 경기도교육청에 제기했다. 서울 다음으로 많은 피해자가 발견되고 있으나 비공개 내용이 가장 많은 곳이 경기도였기 때문이다. 언론에 기사가 많이 나왔다. 국회에서 토론회도 개최했다. 그래서인지 소장 접수 후 며칠 지나지 않아 경기도 성평등 담당관에게 전화가 왔다. 그는 '정보를 공개할 테니 소를 취하해 달라'고 했다. 서울시교육청과 같은 어려움을 겪고 싶지 않아서이리라. 면담 이후 얼마 지나지 않아 정보들을 전달받았고 확인 결과 우리가 원하는 정보가 대부분 포함되어 있었다. 소송을 걸고 시끄럽게 굴어 망신을 주어야 정보를 공개한다. 이게 우리 관공서의 현실태다.

2023년 4월에는 충청북도교육청을 상대로 같은 내용의 행정소송 소장을 제출했다. 교육청이 법원 확정판결을 계속 따르지 않으면 이렇게 매해, 모든 시도교육청을 상대로 소송을 해야 한다. 끝이 없다. 상하좌우로 끝없이 이어진 장벽에 곡괭이질을 하는 기분이다. 너무 힘이 든다. 그런데 저들은 우리 세금으로 소송을 한다. 모두의 책임은 무책임이 되어 소송하는 동안에 저들은 아주 편하게 잘 지낸다.

민주주의의 꽃인 '정보공개'청구를 무시하는 것은 민주주의를 짓밟는 것이며, 범죄 은폐, 범인은닉과 마찬가지의 행위다. 이를 바로잡기 위한 개별 시민들, 시민 단체의 노력은 계속될 것이다. 우리는 소송 확정판결문을 들고 국회에 가서 호소했고, 그 결과 스쿨미투 후속 조치 결과 공시의무화에 대한 입법안이 발의되었다. 그러나 국회가 관심 있는 주제가 아닌 모양이다. 감감무소식이다.

살려달라 말하니
공무집행방해가 됐다

프랑스 철학자 메를로 퐁티Merleau-Ponty는 말했다. "폭력에 대한 폭력을 억누르는 것은 폭력의 공범이 되는 것이다. 우리는 순수함과 폭력 가운데 어느 것을 고르느냐가 아니라 서로 다른 종류의 폭력 중 어느 하나를 선택해야 한다. 육체를 부여받은 존재인 우리에게 폭력은 숙명이다."[4]

사람들은 자신과 가까운 서민들의 일상적 고통에는 무심하면서, 자신과 멀게 느껴지는 유명인의 일시적 고통에는 과도하게 이입하는 경향이 있다. 나를 혐오하고 유명인을 동경하는 '리플리 증후군' 유사의 무의식 때문일까. 이러한 이유로 약자들의 운동은 대개 혐오 표현에 시달리는 편인데, 빈민운동이 특히 심하다. '떼법이다', '결국 돈 때문이다', 심지어는 운동가들을 테러리스트라고도 부른다. 게다가 용역 깡패가 등장하는

4   박현모, 《휴머니즘과 폭력》, 문학과지성사, 2004.

거의 유일한 운동판이 바로 빈민운동이다.

깡패들이 이들에게 내뱉는 욕설, 모욕 중에는 동물과 관련된 표현이 대부분이다. 시민들이 하는 혐오 표현도 수준이 그다지 다르진 않다. 동물권을 다룬 다큐멘터리 〈Dominion〉 (2018)을 보면 도축 노동자가 대상 동물을 살해하면서 욕을 퍼붓고, 때리고, 괜히 위악적으로 즐기는 척, 별것 아닌 'just job' 인 척 하는 모습이 나온다. 그 이유에는 '그렇게 안 하면 미칠 것 같아서'라고 답한다. 도축을 하며 그들이 죽어 마땅한 동물들이라고 자기 최면을 거는 것이다. 무슨 말이냐 하면, 내 필요를 위해 나보다 약한 생명체를 희생시키는 것에 딱히 명분을 댈 수 없으니 그 생명체를 혐오할 만한 대상, 해악스러운 대상으로 여기도록 스스로를 설득하는 것이다. 사이코패스나 소시오패스라면 그럴 필요 없겠지만, 보통의 인간은 양심의 가책, 죄의식, 연민을 느끼기에 이런 방식으로 죄책감을 덜어내려고 한다.

나보다 약한 인간에 대해서도 마찬가지다. 이게 요즘 시대의 '혐오'라는 의제다. 이상하게 들리겠지만, 혐오하는 자는 역설적으로 마음 깊이 양심이라는 게 있는 사람이다. 그렇게 혐오하지 않으면 무의식이 미안함과 자괴감을 이길 수 없을 것 같기 때문이다. 이렇게 약한 생명체를 희생시키는 것은 여하간 인간의 '심성'을 해치는 일이다. 토미스 모어Thomas More의 소설 《유토피아》를 보면 동물을 도살하는 일을 먼 교외의 노예에게 시킨다. 그 일이 백성의 심성을 악하게 만든다는 게 이유다. 우리에겐 프로이트식으로 말하자면 '이드id' 즉 '무의식'이라고 하는 게 있는데 이 영역에서는 죽었다 깨어나도 스스로를 속이지 못한다. 때문에 나보다 약한 생명체를 내 이익을 위해 죽이면 나도 모르게 '심성'에 문제가 생긴다. 나보다 약한 인간을 내 이익을 위해서 계속 희생시킨 사람은 얼굴에 대번 표시가 난다. 교언영색이라고 표가 안 날까? 더 난다. 본인만 모른다. 내가 볼 때 우리 사회의 얼굴은 못나게 주름져 가고 있다. 빈민운동을 대하는 우리들의 표정에서 가장 잘 발견된다.

2008년 5월 서대문구

2008년 5월 대학 '대동제'는 내 생에 중요한 기억으로 남아 있다. 대동제는 매년 5월이면 열리는 축제로, 말 그대로 크게 하나 된다는 뜻이다. 소위 '운동권'이 독재와 싸우던 90년대 초반까지는 학생, 학내 노동자, 지역 주민, 사회단체를 다 초대하여 학교 안에서 함께 먹고 마시고 밤새워 놀았다고 한다. 크게 하나 되는 '대동제'였다고 한다. 그런데 2000년대에 들어오며 학내 운동권은 소멸하고 탈정치화되었다. 절차적 민주주의를 어느 정도 이뤘고, IMF 이후 신자유주의 경쟁이 심해져서 그렇다.

2008년 5월 대동제가 기억에 남는 이유는 다시 '크게 하나 되는 축제'를 만들어보려 했기 때문이다. 그리고 어느 정도 그렇게 되었기 때문이다. 2006년 가을부터 학내 비정규직 청소·경비 노동자 처우 개선, 노동조합 조직화 운동에 친구들과 함께했다. 그리고 2008년 봄 노동조합이 만들어졌다. 그래서 2008년 5월 대동제 때는 학내 비정규직 청소·경비 노동자와 학생들이 함께 대동제 천막 주점을 열어보자고 했다. 그런데 장사를 해봤어야 말이지.

한 줌 남아 있던 학내 운동권이 상시로 연대하던 노점상 단체가 있었다. '서부노련'이다. 상급 단체는 '민주노련'이다. '민주노점상전국연합'이 정식 명칭이다. 서부노련은 민주노련의 지역 조직이다. 명지대, 서강대, 연세대, 이대, 홍대가 모여 있는 서대문구 연희동, 연남동, 신촌 거리에서 장사하는 노점상의 결사체다. 수십 년 오랜 빈민운동의 핵심이기도 하다.

서부노련 노점상분들과 학생회, 엄밀히 말하면 운동권은 당시 이명박 정권 비판 데모도 같이 나가고 인근 이랜드-홈에버 비정규직 투쟁 때도 연대활동 하러 가서 만나고, 그런 걸 떠나 평소 거리에서 김밥, 떡볶이, 순대, 모자, 가방, 티셔츠를 사고팔며 웃고 떠들던 사적인 사이다. 이 노점상분들은 우리 입장에서는 '장사의 신'이 아닌가. 대동제에 함께해야 할 0순위 이웃이었다.

대동제가 시작되고 캠퍼스에 일자로 뻗은 넓고 긴 대로에

예년과 같이 학과, 학부, 동아리들의 주점이 차려졌다. 2008년 그땐 총학생회에서 대표들이 결의하여 올해 대동제의 취지를 상징하는 '중앙장터'를 학생회 주관으로 세우기로 했다. 캠퍼스 큰길 한가운데 가장 대목 자리인 학생회관 앞이었다. 서부노련과 비정규직 청소·경비 노동자 노동조합 그리고 총학생회가 운영하는 '중앙장터'였다. 청소·경비 노동조합은 100년 넘는 대학 역사상 최초로 생긴 지 몇 달 남짓이었다. 학생들은 재료 준비며 요리며 우왕좌왕했다. 그곳에 서부노련이 등장했다. 다른 장터 천막들에 비해 요리 속도, 맛, 서비스가 어땠을까. 가히 압도적이었다. 어찌 불공정거래가 아닐 수 있으리.

사전에 총학생회에서 결정하기를, 수익금은 민주노련과 공공운수노조(청소·경비 노동자 소속 노동조합)가 반씩 가져가서 사회적약자의 정당한 권리 쟁취 활동에 쓰는 것으로 했다. 먹는 사람, 파는 사람, 자리를 만든 사람 모두 행복한 '대동제', 크게 하나 되는 자리였다. 나는 기타를 쳤고 다 아는 노래를 함께 불렀다. 그리고 민주노련은 자기 몫을 신생 노조에 다시 전액 기부했다. 당시 몇 명 안 되는 운동권이지만 정파가 있었다. 이 5월엔 특별한 의미 없이 함께 즐겁고 기뻤다. 현장에서 살아 있는 서부노련, 공공운수노조, 그리고 그들과 같은 이정표를 가진 우리들이 '동지'였기 때문이다. 같은 뜻을 가진 친구가 '동지'다.

이경민 선배라고 있었다. 당시 서부노련 사무국장이었다.

고된 일을 도맡아 하고 학생들과 형제, 남매, 친구 하며 지내던 사이다. 나는 그를 형이라 부르며 따랐다.

15년 뒤 서초동

피고인 최영찬을 징역 1년 6개월에 처한다.
피고인 최인기를 징역 1년 2개월에 처한다.
(그 밖의 피고인들 4인 선고 내용 생략)

- 2023년 7월 19일 서울고등법원 제302호 법정, 특수공무집행방해 사건 항소심 선고일.

최영찬은 민주노련 위원장이다. 최인기는 민주노련 수석 부위원장이다. 개인적 경험으로 보건대 내용과 형식, 외관이 수십 년째 변하지 않는 화석 같은 투쟁이 두 가지 있다. 하나는 재개발 철거 투쟁이고, 하나는 노점상 투쟁이다. 국가는 여전히 이들의 투쟁에 아무 관심이 없고 그리하여 건설, 상업 자본은 더 악랄해졌다. 의회, 지자체는 여기 빌붙어 표, 돈을 받아먹고 연명한다. 그리고 우리에겐 이것이 가장 진보한 최대치의 투쟁이다. 정치인들의 말? 다 웃기는 소리라고 나는 생각한다. 우리는 그들에게 표도 안 되고 돈도 안 되기 때문이다. 법원은 '사회 안정'을 걱정하며 우리를 탓한다. 법대로 안 해준다. 가해자와 피해자가 뒤바뀐 재판 연극. 빈민운동이다.

생쥐도 궁지에 몰리면 살기 위해 한 번 고양이를 물 수 있다고 한다. 노점상들은 한 번이 아니라 매일 궁지에 몰려서 덩치 큰 용역들에게 두들겨 맞았다. 물건들을 파괴당했다. 이러다가는 꼼짝없이 죽을 것 같아서 대항했다. 소리도 치고 밀기도 하고 저항했다. 거리에서 시민들에게 제발 좀 도와달라고 우리를 좀 살려달라고 외치기 위해 집회를 열었다. 이게 공무집행을 방해한 것이란다. (대법원에 상고를 했으나 기각되어 형은 확정되었다.)

항소심 선고 당일 오후 2시 20분, 선고를 듣고 와서 사무실 소파에 쓰러져 두 시간을 잤다. 이렇게 사람들 앞에서 운 적이 있었을까. 방청 온 수십 명 노점상 동지들과 함께 서울중앙지법 1층 광장이었다. 선고 결과와 향후 계획에 대해 변호인으로서 설명을 해야 했다. "많이 기대들 하셨을 텐데"라고 말하고 나니 울음이 터질 것 같아서 잠시 가만히 있었다. 참을 수 없을 것 같았다. 왜냐하면 다음에 하려고 했던 말이 "변호사가 능력이 부족해서 죄송합니다"였기 때문이다. 그렇게 말하고 울어버렸다. 다가오는 사람들 손을 잡고, 안았다. 승패 때문만은 아니었다. 서러움 때문이 더 컸다. 서럽고 억울하다. 이렇게들 사는 게, 고작 법원 판사에게 삶을 판단받는 게. 이겨도 져도 이 설움은 마찬가지다.

조항아 민주노련 사무처장이 안아주니 더 울음이 났다. 이경민 형이 다가와서 손을 꽉 잡아줬다. 수고했다고 말한다. 이

경민 형은 서부노련 지역장이자 민주노련 위원장 직무대행이다. 한결같이 사는 사람들 때문에 어쩔 수 없이 변호사는 법률 따위라도 연구해서 작은 힘이라도 보태려 노력한다. 온 힘을 다한다고 느끼지만 '그래봐야 판사가 보겠나' 회의가 커진다. 판결이 이상해서 그렇다. 그 이유는 아래와 같다. 어려운 내용이 아니다.

철거 주체인 구청들은 행정대집행법상[5] 강제 철거 필요성이 크지 않고 다른 대안이 있는데도 즉시 철거를 강행했고, 핵심 절차들을 상당히 위배했으며, 철거 과정에서 목적 달성에 꼭 필요하지도 않은 과도한 폭력을 행사했다. 영화에 자주 나오는 '용역 깡패'들을 동원해서 말이다. 이에 저항하는 우리의 행위들은 '특수공무집행방해'가 되었다. 형법에서는 정당하지 않은 공무집행에 저항하는 행위를 '정당행위', '정당방위'라 하여 처벌하지 않는다. 당시 구청 공무원, 용역 깡패들은 누구도 조사받거나 기소되지 않았다. 대법관들에게 글로 이렇게 호소했다.

위에서 살펴본 것처럼 원심은 행정대집행법, 도로법의 예

---

5   행정대집행법 제2조(대집행과 그 비용 징수) 법률(법률의 위임에 의한 명령, 지방자치단체의 조례를 포함한다. 이하 같다)에 의하여 직접 명령받았거나 또는 법률에 의거한 행정청의 명령에 의한 행위로서 타인이 대신하여 행할 수 있는 행위를 의무자가 이행하지 아니하는 경우 다른 수단으로써 그 이행을 확보하기 곤란하고 또한 그 불이행을 방치함이 심히 공익을 해할 것으로 인정될 때에는 당해 행정청은 스스로 의무자가 하여야 할 행위를 하거나 또는 제삼자로 하여금 이를 하게 하여 그 비용을 의무자로부터 징수할 수 있다.

외 규정을 잘못 적용했습니다. 그리고 특히 '행정 비례의 원칙'에 대한 법리를 오해하거나 간과하여 이 사건의 경우 '목적과 수단' 사이에 합리적인 비례관계가 유지되는지에 대하여 심리조차 하지 않았거나 전혀 판시하지 아니하였습니다. (…) 본 변호인은 위와 같이 법률적으로 명백한 부분들만을 설명드립니다. 노점상들에 대한 인간적인 연민, 사회적 연대 의식을 배제하더라도 법률가적 양심으로 귀 재판부께서 원심을 파기하여 주실 것으로 기대하여 마지않습니다. 감사합니다.

우리는 정당방위였다

강제 철거 관련 법률은 주로 행정대집행법, 도로법이다. 행정대집행법을 먼저 알아보자. 행정대집행법 제2조는 '실체적 요건'인데 쉽게 말해 강제 철거를 할 수 있는 상황이 어떤 건지에 대한 규정이다. 이 규정에 따르면 "다른 수단으로써 그 이행을 확보하기 곤란하고 또한 그 불이행을 방치함이 심히 공익을 해할 것으로 인정될 때" 강제 철거를 할 수 있다고 한다.

구청은 사건 몇 해 전까지만 해도 노점상들이 거리에서 영업을 할 수 있도록 약속했고 몇 가지 서로 간의 이행 조건을 두고 합의서까지 썼다. 그런데 바뀐 구청장이 일방적으로 합의를 파기하고 대화도 전면 거절한 채 밀고 들어와 노점을 부수고 물품들을 가져갔다. 구청은 이 사건에서 폭력적인 수단 외에 협의 등의 다른 수단을 강구하지 않았다.

한편 법률에서 규정하는 것처럼 '방치함이 심히 공익을 해'한 것도 아니었다. 검사 또한 수년 또는 십수 년째 거리에서 피고인들이 노점상을 운영하면서 심히 공익을 해했다는 사실을 전혀 입증하지 못했다. 실제로도 그러하지 않았기 때문이다. 다소 간의 통행 불편, 일부 건물 상인들의 불만, 시민들의 호불호 등이 있었을 수는 있으나 행정대집행법상 강제 철거 요건은 "심히" 공익을 해하는 경우다. 무자비하고 기습적인 강제 철거를 할 만한 실체적 근거가 없다. 그렇다면 절차적으로는 어떨까? 법원은 아래와 같은 절차적 하자가 중대하거나 명백하지 않다고 보았다.

첫째, 행정대집행법은 제3조 제1항에서 '상당한 이행 기한을 정하여 그 기한까지 이행되지 아니할 때에는 대집행을 한다는 뜻을 미리 문서로서 계고해야 한다'고 명시한다. 그러나 구청은 상당한 이행 기한을 정하지도 않았고, 검사의 공소장에 적힌 사건들이 발생했을 당시에 법에 정해진 절차대로 '계고장'을 문서로 교부하지도 않았다. 교부를 시도하였으나 피고인들을 포함한 노점상들이 거부하여 교부하지 못한 경우가 몇 번 있었다고 하더라도 아예 교부 시도조차 하지 않은 사건들에 대해서도 법원은 심리를 세밀하게 하지 않고 싸잡아서 절차적 문제가 없다고 하고 말았다. 계고장을 스티커 형태로 노점 천막에 부착만 하고 간 경우도 있는데, 이 경우 행정대집행법에서 지시한 계고장의 양식이 아니기 때문에 위법하다. 또한 필수적 기재 사항을 기재하지도 않았기 때문에 이러한 계고 절차는 전체적으로 무효다. 그런데 법원은 그저 전반적인 계고 절차에 문제가 없다고만 할 뿐, 공소장에 적힌 각각의 사건을 하나하나 살펴보고 판단하지 않았다. 심각한 심리 미진, 즉 재판을 부실하게 한 것이다.

둘째, 행정대집행법은 제3조 제2항에서 '대집행영장으로써 대집행을 할 시기, 대집행을 시키기 위하여 파견하는 집행 책임자의 성명과 대집행에 요하는 비용의 개산에 의한 견적액을 의무자에게 통지하여야 한다'고 규정한다. 그러나 구청들은 이를 전혀 이행하지 않았다. 1심 증인신문을 통해 확인된바 공무원 및 용역원들은 대집행영장의 존재 자체를 몰랐다고 일관되게 진술했다.

셋째, 행정대집행법 제4조 제1항은 '해가 뜨기 전이나 해가 진 후에는 대집행을 하여서는 안 된다'고 한다. 그러나 구청들은 해가 뜨기 전이나 해가 진 후에 대집행을 여러 번 했다.

넷째, 행정대집행법 제4조 제2항은 '행정청은 대집행을 할 때 대집행 과정에서의 안전 확보를 위하여 필요하다고 인정하는 경우 현장에 긴급 의료 장비나 시설을 갖추는 등 필요한 조치를 하여야 한다'고 하고 있으나 1심 증인신문 당시 공무원,

용역원들은 그러한 사실이 없다고 자백했다. 검사는 반박하지 않았다.

다섯째, 행정대집행법 제4조 제3항은 '대집행을 하기 위하여 현장에 파견되는 집행 책임자는 그가 집행 책임자라는 것을 표시한 증표를 휴대하여 대집행 시에 이해관계인에게 제시하여야 한다'고 하고 있으나 1심 증인신문 당시 공무원, 용역원들은 그러지 않았다고 모두 자백했다. 역시 검사는 반박하지 않았다.

위와 같이 강제 철거는 대부분 행정대집행법상 실체적, 절차적 요건을 결여한 채 무자비하게 이루어진다. 그런데 법원은 모르쇠다. 나아가 법원은 이처럼 폭력적이고 절차도 지키지 않는 강제 철거에 적극적으로 면죄부를 주는데 그 근거가 되는 법률이 바로 아래의 도로법 제74조 '행정대집행의 적용 특례' 조항 즉 행정대집행법을 지키지 않아도 된다고 하는 특수 예외 규정이다. 그러나 법원은 아래와 같이 예외 규정을 제대로 이해하지 못하고 함부로 남용한다.

도로법 제74조(행정대집행의 적용 특례) ① 도로관리청은 다음 각호의 어느 하나에 해당하는 경우로서 '행정대집행법' 제3조 제1항 및 제2항에 따른 절차에 따르면 그 목적을 달성하기 곤란한 경우에는 해당 절차를 거치지 아니하고 도로에 있는 적치물 등을 제거하거나 그밖에 필요한 조치를 할 수 있다.

그러나 같은 법 같은 조 제2항은, "위 제1항에 따른 적치물 등의 제거나 그밖에 필요한 조치는 도로관리를 위하여 필요한 최소한도에 그쳐야 한다"고 밝히고 있다.

즉 '행정비례의 원칙'이라는 법치주의 필수 법리, 헌법상 과잉금지원칙을 지킨다는 전제하에 위 예외 규정을 특정 상황(도로법 제74조 제1항 각호)에서 특별히 적용해 주겠다는 뜻이다. 그런데 구청들은 필요한 최소한도에 그치지 않고 행정비례 원칙을 모두 위배했다. 밤낮없이 깡패들을 동원해서 천막을 부수고 끓는 기름통을 뒤집고 흉기를 소지한 채 상욕을 퍼부으며 집단 구타했다. 사진과 영상 증거 모두 법원에 제출했다.

그리고 같은 법 같은 조 제3항은 '제1항과 제2항에 따라 제거된 적치물 등의 보관 및 처리에 필요한 사항, 반환되지 아니한 적치물 등의 귀속에 필요한 사항은 대통령령으로 정한다'라고 한다(도로법 시행령 제75조). 그러나 구청들은 적치물의 보관 및 처리, 반환되지 아니한 적치물 등을 폐기하거나 압수하여 돌려주지 않는 등 위 제3항을 전부 위배했다. 공무원들도 자백한 사실이다. 따라서 도로법 제74조 제2항, 제3항을 모두 위배한 이 사건의 공무집행, 즉 무자비한 강제 철거는 도로법 제74조 제1항에 따른 특례 적용 대상이 될 수 없다.

그렇다면 원칙으로 돌아가서 행정대집행법상의 절차를 엄격히 준수해야 한다. 그러나 앞서 설명한 대로 구청들은 전혀 그리하지 않았다. 검사도 반박하지 않았고 판사도 아는 사실이다. 즉 이 사건의 공무집행 절차 위반 행위들에 도로법 제74조 제1항을 적용할 수 없음에도 불구하고 법원은 이를 간과하고 유죄를 선고했다.

재개발 철거든 노점 철거든 사회경제적 약자를 대상으로 한 국가의 강제 철거 형사재판에서 매번 일어나는 일이다. 진짜 가해자는 공무원과 용역 깡패, 진짜 피해자는 철거민, 노점 상인데 수사기관과 법원은 이들의 지위를 바꾼다.

법대로 하자면 이렇다. 공무원들과 용역 깡패들은 (특수)폭행죄, (특수)상해죄, 재물손괴죄, 절도죄, 직권남용죄의 공모공동정범이고 철거민, 노점상들은 폭행 사실은 인정되나 위법한 공권력 행사에 대한 정당방위 또는 사회상규에 어긋나지 않는 정당행위를 한 것이다. 이것이 변호인의 의견이다.

구청들이 지켜야 했을 '행정비례의 원칙'

헌법상 과잉금지원칙이라는 것이 있다. 공권력 행사는 과잉되면 안 된다는 말이다. 이는 당연히 행정대집행의 영역에서 적용된다. 이를 행정법에서는 '비례의 원칙'이라고 표현한다. 비례의 원칙은 행정 목적을 달성하기 위해 행정적인 수단을 사용함에 있어, '목적과 수단' 사이에 합리적인 비례관계가 유지되어야 한다는 원칙이다. 행정기본법 제10조에서 규정하고 있다. 행정비례의 원칙은 법치주의의 뼈대이자 에너지원이다.

법치주의法治主義-rule of law, nomocracy는 근대 입헌국가의 통치 원리로서, 권력분립의 원리를 바탕으로 한다. 국민의 주권을 대표하는 의회가 제정하는 법률에 의하여 국가 활동이 규율되며, 폭력이나 인간의 주관이 아닌 법이라는 잣대로 불가침성의 인권을 보장한다는 원리다. 법치행정은 국민의 대표자들로 구성된 의회에서 제정된 법률에 따라 행정을 하는 것으로, 본질적으로 민주행정을 의미한다. 법치행정은 또한 국민의 기본권을 행정의 횡포로부터 보호하고, 행정으로부터 국민이 입는 피해를 구제해야 하며, 행정의 안정성과 예측 가능성을 확보하는 기능이 있다. 특히 행정대집행은 행정상 강제집행으로 국민의 기본권을 침해하기 쉬우므로 반드시 법치행정의 원칙이 관철되어야만 한다.

한편 구청들의 행정대집행이 적법한 공무집행의 범위를 넘어서 과도한 수단과 방법을 강행하였다는 점은 정부 기관인 행정안전부와 국가인권위원회가 자의적으로 해석·경시되고 있는 조항을 보완하고, 제도적 미비점을 개선하고자 한 노력에서도 확인할 수 있다. 아래는 행정안전부가 2019년경 '행정대집행법' 전부 개정을 추진한 내용의 일부다(행정안전부 행정대집행법 전부개정법률안). 이 사건과 같이 행정대집행 과정에서 국민 인권 침해가 빈번하여 이를 방지하기 위함이었다.

① 대집행 계고 시 10일 이상의 최소 의무이행 기간 도입

② 공무원이 대집행 현장을 관리·감독하고, 실행 후 대집행 실행자 인적 사항, 실시 현황 등을 기재한 대집행 조서 작성 의무 부여

③ 대집행 의무자가 목적물을 점유하고 있는 경우 퇴거 등 안전에 필요한 조치가 완료된 후 대집행 실행

④ 국민의 신체·재산에 중대한 위해나 손해가 명백할 경우에만 행정청에 대집행 실시 의무 부과

그리고 국가인권위원회는 2021년 4월경 국회의장에게 결정문으로써 "행정대집행 계고 시 최소한의 의무이행 기한 도입, 공무원의 행정대집행 현장 입회·감독, 기상특보 발령 시와 공휴일에 행정대집행 금지, 집행정지 효력이 있는 이의신청 제도 도입, 의무자의 퇴거 조치 완료 후 행정대집행 실행" 등을 신설하는 '행정대집행법 전부개정법률안'(의안 번호 986호)을 조속히 입법하라는 의견을 표명했다. 나아가 "유엔 사회권규약위원회 일반논평 제7호 등 국제 인권 기준에 따르면 강제퇴거는 인권에 대한 심각한 침해이고, 강제퇴거로 인한 인권침해를 예방하는 최종 책임은 국가에 있으므로, 국가는 강제퇴거와 관련한 보호 의무를 다하기 위해 가능한 모든 입법 조치를 취해야 한다"고 강조했다.

즉 폭력적인 수단을 사용하지 않고 피해를 최소화할 수 있

음에도 행정편의를 위하여 혹은 국민의 기본권 침해에 대한 문제의식 결여로 행정청이 공권력을 남용하는 악습을 끊어야 한다는 것이 행정안전부와 국가인권위원회의 공통된 입장이다. 우리나라 '행정대집행법'의 연원인 일본에서는 인권침해 등의 문제를 방지하고 국가의 강제력을 최소화고자 행정대집행법을 제정하였고 강권발동의 이미지를 주는 행정대집행을 실행하기 전에 행정지도, 정보 제공 등 다른 수단을 적극적으로 활용하고 있다.[6]

무엇보다 이 사건의 경우 폭력적이고 강제적인 수단으로써만 노점상 철거가 달성될 수 있는 환경도 아니었다. 이 사건에서 구청의 행정대집행 과정을 다룬 서울연구원의 보고서 〈행정대집행법에 대한 개선안 연구〉(2016)에서도 노점상들의 적극적인 협의 의지와 대화 요청 과정을 확인할 수 있다. 그러나 반대로 구청은 안전하고 깨끗한 장사를 위한 상호 간의 합의 내용을 모두 파기하고 법률상 절차도 위배하면서 기습 침투 하여 마차를 파괴하고 노점상들을 때리면서 질질 끌어냈다.

법원의 고민

법원은 아마도 사회질서에 대해 고민했을 것이다. 피고인

---

6   김아름, 〈국민의 권익 보장을 위한 행정대집행에 관한 연구〉, 고려대학교, 2015.

들과 같은 노점상들의 저항이 사회질서를 어지럽히는 것이기에 만약 이 사건에서 피고인들에게 무죄를 선고하거나 선처하는 선례를 남긴다면 또 이런 혼란이 반복되리라 걱정했을 수도 있다. 그러다 보니 이 사건에서 같은 공무집행의 방식과 내용 정도는 위법하지 않다는 선례를 남기게 되었다. 어떤 선례가 더 사회에 나쁜 영향을 끼치는 것일까.

공권력이라는 공인된 폭력은 헌법과 법률에 엄격히 따라야 한다. 이를 법치주의라고 한다. 이를 어기거나 과잉될 경우 국민이 어떤 피해를 입는지 우리는 권위주의 정권 시절 역사에서 경험했다. 그래서 법률을 해석하고 적용하는 법원의 잣대는 상대적으로 국민보다는 국가 공권력에 더 엄격하고 날카로워야 한다. 물리력의 차이, 사회적 영향력의 차이가 비교할 수도 없이 크기 때문에 그렇다. 그러나 법원은 이 사건에서 그렇게 하지 않았다. 구청과 용역 대원들에게 관대했다. 그것은 결국 노점상들에게만 형사책임을 지우는 결과를 낳았다. 이러한 판결이야말로 사회에 해악을 끼칠 수 있는 잘못된 선례가 아닐까.

치외법권인 듯 법 절차를 생략하고 야만적인 폭력을 행사한 뒤에도 문제가 생기지 않는다는 사인을 준 것이다. 이렇게 공권력을 행사해도 된다고 용기를 준 것이다. 이 사건의 공무집행 형식과 내용은 과하다, 이렇게까지 해서는 안 된다는 선례를 남겼어야 했다. 피고인들과 같은 약자들이 벼랑 끝에서 저항하며 실정법을 어겼다 하더라도 공권력을 이렇게 행사해서는 안 되니까, 공무집행방해죄는 성립하지 않는다는 선례를 남겼어야 했다. 아마도 법원의 고민은 여전할 것이다. 부디 고민이 깊기를 바랄 뿐이다.

'비례위성정당'이 망친 것들

    권력감정은 "사람들에게 영향력을 갖고 있다는 의식, 사람들을 지배하는 권력에 참여하고 있다는 의식, 역사적으로 중요한 사건에서 신경의 줄 하나를 손에 쥐고 있다는 감정이다."[7]

    그 감정은 참여 정치를 활성화하기도, '나 아니면 안 된다'는 착각과 자기최면, 조급증을 만들기도 한다. 그래서 빈대 잡으려 초가삼간 태우는 본말전도 현상, '빈대가 얼마나 나쁜데 초가삼간 태우는 게 무슨 대수냐'고 주장하는 일들까지 일어난다. 세계 역사에서 지배자들이 나라를 망치는 정치를 하는 장면들에서 자주 봐왔다. 한국의 위성정당 출현도 그런 맥락에서 바라볼 수 있는 사건이다.

    이탈리아의 철학자이자 정치인인 안토니오 그람시Antonio Gramsci는 "낡은 것은 죽어가는데 새로운 것은 아직 태어나지 않

---

7   막스 베버, 《직업으로서의 정치·직업으로서의 학문》, 박문재 옮김, 현대지성, 2024년 5월.

았을 때 위기는 생겨난다. 이 공백기에 다양한 병적 징후가 생겨난다"고 했다. 낡은 정치인들이 위성정당과 같은 불량 신제품까지 만들어내면서 열정적으로 죽어가고 있는 반면 새로운 유권자는 아직 힘이 없다. 지금 우리 사회는 '낡은 것'은 죽지 않으려 수단과 방법을 가리지 않아서 결국 죽지 않고 있으며, '새로운 것'은 태어나지 않으려 무관심하거나 무관심하여 태어나지 않는다. '낡은 것'들은 자꾸 '사회적 합의'가 필요하다고 둘러대면서 죽지 않고 버틴다. '새로운 것'들은 시시비비를 가려야 할 때도 '다름'을 존중하며 결국 태어나지 않는 쪽을 택한다. 이렇게 '낡은 것'의 복지부동과 '새로운 것'의 복지부동이 곱해져서 '낡은 것'은 더더욱 강화한다.

미국의 철학자 낸시 프레이저Nancy Fraser는 "무시는 심리적 상태가 아니라 제도화된 사회적 관계다"라고 했다. 소수자정치가 사회와 의회에서 너무 보이지 않는다면 그것은 유권자들의 사적 감정이나 무시 때문이 아니라 기득권정치를 위해 설계된 정치제도 때문이다. 극단적 진영 논리가 민주주의를 파괴하는 정당까지 탄생시키고, 최근에는 시민사회에서도 일부 동조하고 있다. 참담한 정치 현실 앞에서 한 명의 유권자로서, 변호사로서 위성정당은 위헌이라고 주장하는 헌법소원을 제기했다.

"이 사건 심판청구를 모두 각하한다"는 결과가 나왔다. "청구인 녹색정의당이 이 사건 수리행위로 인하여 직접적이고 법적인 불이익을 받았다고 보기 어렵"다는 이유였다. 패소한 헌법소원 대리인으로서 부끄럽지도 화가 나지도 않았다. '본안' 즉 위성정당의 위헌성에 대한 판단은 전혀 없었고 본안에 대해서는 논리적으로 여전히 자신 있으며 헌법재판소의 소극성을 이미 알고 있어서 큰 기대도 없었기 때문이다.

과연 녹색정의당을 비롯한 소수 정당들이 위성정당으로 인해 불이익을 받은 피해자가 정말 아닐까? "직접적이고 법적인 불이익"을 받지 않았다고 헌법재판소는 말하는데 그렇다면 정치적인 불이익은 없었을까? 청구 대리인으로서 답답했다. 그렇다면 위성정당을 어떻게 막을 수 있을까. 입법으로 막는 것 말고는 해결책이 없다. 그런데 국회 300석 중 과반을 너끈히 넘는 180석 거대 야당 민주당이 2020년 총선 때 위성정당을 만든 것을 사과하면서 '총선 이후에 반드시 위성정당 방지법을 만들겠다'고 약속했는데도 2024년 총선 때까지 그 법을 만들지 않았고 또 양당은 위성정당을 만들어서 총선을 치렀다.

그래서 이 위성정당을 '위선 정당'이라고 나는 규정한다. 이 글에서는 위성정당의 위헌성과 불법성을 다루되 그것만 논하지는 않겠다. 정치제도를 후진화한 점, 원칙과 가치관의 혼란으로 시민사회를 분열시킨 점, 국고를 탈취한 점 등 위성정당이 야기한 문제들도 함께 이야기할 것이다. 헌법재판소와 법원에서도 위성정당이 위헌이거나 불법까지는 아니라고 이미 판단이 나왔고, 위헌성·불법성과 같이 협소한 사법적 기준으로만 들여다볼 일이 아니기 때문이다. 법률적 기준만 고려한다면

'헌재랑 법원도 문제없다는데 왜 그러냐'는 식으로 논의가 흘러 비민주적이고 기만적인 위성정당 문제에 관해 더 토론하기 어려워진다.

위성정당의 문제점

'연동형 비례대표제'는 각 정당이 득표율만큼 의석을 가져가도록 하는 게 목적이다. 사표死票를 최소화해 국민의 지지율을 의석수에 최대한 반영하겠다는 이상적인 민주주의 시스템이다. 이미 독일, 네덜란드 등 유럽 선진국은 오래전 이 시스템을 도입했다. 우리나라는 2020년 총선 때 비슷한 제도를 도입했는데 앞선 나라들처럼 순수한 연동형 비례대표제가 아니고 '준'연동형 비례대표제이다. 가장 큰 차이는 비례대표 의석수를 47석으로 제한해 놓고, 당 지지율의 50%만 비례 의석수 결정에 반영한다.

그런데 양당은 이 제도를 만든 후 첫 총선인 2020년에 "위성정당"을 만들어서 비례대표 의석 "연동"을 불가능하게 했다. 연동형 비례대표제인데 연동을 안 당하는 것이다. 충격적인 반칙이다. 자신들이 만든 제도를 자신들이 곧바로 무너뜨린 것이다. 어느 정치학자는 방송에서 "천잰데?"라고 비꼬았다. 세계적으로도 유례없는 희한한 정당의 출현이었다.

당시 민주당은 위성정당을 만들면서 다수당으로서 입법한 제도를 스스로 무력화한 데 대하여 "미래통합당(국민의힘 전신)이 먼저 반칙을 하니까 어쩔 수 없다. 국민께 죄송하다"고 했다. 이 발표 불과 며칠 전까지만 해도 민주당은 최고위원회에서 미래통합당의 위성정당에 대해 "쓰레기 정당"이라고 논평했다.

2024년 총선에서도 양당은 위성정당을 또 만들었고 민주당 이재명 대표는 네 차례나 대국민 사과를 했다. 보도에 따르면 같은 해 2월 5일, 이 대표는 위성정당 자체에 대한 비판을 의식한 듯 이날 네 번이나 고개를 숙였다. "① 반칙이 가능하도록 불완전한 입법을 한 것을 사과드린다, ② 약속드린 위성정당 금지 입법을 하지 못한 점을 사과드린다, ③ 결국 준*위성정당을 창당하게 되어 사과드린다, ④ 죄송합니다"라고 했다. 이틀 뒤에도 이 대표는 "여당의 반칙과 탈법에 대해 불가피하게 대응할 수밖에 없다는 점을 말씀드린다", "위성정당을 만들 수 없게 제도적 장치를 마련하겠다는 약속을 지키지 못한 점, 불가피한 위성정당을 창당할 수밖에 없는 점에 대해 이 자리에서 유감의 뜻을 밝힌다", "준연동형 취지를 조금이라도 살리기 위해 일부 비례 의석을 소수 정당, 시민사회와 나누는 방법을 찾겠다"라고 했다. 잘못인 걸 분명히 알고 인정한 것이다. 위성정당은 왜 잘못일까?

위성정당은 '가짜 정당'이다

(1) 헌법상, 정당법상 '독립성', '자발성', '계속성', '공고성' 결여

위성정당은 헌법상, 정당법상 독립성과 자주성을 갖춘 법률상, 실질상 정당이 아니다. 그러니까 그냥 '정당'이 아니다. 가짜 임의단체다. 민주당, 국민의힘 하부 기관에 불과하다는 말이다. 윤영덕 당시 더불어민주연합 공동대표는 2024년 3월 21일 광주에서 이렇게 인정했다. "더불어민주당과 더불어민주연합은 확실히 한 몸이다, 일란성 쌍둥이다. 공동으로 힘을 합해서 승리를…." 박주민 더불어민주당 의원은 위성정당 창당을 주도했는데 방송 인터뷰에서 이렇게 말했다. "제가 민주연합 정책 담당이었어요. 연합 과정에 참여해서 정책을 만들었습니다. 민주당은 그쪽이고요 (…) 우리가 만든 비례정당이 있잖아요 (…) 제가 그 정당을 만든 멤버라니까요. 박홍근 의원님이 단장이셨고 (…) 당연히 민주당 지지자분들, 민주당 당원분들 다 포함해서 우리 민주연합 정당에 투표해 주셔야 돼요."

정당과 관련한 우리 헌법과 정당법은 이렇다. 이에 따르면 위성정당은 '정당'이 아니다.

헌법 제8조

① 정당의 설립은 자유이며, 복수정당제는 보장된다.

② 정당은 그 목적·조직과 활동이 민주적이어야 하며, 국민의 정치적 의사 형성에 참여하는 데 필요한 조직을 가져야 한다.

③ 정당은 법률이 정하는 바에 의하여 국가의 보호를 받으며, 국가는 법률이 정하는 바에 의하여 정당 운영에 필요한 자금을 보조할 수 있다.

④ 정당의 목적이나 활동이 민주적 기본 질서에 위배될 때에는 정부는 헌법재판소에 그 해산을 제소할 수 있고, 정당은 헌법재판소의 심판에 의하여 해산된다.

정당법 제1조(목적) 이 법은 정당이 국민의 정치적 의사 형성에 참여하는 데 필요한 조직을 확보하고 정당의 민주적인 조직과 활동을 보장함으로써 민주정치의 건전한 발전에 기여함을 목적으로 한다.

정당법 제2조(정의) 이 법에서 "정당"이라 함은 국민의 이익을 위하여 책임 있는 정치적 주장이나 정책을 추진하고 공직선거의 후보자를 추천 또는 지지함으로써 국민의 정치적 의사 형성에 참여함을 목적으로 하는 국민의 자발적 조직을 말한다.

위성정당은 헌법이 말하는 "그 목적·조직과 활동이 민주적"

이지 않다. 마찬가지로 정당법이 말하는 "정당의 민주적인 조직과 활동"이 없다. 그리고 정당법의 "민주정치의 건전한 발전"을 오히려 저해한다. 연동형 비례대표제를 비웃고 편법으로 빠져나가기 때문이다. 고속도로에서 하면 안 되는 갓길 운행을 하는 꼴이다.

아래와 같이 헌법재판소가 요구하는 계속성, 공고성도 없다. 해산 후 합당하거나 몇 명의 외부단체 후보는 다른 당으로 분리될 것이 이미 확실히 예정되어 있기 때문이고, 실제로 21대, 22대 선거 직후 합당했다.

> 정당은 '상당한 기간 계속해서' '상당한 지역'에서 국민의 정치적 의사 형성에 참여해야 한다(헌법재판소 2006. 3. 30. 선고 2004헌마246).

헌법재판소가 말하는 계속성, 공고성은 인적, 물적 차원의 독립성을 말하는데 위성정당은 그런 게 없고 모母당의 지원을 다 받는다. 소위 바지 사장, 유령회사란 말이다.

(2) 민주당 위성정당은 다르다?

국민의힘은 스스로 준연동형 비례대표제를 거부하고 이를 파괴하기 위해 '국민의미래'를 만들었다고 천명했으니 이들의 위성정당에 대해서는 말할 가치도 없고, 그들과 다르다고 주장

불온한 공익

하는 민주당의 위성정당이 왜 그들과 똑같은지 살펴보자.

첫째, 인적 원조 부분이다. 민주당은 위성정당에 의원을 꿔줬다. 사상과 이념에 따른 탈당과 이적이 아니다. 그냥 비례대표 투표용지에서 가장 앞 순번인 3번을 차지해서 지역구 선거 순번 1번인 민주당과 동일한 시각적 효과를 유권자에게 주기 위한 목적뿐이다. 참고로 비례대표 투표용지에 1번, 2번은 존재하지 않는다. 1당 민주당과 2당 국민의힘이 비례대표를 단 한 명도 내지 않았기 때문이다. 이것부터 코미디다.

민주당은 2024년 3월 17일 강민정, 권인숙, 김경만, 김의겸, 양이원영, 이동주 6인을 제명했다. 공직선거법에 따르면 비례대표 의원은 소속 정당에서 제명을 당하는 경우에 당적을 이탈 또는 변경하거나 두 개 이상의 당적을 가지고 있으면 의원직을 상실한다. 그러니까 의원직을 유지하면서 당을 옮기려면 현재 소속된 정당에서 제명을 해줘야만 한다. 이런 이유로 국민의힘도 3월 15일 비례위성정당인 국민의미래에 보낼 비례대표 의원 8인을 제명했다. 이처럼 국민의힘과 민주당이 비례위성정당에 해괴한 '의원 꿔주기'를 하는 이유는 총선 기호에서 앞 번호를 차지하기 위함이다.[8]

위성정당 더불어민주연합 대표자 윤영덕은 민주당 의원 출신이다. 또 다른 대표자 백승아는 2024년 1월 민주당이 영입했다. 사무총장 정을호는 민주당 당직자다. 이게 정상적인 독립

---

8   신주영, "민주당, 비례 6명 제명… 더불어민주연합에 의원 꿔주기", 《경향신문》, 2024년 3월 17일.

성과 자주성을 갖춘 정당이 맞나? 절대 아니다.

둘째, 자발성, 자주성, 독립성 부분의 경우 이재명 대표의 사과, 윤영덕 원내대표의 "일란성 쌍둥이"라는 발언, 박주민 의원의 "우리가 만든 비례정당"이라는 발언으로 정리된다. 말을 덧붙일 필요가 없다.

셋째, 물적 원조 부분을 보자. 더불어민주연합 사무실 주소는 민주당 당사다. 대표자, 사무총장이 민주당 출신인 점은 앞서 설명했다. 당직자, 실무자도 다 민주당 사람들이다. 돈도 대줬다. 기사에 따르면, "더불어민주연합이 모당(母黨) 정당이라 할 수 있는 더불어민주당으로부터 22대 총선에 사용할 선거비용 약 20억 원을 차입한 것으로 확인됐다. (…) 차입 자금은 광고비용 등에 사용할 것으로 알려졌다"[9]고 한다. 누가 봐도 그냥 같은 가게다.

현행 공직선거법 122조에 따르면, 비례대표 국회의원 선거에서 후보자 명부에 올라와 있는 후보 중 당선인이 있는 경우, 비례대표 정당은 지출한 선거비용 전액을 보전받는다. 결과적으로 더불어민주당이 위성정당에 차입한 돈을 더불어민주연합이 모두 선거비용으로 사용해도, 이를 전액 보전받게 된다. 이게 반칙이 아닐 수가 있나. 같은 가게가 아니라고 할 수 있나.

선거관리위원회는 통상적인 이자율에 따른 정당 간 정치자금 차입은 정치자금법상 제한되지 않는다고 규정한다. 21대 총

---

9   최아영, "제1 야당의 꼼수… 민주당, 더불어민주연합에 선거비용 20억 빌려줬다", 《파이낸셜뉴스》, 2024년 3월 31일.

선 당시 선거관리위원회는 미래통합당(국민의힘 전신)의 위성정당인 미래한국당이 '정당 운영 및 선거에 드는 경비를 충당하기 위해 다른 정당으로부터 적정 이자를 지급하고 정치자금을 차입하고자 하는데 정치자금법 등에 위반하느냐'고 질의한 것에 "정당이 다른 정당으로부터 금융기관의 대출금리 또는 법정 이자율 등 통상적인 이자율에 따라 정치자금을 차입하는 것은 정치자금법상 제한되지 않는다"고 답했다.

선거보조금 문제가 정말 심각하다. 선거보조금은 교섭단체 구성 정당에는 총액의 절반을 균등하게 배분하고, 5석 이상 20석 미만 의석이 있는 정당에는 총액의 5%를 배분한다. 의석이 5석 미만이거나 없는 정당의 경우 최근 선거 득표수 비율 등 일정 요건을 충족한 정당에 총액의 2%를 나눠주고 남은 금액 중 절반은 의석수 비율에 따라, 나머지 절반은 21대 총선 득표수 비율로 지급된다.

민주당은 선거보조금을 192억 원, 더불어민주연합은 28억 원을 받으며 전체의 약 43%를 받아 갔다. 반면 군소정당과 제3지대는 현역의원 수와 득표율 조건을 충족하지 못해 적은 금액을 받았다. 현역의원 조건을 충족한 녹색정의당은 30억 원, 새로운미래는 26억 원을 수령했으며 진보당은 득표율 조건에 따라 10억 원을 받았다. 모든 조건을 충족하지 못한 개혁신당은 약 9,000만 원을 받는 데 그쳤다.

이에 일각에선 거대 정당의 꼼수로 만들어진 위성정당이

선거보조금뿐 아니라 보전금까지 모두 싹쓸이한다는 비판이 제기되었다. 그야말로 '세금 도둑', '국고 탈취'다.

국고 손실, 세금 도둑

(1) 국고보조금 제도의 취지

정당은 국가기관이 아니고 임의로 결성한 단체이므로 그 재정은 원칙적으로 스스로 마련하고 충당하여야 하나, 헌법 제8조 제3항에 의하여 입법자의 재량에 따라 정당에 국고보조금을 배분한다. 따라서 국고보조금의 배분은 정당의 원만한 기능을 보장하여 헌법의 기본 원칙인 법치주의와 대의 민주주의 기본 질서 내에서 이루어져야 한다. 헌법재판소는 정당 국고보조금의 취지에 대하여 아래와 같이 결정했다.

헌법(1980. 10. 27. 헌법 제9호로 전문 개정된 것) 제7조 제3항(정당은 법률이 정하는 바에 의하여 국가의 보호를 받으며, 국가는 법률이 정하는 바에 의하여 정당의 운영에 필요한 자금을 보조할 수 있다)의 규정에 근거하여 1980년 12년 31일 제3차 정치자금법 개정 시 처음 신설된 보조금 제도는 정당이 위와 같은 역할을 수행하는 데 소요되는 정치자금을 마련함에 있어 정치자금의 기부자인 각종 이익집단으로부터의 부당한 영향력

을 배제함으로써 정치부패를 방지하고, 정당 간의 자금조
달의 격차를 줄여 공평한 경쟁을 유도하며, 선거비용과 정
당의 경비 지출의 증가 추세에 따른 재정압박을 완화하여
정당의 원만한 기능을 보장하고 유능한 후보자의 당선 가
능성을 높이는 데에 그 입법목적이 있다.(2006년 7월 27일 선
고 2004헌마655 전원재판부)

(2) 선거보조금 문제

2024년 총선 선거보조금 현황은 아래와 같다. 양당이 전체
508억 중 84.14%인 약 427억 4,000만 원가량을 챙겼다. 양당과
그 외 정당의 양극화가 심각한 수준이다.

▶ **2024년 제22대 총선 선거보조금**

- 더불어민주당: 188억 8,100만 원(37.61%) (142석)

- 더불어민주연합: 28억 2,700만 원(5.63%) (14석)

- 국민의힘: 177억 2,400만 원(35.31%) (101석)

- 국민의미래: 28억 400만 원(5.59%) (13석)

▶ **소수 정당**

- 정의당: 30억 4,800만 원(6.07%) (6석)

- 새로운미래: 26억 2,300만 원(5.23%) (5석)

- 개혁신당: 9,100만 원(0.18%) (4석)

- 진보당: 10억 8,300만 원(2.16%) (1석)

- 자유통일당: 8,900만 원(0.18%) (1석)

- 조국혁신당: 2,300만 원(0.05%) (1석)

- 기후민생당: 10억 400만 원(2.00%) (0석)

(3) 경상보조금 문제

더불어민주연합을 창당한 이유, 목표가 비례대표를 통하여 20석 이상을 확보하는 것에 있음을 고려하면, 추후 20석 이상의 위성정당 교섭단체(원내 20석 이상)를 구성하여 경상보조금 총액의 50%를 우선 배분받게 될 것이었다. 참고로 2020년 총선 때 경상보조금 지급 현황은 아래와 같았다. 합당하기로 한 거대 정당에 경상보조금 총액(115억 1,549만 4,000원)의 71.72%(82억 5,916만 4,000원)가 배정되었다. 선거보조금과 마찬가지로 심각한 양극화가 이루어졌다. 소수 정당의 고사枯死화였다. 굶어 죽는다는 뜻이다.

▶ 2020년 제21대 총선 후 경상보조금

- 더불어민주당: 28억 1,602만 원

- 더불어시민당: 9억 8,024만 1,000원

- 미래통합당: 25억 2,761만 6,000원

- 미래한국당: 19억 3,527만 8,000원

▶ 당시 다른 소수 정당

- 민생당: 16억 2,651만 7,000원

- 정의당: 7억 3,710만 9,000원

- 국민의당: 3억 820만 원

- 열린민주당: 2억 9,389만 원

- 민중당: 2억 5,416만 4,000원

(4) 위성정당이 낳은 국고보조금 문제의 결과

이 국고보조금 문제는 궁극적으로 대의 민주주의 다당제 기능을 훼손한다. 지역구 선거운동 없이 오로지 비례대표 의석 확보만을 위해 창당된 더불어민주연합에게 지급되는 국고보조금은 사실상 더불어민주당의 선거보조금으로 활용되고 정당의 살림이 양극화되는 결과를 낳는다. 즉 한정된 재정으로부터 기타 정당이 배분받을 자금을 편법적인 방법으로 배분받아 불공평한 경쟁을 심화하고, 그 결과 양당 이외 소수 정당의 선거 비용과 경비 지출 증가를 가속시켜 재정압박을 강화한다.

따라서 위성정당은 거대 양당과 그 위성정당이 국고보조금을 편법으로 유용하도록 하여, 공평한 경쟁하에서 국민의 의견을 형성, 반영해야 하는 다당제 전체의 대의 민주주의 기능을 파괴하는 결과를 초래한다. 모당이 위성정당인 사당으로 일정 수의 국회의원을 파견하여 교섭단체 요건을 충족하고, 편법으로 국고보조금을 받아 정치활동에 사용함으로써, 계속성·공고성 있는 정당법상 정당들에 국고보조금을 지원하려는 제도의 취지를 잠탈한다. 그렇게 정당정치의 근간을 무너뜨린다.

결국 양당은 2024년 총선 직후 위성정당을 흡수했다. 예견된 일이었다. 총선이 끝난 지 12일 만에 거대 양당이 만든 '꼼수 위성정당'이 국고보조금을 약 28억 원씩 챙기고 소멸을 공식화한 것이다. 합당 절차가 마무리되면서 두 위성정당에 지급된 선거보조금은 모母당인 국민의힘과 민주당에 각각 귀속되었다. 비례대표와 경선 탈락자 등 의원 꿔주기로 의원 13명을 확보했던 국민의미래는 지난달 25일 중앙선거관리위원회로부터 선거보조금 28억 443만 원을 수령했다. 역시 의원 꿔주기 등으로 의원 14명을 확보한 더불어민주연합도 같은 날 28억 2,709만 원을 수령했다.

이처럼 하나의 정당이 두 개의 정당으로 보조금을 나눠 받으면 소수 정당이 받을 수 있는 보조금이 줄어들게 된다. 이 때문에 거대 양당이 위성정당을 통해 선거보조금의 기형적 배분 문제를 야기한다는 비판도 나왔다. 경제정의실천시민연합은 "헌법상 정당에 대한 보조는 정당이 민주적 국민 의사를 반영하는 활동을 제대로 할 때 그 명분이 있는 것이나 위성정당은 선거 때 잠깐 생겼다가 사라지는 정당으로 국민 세금으로 보조할 명분이 없다"면서 "(양당이) 다른 정당이 취득할 몫을 부당한

불온한 공익

편법으로 탈취했다"고 비판했다.

우리 세금이 이렇게 양당에 탈취당하고 소수 정당 입장에서는 상대적 박탈감과 더불어 절대적 빈곤 상황과 당의 소멸에 직면한 이유를 양당에 돌릴 수밖에 없는 상황이 펼쳐졌다.

우리 위성정당은 다르다? 시민사회가 관여하니까?

2020년과 달리 2024년 총선에서는 시민사회가 참여하니까 다르다는 주장을 민주당과 일부 시민사회 인사들이 펼쳤다. 그런데 이른바 "시민사회" 몫 후보자들에 대한 민주당의 비토 등을 통해 민주당의 일방적인 후보자 명부 작성 권한이 드러났다. 과연 2024년 더불어민주연합이 시민사회와 수평적, 호혜적으로 연대하고 있는지에 관한 심각한 의문이 제기되었다.

시민사회 몫 1, 2등 후보의 낙마 문제가 있었다. 국가보안법 폐지, 반미운동 이력의 전지예 금융정의연대 운영위원, 사드 반대, 진보당적 이력의 정영이 전 전국여성농민회총연합 사무총장이 극우 언론과 이에 편승한 민주당 지도부에 의해 낙마했다. 민주당이 색깔론, 철 지난 종북 타령을 그대로 따른 것이다.

군인권센터 임태훈 전 소장의 낙마는 더 심각한 문제였다. 민주당은 임 전 소장의 '병역기피'를 컷오프 이유로 들었다. 위성정당의 한 축인 '연합정치시민회의' 측 국민후보 추천심사위원들은 긴급회의를 열어 임 전 소장의 컷오프 결정을 철회하라고 요구했다. "양심적 병역거부가 병역기피로 규정되고 부적격 사유가 된다는 것은 국제적 인권 기준에도 헌법적 판단에도 지금 시대정신에도 맞지 않는다"는 주장이었다. 이재명 대표가 7년 전 소셜미디어에서 "양심적 병역거부를 인정해야 한다"고 한 발언도 소환됐다.

임 전 소장은 지난 노무현 정권 때 양심적 병역거부가 인정되어 사면, 복권되었다. 이 사건으로 인해 임태훈 소장과 소속 단체인 군인권센터의 주도로 대체복무제가 민주당을 통해 입법되기도 했다. 임태훈 소장의 낙마는 민주당의 표리부동, 자기모순을 보여주는 사건이었고, 심각한 인권 후퇴의 '흑역사'가 되었다.

민주당은 '2024년 위성정당은 2020년 위성정당과 달리 소수 정당 참여를 포함하니까 다르다'고도 했는데 이는 사실과 다르다. 2020년 총선에서도 소수 정당인 가자환경당, 기본소득당, 시대전환, 평화인권당이 참여했다. 2024년 총선에서는 진보당, 새진보연합이 참여했다. 참여한 소수 정당 수로만 보자면 2020년이 더 많았다. 2024년 총선에서는 시민사회 영역 심사위원들이 후보 선출 오디션을 여는 등 더 깊게 관여했다고도 하나 이들이 추천한 후보들을 결국 민주당 입맛대로 다 낙마시켰다는 점에서 민주당의 주장은 기만에 불과했다.

불온한 공익

게다가 2020년 총선에서는 시민사회와 소수 정당이 비례대표 10번까지를 가져갔고 11~30번이 더불어민주당 후보였다. 당시 33.3% 득표율로 얻은 비례대표 17석 중 시민사회 몫은 10석, 민주당은 7석으로 시민사회 몫 당선인이 형식상으로는 민주당보다 많았다. 그런데 이번 총선에서 민주당이 위성정당 창당을 공식화한 2월 5일, 이틀 뒤에 민주당 위성정당에 참여해야 한다는 의견을 가진 '연합정치시민회의'(이하 '시민회의')라는 시민사회 그룹이 비례대표 몫으로 50%를 요구했다. 다시 말하지만 지난 총선 때는 시민사회 몫의 당선자가 17석 중 10석으로 60%에 육박했는데 그보다 낮은 선을 최대치로 미리 상정하고 나선 것이다. 결국 2024년 총선 결과 민주당 위성정당 당선자 14명 중 8명, 즉 57%가 민주당 소속이었다.

나머지 6인 중 진보당 2인, 새진보연합 2인을 제외한 순수 시민사회 몫 2인은 선거 직후 둘 다 민주당으로 입당했다. '시민사회'는 이렇게 위성정당에서 완전히 사라졌다. 이렇게 될 줄 몰랐다고? 시민사회 몫 당선자는 민주당으로 입당하지 않는다는 서약을 하는 등 제도적 장치를 해놓지 않고 친민주당 성향, 민주당 지도부 입맛에 맞는 시민사회 후보를 공천하는 구조에서는 삼척동자도 알 일이었다. 2020년 총선보다 퇴보한 결과였다.

시민사회 내부에서는 시민회의가 왜 굳이 민주당 위성정당에 참여했는지와 참여 인사들의 내부 사전 소통에 대한 문제 제기가 봇물처럼 터져나오며 혼란과 분열이 일었다. 이 역시 위성정당이 초래한 부작용 중 하나다.

나는 시민회의의 위성정당 참여가 시민사회를 참칭한 수치스러운 활동이었다고 생각한다. 일제강점기 부역 행위로 비판받았던 서정주는 "해방이 이렇게 일찍 올 줄 몰랐다"고 고백했는데, 그런 일화까지 떠오를 정도로 참담한 심정이었다. 불과 4년 전에 "위성정당은 해산하라"고 강경하게 원칙을 고수했던 자들이 어떻게 민주당보다 선제적으로 위성정당에 찬동할 수 있나. 선거 이후 민주당도 사과하고 재발 방지를 약속했는데, 시민회의는 일언반구 없이 침묵하고 있다.

이대로 가면 다음 총선에서 민주당은 입바른 사과조차도 안 할 것이다. 이번 총선에서 시민사회를 참칭한 일부 단체와 개인들이 위성정당에 면죄부를 줬고, 다른 시민사회 단체가 지닌 비판의 날도 2020년 총선 때에 비해 무뎌진 것이 사실이기 때문이다. 유권자들이 양당 위성정당에 체념한 현실이 가장 무섭다. 정치에 대한 냉소와 혐오만 남은 폐허는 양당이 패권을 주고받기에 가장 좋은 토양이다.

민주사회를 위한 변호사모임(이하 '민변')의 2020년 3월 24일 논평은 현재 상태에 꼭 들어맞는다. "현실의 반칙에 맞서고 소수 정당의 국회 진입을 돕겠다는 민주당의 명분은 시간이 흘러가면서 모두 퇴색되었고 '이기는 것이 곧 정의'라는 논리가 모든 논의를 뒤덮었다. 두 거대정당은 개정된 선거법을 무용지물로 만들었고, 결과적으로 모든 정치세력과 국민을 자기들 앞에 줄 세우려 하고 있다."

이제 어떻게 할 것인가

헌법소원은 각하되었다. 유권자 개인이든, 소수 정당이든 법률상으로는 직접 피해를 입었다고 보기 어려우므로 헌법소원을 제기할 당사자로서의 자격이 안 된다는 이유다. 좋다 치자. 그렇다 해도 위성정당의 부당성이라는 쟁점은 현존하는 문제다. 따라서 이에 대해 헌법재판소나 법원이 아닌, 우리가 시민사회 공론의 장에서 계속 토론하고 항의해야 한다. 양당도 2024년 총선 전후로 '꼼수 위성정당' 비판에 대해서 사과하거나 "불가피한 선택", "국민의 우려와 걱정을 해소하지 못해 죄송한 마음", "22대 국회가 개원하면 우려가 재발되지 않도록 적극적인 논의가 이뤄졌으면 한다"고 밝혔다.

이처럼 문제와 해결 방안은 명확하다. 더는 주저할 일이 아니다. 그럼에도 불구하고 총선이 진행되는 동안 위성정당 문제에 대하여 '공부가 더 필요하다'라거나 '의견들이 다양하다'는 식상한 이유를 들어 아무런 입장을 표명하지 않은 민변 등 시민사회의 위선 또는 비겁 앞에서 나는 헌법소원 대리인으로

서, 시민사회 일원으로서, 민변 회원으로서 참으로 분개하고
통탄했다.

강아지 '로마'의 가족 등록 소송기

반려견은 천사 같다. 조건 없는 사랑을 준다. 내가 못나도, 내가 가난해도, 내가 어떤 사람이든 상관없이 나를 사랑해 준다. 이런 무조건적인 사랑을 우리는 살면서 얼마나 경험해 볼 수 있을까? 부모의 사랑과 비슷한데, 요즘 시대에 부모가 자식에게 가지는 세속적 욕심을 생각해 보면 반려견이 더 조건 없는 사랑을 주는 것 같기도 하다. 사랑의 크기는 어떨지 모르겠지만 말이다.

'로마'는 2020년 10월 6일에 태어나서 2021년 1월 9일에 우리에게 왔다. 생후 3개월일 때다. 손바닥만 한 아기 강아지가 꼬물거리면서 뒤뚱뒤뚱 걸어와 누워 있는 내 볼과 이마를 핥고 팔베개를 했다. 그땐 까만색이었는데 자라면서 검은 털, 흰 털, 회색 털이 섞여 나면서 은색 푸들이 되었다. 세상에 이렇게 착하고 예쁜 강아지가 있을까. 모든 반려동물 가족이 하는 말이지만 우리 로마는 정말 그랬다. 그리고 로마는 여러 명의 가족을 관공서에 등록하기 위한 행정소송에서 이긴 최초의 강아지다. 이 글은 그 이야기, 즉 로마의 '소송기'다.

'로마' 가족 중 단 한 명만 등록해 준다고?

강아지가 태어나면 구청이나 시청에 '동물 등록 신청'을 해야 한다(동물보호법 제15조). 동물보호법상 그 목적은 "동물의 보호와 유실·유기 방지 및 공중위생상의 위해 방지"다. 즉 동물과 그 가족을 위해서이기도 하고, 공중위생과 같은 사회적 이익을 위해서이기도 하다.

로마에게는 사람 가족이 둘 있다. 그래서 우리 두 사람은 동물보호법에 따른 동물 등록을 준비했다. 동물 등록 방법으로는 내장형 무선 식별 장치 개체(일명 내장칩)를 삽입하는 방법과 외장형 무선 식별 장치 개체를 부착하는 방법이 있는데, 우리는 전자가 반려동물 보호에 더 실효성이 있다고 판단하여 내장칩을 삽입하기로 했다. 특히 우리가 거주하는 시에서는 2020년 11월 20일부터 다음 해 11월 19일 사이에 내장칩으로 동물 등록을 한 반려견에 대하여 보험 가입을 지원해 준다고 해 더욱 신속하게 동물 등록을 해야겠다고 생각했다.

동물보호법에 따라 동물병원을 개설한 자는 동물 등록 업무를 대행할 수 있는데, 로마가 다니는 동물병원에서는 중성화 수술 시 수면마취를 하므로 통상 이때 동물 등록을 위한 내장 칩 삽입도 같이 진행한다고 했다. 이에 로마도 5차에 걸친 기본 예방접종을 모두 마친 뒤 2021년 3월 21일 중성화 수술을 받으며 내장칩을 함께 삽입했다.

병원에서는 2021년 3월 27일 로마에게 내장칩 삽입을 마친 후 우리에게 '동물 등록 신청서'를 작성해 줄 것을 요청했다. 우리는 민법상 공동소유자로서 로마를 함께 양육하고 있으므로 당연히 공동명의로 동물 등록을 하고자 했다. 그런데 병원에서 말하길, 소유자는 보통 한 명으로만 신청한다고 하고 공동명의 등록에 대해서는 자세히 알지 못했다. 우리는 신청서를 직접 작성해 제출하겠다고 하고 신청 서류만 들고 왔다. 법률가인 우리가 생각하기에 두 명의 보호자가 공동명의로 동물 등록을 하지 못할 이유가 전혀 없다고 판단했기 때문이다.

우리는 2021년 3월 30일 국민신문고에 공동명의로 동물 등록을 하려면 구체적으로 어떻게 신청 서류를 작성해야 하는지 문의했다. 그런데 국민신문고는 다음날 "귀하가 궁금해하는 내용을 농림축산식품부에 문의한 결과, '현행법상 한 마리의 반려동물에 대해 두 명이 공동명의로 등록하는 것은 불가능하다'는 답변을 받았음을 알려드리니 참고하시기 바랍니다"라고 답변했다.

의아했다. 다퉈봐야겠다고 생각했다. 같은 날 다시 국민신문고를 통해 '2인이 동물 등록을 할 수 없다는 동물보호법 해석에 대한 근거'가 무엇인지 밝혀줄 것을 요청했다. 동물보호법상 공동명의 등록을 제한하는 내용이 없고, 오히려 동물보호법 제12조 제1항에서는 "등록대상동물의 소유자"를 동물 등록 의무 주체로 보고 있고, 동물은 민법상 물건에 해당하여 공동소유가 당연히 가능하며 실제 그런 경우도 존재하는데, 무엇을 근거로 공동명의 등록이 불가하다고 해석했는지 이해하기 어렵다는 문제 제기였다. 이와 함께 농림부가 내린 법적 해석의 근거를 상세히 밝혀달라고 했다. 농림부의 고민이 시작되었다.

법적 근거는 없지만 기술 사정상 안 됩니다

본래 답변 기한은 2021년 4월 19일까지였는데, 처리 기관인 농림부 식품산업정책실 농업생명정책관 동물복지정책과는 추가적인 검토가 필요하다는 이유로 답변 기한을 같은 해 5월 10일까지로 한 차례 연기했다. 우리는 동물 등록이 지나치게 지체되는 것을 우려하여 4월 27일 담당자인 농림부 동물복지정책과 사무관에게 직접 전화하여 조속한 답변을 요청했다. 사무관은 다음 날 우리에게 전화하여 공동명의 등록을 하려는 특별한 이유가 있는지 물어봤다.

우리는 이렇게 답했다. ① 법령상 소유자인 경우 동물 등록을 하도록 되어 있고 우리는 로마의 공동소유자로서 함께 양육하고 있으므로 공동으로 동물 등록을 하는 것이 당연하다, ② 동물보호법상 동물 등록을 하게 되면 각종 권리와 의무의 주체가 되는데 공동명의 등록이 안 된다면 한 명에게만 위 권리와 의무를 강요하게 되어 타당하지 않다. 그러니 공동명의 등록을 불가능하다고 해석하는 것은 잘못됐다고 말했다.

사무관은 앞서 현행법상 공동명의 등록이 불가하다는 답변을 한 것에 관하여 깊은 검토가 없었음을 밝혔고, 현재 동물 등록 '전산시스템'(동물보호 관리시스템)의 '기술적 사정'상 한 명만 등록이 가능하기 때문에 그와 같이 답변했다고 했다. 그리고 우리가 문의한 '공동명의로의 동물 등록이 불가한 것인지'에 관하여 법률 전문가에게 자문을 구하고 있는 상황이라고 밝혔다. 정부가 명확한 법적 근거 없이 1인 초과 다수인의 공동명의 등록을 거부한 것임이 드러났다. 그저 '전산시스템'이 그렇게 설계되어 있으니까 안 된다는 이유뿐이었다. '침대가 사람에 맞춰야지 사람이 침대에 맞춰야 하는가' 하는 근원적 의문이 들었다.

그 후 농림축산식품부는 2021년 5월 7일 국민신문고를 통해 공식 답변을 했는데, 그 내용은 '동물 등록 제도는 등록대상동물의 소유자나 소유권을 증명하기 위한 제도가 아닌 등록대상동물을 잃어버린 경우 찾아주기 위한 제도로 설계되었고, 이에 따라 동물보호법 시행규칙 별지 제1호 서식 및 동물보호 관리시스템에 등록대상동물의 소유자 1인만을 등록하도록 되어 있으며, 이 시스템을 즉시 변경하는 것은 어렵고, 다만 앞으로 동물보호단체, 유관 전문가 등과 함께 검토하여 다수의 소유자를 등록할 수 있도록 하는 등 동물 등록 제도 및 동물보호 관리 시스템을 개선해 나가겠다'는 것이었다.

사무관이 전화 통화에서 한 설명과 동일한 내용이었다. 즉 현재 실무 시스템상 2인 이상 소유자 등록이 불가능하고 앞으로 개선하겠지만, 법적으로 공동명의 등록이 불가하다는 근거가 없음은 묵시적으로 인정한 것이었다.

구청의 '거부처분'을 받기까지

우리는 법률적 근거가 없음에도 공동명의 등록을 해주지 않고 시스템이 개선될 때까지 기다리라는 농림축산식품부의 입장은 부당하다고 판단했다. 이에 2021년 5월 18일 동물 등록 신청서 신청인란에 우리 두 사람 이름을 모두 기입한 뒤 시청 지역경제과 동물자원팀을 방문하여 직접 신청서를 제출했다.

시청은 해당 건을 구청으로 넘겼으며, 구청 담당자는 우리에게 여러 차례 전화하여 1인 명의로 등록할 것을 권유했다(1인으로 등록하고 나머지 1인은 비고란에 적는 방식 등을 제안했으나, 결국 법률상으로는 1인 명의로 동물 등록을 하는 것이라 거부했다). 그러나 우리는 공동명의 등록을 원하며 만약 법적으로 공동명의 등록이 불가하다면 그 근거와 사유를 밝혀 행정법상 '거부처분'을 해달라고 했다. '거부처분'을 공식적으로 받아야 행정소송을 할 수 있기 때문이다. 그렇다. 우리는 로마가 가족 모두를 등록할 수 있게끔 법원에 소송을 하기로 마음먹었다. 그것 말고는 방법이 없었다.

구청은 2021년 5월 27일 우리에게 '현재 동물보호 관리시스템상 1인만 등록이 가능하므로, 같은 해 6월 4일까지 신청인 1인을 알려주기 바라며 위 기한까지 신청하지 않을 경우 동물등록이 불가하다'며 '거부처분'이 아닌 '재신청 요청'을 했다. 우리는 구청의 요청에 대해 법률상 근거가 없으며 부당하다고 판단해 응하지 않았다. 3일 뒤 구청은 '기한 내에 규정에 따른 신청이 없었다'며 드디어 신청을 '반려'한다는 '거부처분'을 했다. 아이러니하지만 반가운 '거부처분'이었다. 이제 행정소송을 할 수 있는 조건이 마련되었기 때문이었다.

행정소송 시작

우리는 거부처분 두 달 뒤인 8월 17일 행정소송 소장을 제출했다(행정소송법상 행정소송 제기는 대상 처분 이후 90일 이내에만 가능하다). 처분의 위법성에 대해 이렇게 법원에 설명했다.

"등록대상동물의 소유자로 등록한 자는 각종 권리와 의무의 주체가 됩니다. 그런데 1인만 등록이 가능하다면 그 1인은 의무를 과중하게 부담합니다. 그리고 1인만 권리행사가 가능하게 되어 다른 가족은 배제됩니다.

그런데 피고는 내부 전산시스템상 기술적 어려움만을 내세우면서 위와 같이 원고들의 정상적인 권리행사를 방해하고 있습니다. 거듭 강조하건대 농림축산부는 단지 기술적인 이유 외에 공동명의 등록을 불가하다고 해석할 법적 근거가 없다는 점은 인정했습니다. 침대를 사람에 맞춰서 만들어야 하지, 침대에 맞춰서 사람의 신체를 변형, 훼손해서는 안 됩니다.

우리 헌법 역시 국민의 모든 자유와 권리는 국가안전보장, 질서유지 또는 공공복리를 위하여 필요한 경우에 한하여 법률로써 제한할 수 있으며, 제한하는 경우에도 자유와 권리의 본질적인 내용을 침해할 수 없다고 합니다. 그런데 피고는 심지어 법률 근거도 아니고 단지 내부 전산시스템을 근거로 원고의 소유권 행사를 제한하고 있으므로 이는 부당한 기본권 침해입니다. 따라서 피고는 내부 전산시스템을 변경하거나 다른 방법을 찾아야 할 당위가 있습니다.

그런데 피고는 현실 가능한 대안을 전혀 고려하지 아니하고 거부처분을 해버렸습니다. 이는 피고 입장에서는 대단히 편리하겠으나 일반 국민 입장에서는 지극히 행정편의주의적 태도로 여겨질 수밖에 없습니다."

승소

1심에서는 패소했고 2심에서는 승소했다. 구청이 3심 대법원에 상고하지 않아 2심 판결이 확정되었다. 우리가 이긴 것이다. 1심 재판부는 유감스럽게도 "소유권 행사에 어떠한 법률상 제한이 생긴다고 볼 수 없다"고 했다. 2심은 다행히 우리 주장이 타당하다고 인정했다. 아래는 그 판결문이다.

> 구 동물보호법 제12조 제1항은 등록대상동물의 소유자로 하여금 등록대상동물의 등록 의무를 부여하고 있을 뿐 등록대상동물을 등록할 의무가 있는 소유자의 범위에 대해 아무런 제한을 두고 있지 않다. 구 동물보호법의 위임에 따라 등록대상동물의 등록 사항 및 방법·절차 등을 규정한 구 동물보호법 시행규칙 역시 소유자의 범위를 제한하는 규정을 두고 있지 않다. (…) 그런데도 수인의 공유자 중 1인의 동물 등록 신청만을 수리한다면 나머지 공유자들은 등록대상동물의 등록 의무를 부담하고 그 의무 위반에 대하여 과태료를 부담하여야 하는데도 등록 의무 이행을 원천적으로 봉쇄당하게 되어 부당하다.

법적으로 1인만 등록해야 한다는 근거가 없고, 1인만 등록하는 경우 다른 가족은 불이익을 입는다는 우리 주장의 취지를

강아지 로마. ⓒ류하경

인정한 것이다. 그리고 우리가 가장 강조했던 주장에 대해 중요한 문장으로 판결문을 마무리해 줬다.

부언하자면 행정청이 구 동물보호법령이 정한 동물 등록 신청 규정에 맞추어 동물보호 관리시스템을 구축하여야 할 것이지 동물보호 관리시스템의 미비점을 이유로 구 동물보호법령에 적합한 동물 등록 신청을 거부할 것은 아니다.

속이 후련한 2심 판결문이었다. 구청은 얼마 뒤 로마 가족인 두 사람 모두를 등록해 줬다. 최초의 공동명의 동물 등록 사례가 되었다. 2024년 4월경에는 전산시스템을 고쳐 공동명의 등록이 일반적으로 가능하도록 변경했다는 통지도 받았다. 로마는 소송까지 해 가족 둘을 모두 등록했고 제도도 바꾸어 냈다. 왜 그 주체가 로마인가. 로마가 없었다면, 로마가 우리에게 준 사랑이 없었다면 이 소송도 없었을 것이기 때문이다.

안녕, 로마

전산시스템까지 바꾸었다는 통지서를 받고 며칠 뒤 로마가 아팠다. 산책하는데 활력이 없고 밥을 먹지 않기에 병원에 가 보니 '급성신부전'이라고 했다. 신장이 갑자기 나빠져 노폐물을 걸러내지 못해 몸이 아픈 것이었다. 무엇을 잘못 먹었는지, 어디에서 세균이 들어왔는지 원인은 수의사 선생님도 알 수 없다고 했다. 로마는 그날 바로 입원해 이틀 동안 수액 치료를 받았다. 다행히 이튿날 관련 수치가 완전히 정상으로 돌아왔고 수의사 선생님은 이제 로마가 다 나았다며, 하나의 스쳐 가는 일로 여기시고 평소와 같이 생활하면 된다고 하셨다.

그렇게 로마를 데리고 나온 날 밤. 5월 10일의 금요일 봄밤이었다. 바람이 적당히 시원했다. 집에 오는 길 공터에 로마를 내려놓으니 예전처럼 신나게 돌아다니다가 쉬야를 많이 했다. 쉬야를 통해 남은 노폐물이 깔끔하게 다 빠져나가는 게 마치 눈에 보이는 것만 같았다. 그만큼 안도감이 들고 행복이 다시 찾아왔다. 로마가 우다다 내 품으로 뛰어들어 안겼다.

다음 날인 토요일도 잘 뛰놀았다. 그다음 날 일요일에는 힘이 좀 없어 보였다. 그리고 월요일이 되자 다시 밥을 잘 안 먹고 활력이 많이 떨어졌다. 그래도 지난주 처음 병원에 입원했을 때보다는 나은 상태라 크게 걱정하진 않았다. 저녁에 고구마를 주자 냉큼 받아먹었다. 작은 고구마 하나를 다 먹었다. 그래서 좀 더 안심했다. 그래도 우리는 날이 밝으면, 아침 9시 30분에 병원 문이 열리자마자 진찰을 받으러 가기로 했다.

로마는 뽀뽀를 정말 좋아한다. 많이도 한다. 한번 시작하면 한 시간도 하겠다 싶을 정도로 멈추지 않는다. 로마 마음에는 대체 사랑이 얼마나 많은 걸까. 우리는 가늠도 안 되었다. 로마는 우리가 자려고 누우면 어디에 있다가도 타다닥 잽싸게 달려와서 품에 기어이 머리를 디밀고 파고들어 팔베개를 했다. 디귿자 모양으로 모로 누워 등허리를 우리 배에 딱 붙이고 팔에 머리를 얹는 모양새다. 한 번의 예외나 있었을까. 늘 그렇게 누워서 같이 잤다.

그날도 내가 침대에 눕자 로마가 왔다. 다른 날과 달리 천천히 걸어서 왔다. 이불을 덮어주자 몸을 몇 번 떨었다. 추울 때 하는 행동이었다. 기온이 따뜻한 날이었다. '얘가 다시 아프구나. 아침 일찍 꼭 병원에 가야겠다' 생각만 하고 잠에 들었다.

그렇게 한 30분 선잠에 든 상태였는데 로마가 크게 꿈틀거리는 기척에 순간적으로 좋지 않은 느낌을 받았다. 벌떡 일어나 이불을 들추고 스탠드 등을 켜자 로마가 약하게 경련을 하고 있었다. 이내 삐약, 삐약 길게 두 번 아픈 신음을 내뱉었다. 24시간 동물병원 응급실을 검색하기 위해 핸드폰 화면을 터치하다가 몇 초 후 로마를 다시 내려다보니 입을 몇 번 열었다 닫았다 하며 짧은 숨을 내뱉고는 조용해졌다. 숨을 쉬지 않았다. 가슴에 귀를 대보니 심장이 뛰지 않았다.

심폐소생술을 시작했다. 흉부를 수십 번 압박하자 로마 입과 코로 공기가 들락날락하며 마치 로마가 숨 쉬는 듯한 소리가 났다. 그러나 손을 멈추면 그 소리도 멈췄다. 입을 벌려 코와 입에 인공호흡을 했다. 그리고 다시 흉부 압박. 그렇게 8분이 지나고 차로 급히 달려 10분 후 응급실에 도착했다. 로마가 숨을 멈추고 20분 후였다. 수의사 선생님은 생명 신호가 모두 사라졌음을 확인해 줬다.

로마를 다시 강아지 가방에 넣고 집으로 돌아왔다. 로마 몸이 아직 따뜻했다. 아기처럼 자고 있었다. 실감이 나지 않았다. 우리는 로마에게 작별의 편지를 썼다. 그리고 강아지 화장 장례식장을 알아본 후 다시 차로 출발했다. 시끌벅적한 출근 도로를 지나 고요한 아침의 교외 길로 빠져나왔다. 장례식장에서 절차를 안내받고 로마 수의를 고르고 화장 준비를 기다렸다. 하염없이 눈물과 콧물이 흐르고 이게 다 무슨 일인가 대체 알 수가 없었다. 로마가 수의를 입고 상자에 담긴 채 화구로 들어가는 모습을 유리창 너머로 보면서 오열했다.

작은 항아리에 담긴 로마가 우리 품에 안겼다. 집으로 다시 돌아오는 길에 할 수 있는 것은 울음뿐이었다. 안녕, 로마. 세상에서 가장 사랑하는 우리 아기. 그렇게 로마가 떠났다. 2024년 5월 14일 아침이었다.

바이러스가
목소리를 막을 순 없다

헌법에는 여러 기본권이 명시되어 있는데 서로 충돌하는 경우가 있다. 이럴 때는 어떤 것을 더 우선시할지, 어떻게 조화시킬지 고민하게 된다. 모든 기본권은 소중하고 나름의 가치를 지니기 때문이다. 코로나19가 창궐하던 시기 사람들은 모임을 피했고 대화도 줄였다. 그러다 보니 모여서만 가능한 일들을 하기 어려워졌고, 해야 하는 말을 할 수 없어서 답답한 경우가 많았다. 가장 대표적으로 집회, 시위를 제대로 할 수 없을 때가 그랬다.

우리 헌법은 무려 전문前文에서 3·1운동 정신과 4·19 민주 이념을 대한민국 헌법의 근간으로 규정할 정도로 집회·시위의 기본권을 중시하고 있다. 이렇듯 우리 국민 누구나 가진 집회와 시위의 권리야말로 권력을 견제하고 민심을 정책에 반영하는 수단으로서 우리 역사를 바르게 이끌어왔다. 그런데 코로나19

시기 부각된 생명·안전권이 이 집회·시위권을 침해하는 일이 벌어졌다. 물론 생명·안전권 역시 여느 기본권 못지않게 중요한 기본권이다. 그렇다면 이 둘 중 하나를 선택하고, 또 다른 하나는 완전히 포기해야하는 것일까? 그렇지 않을 것이다.

집회·시위를 평소와 달리 엄격한 통제하에 필요 최소한으로 제한하여 시행하는 방법들이 여럿 있을 것이다. 그런데 그 '제한'의 정도에 대해 정부, 지자체 그리고 국민 간에 이견이 있을 수밖에 없다. 실제로 정부와 지자체는 너무 많이 제한하려 했고 국민, 특히 거리에 나서는 것 외에 유효한 발화 수단을 가지지 못한 사회적약자들은 그 제한이 과하다고 항의했다. 그래서 그들의 행위가 범죄화된 경우도 많았다. '감염병예방법'에 특별한 경우 집회·시위를 하면 형사처벌을 하는 규정이 있어서 그렇다. 사회적으로 몇 가지 의문이 제기되었다. 그렇게 처벌할 정도로 위험한 집회였나? 규정의 모호함 때문에 처벌 대상이 너무 늘어나는 것은 아닌가? 분명 논의해 볼 문제였다. 앞으로 우리는 '위드 코로나' 시대를 살아가야 하기 때문이다. 기본권 간에 조화를 어느 선에서 이룰 것인가에 대한 공론화, 토론이 필요하다. 그 본격적인 대화의 장이 법원뿐이었다는 것에 매우 유감이었지만, 나는 코로나19 시기 집회를 진행한 사회적 약자들의 변호인으로서 그 대화의 장에 치열하게 참여했다.

"코로나19 시기에도 집회는 원천 금지할 수 없다"

2019년부터 몇 년간 코로나19 사태가 장기화하면서 '방역'과 '집회·시위의 자유'가 충돌하는 사례가 잇따랐다. 정부는 4차 대유행이 진행 중인 상황에서 집회·시위를 제한하는 건 불가피하다는 입장이었지만, 일각에서는 "방역을 빌미로 비판적인 목소리를 원천 봉쇄 하는 것 아니냐"는 쓴소리도 나왔다.

전국노동자대회를 개최한 전국민주노동조합총연맹 위원장이 2021년 9월 2일 구속되었다. 정부여당은 민주노총을 비난했고 경찰은 발 빠르게 민주노총 사무실을 뜯고 들어갔다. 그런데 민주당은 바로 다음 날인 2021년 9월 3일 대통령 후보 경선 행사를 대규모로 열었고 지지자들 수백 명이 밀집해 모였다. 이 과정에서 대화, 고성, 신체 접촉 등 방역 지침을 명백히 위반하는 사태가 초래되었다. 별도의 방역 대책은 없었다. 민주노총이 자체 방역 대책을 충실히 시행했던 것과 대조되었다. 그럼에도 민주당 행사 주최자와 참석자 중 누구도 수사받지 않았다.

이처럼 정부의 방역 정책은 일관되지 않았고 법 집행도 형평에 어긋났다. 방역 과정에서 보편적 기본권이 침해되는 일들도 많았다. 앞으로 또 언제 신종 바이러스가 유행할지 모른다. 특히 표현의 자유, 집회·결사의 자유 영역에서 '위드 코로나'가 필요하다. 집회를 무조건 막을 것이 아니라 집회 주최 측도 동의할 수 있는 사회적 기준을 설정해야 하지 않을까.

2020년 '8.15집회'와 관련하여 서울행정법원에서 의미 있는 판결이 있었다. 2020년 8월 14일 서울행정법원은 서울특별시장의 집회 금지 처분 중 3건에 대하여 효력 정지 결정을 내렸다. 법원은 '감염병예방법에 따라 집회의 자유를 제한하는 경우에도 감염병 확산 우려가 합리적 근거에 의하여 객관적으로 분명하게 예상될 때 필요한 최소 범위 내에서 이루어져야 한다'고 보면서, '집회의 장소, 방법, 인원, 방역 수칙 등을 지시하여 제한적으로 집회를 허용하는 것이 아니라 집회 개최 자체를 원천 금지하는 처분은 집회의 자유의 과도한 제한이 될 수 있다'고 했다.

법원이 기각한 서울시의 주장은 다음과 같았다. 집회 신고 인원과 실제 참여 인원의 차이가 있을 수 있고, 소규모 단시간 집회를 동시다발적으로 진행할 시 집회가 대규모화할 수 있으며, 신체적 밀착을 수반하는 집회의 특성상 '집회금지령'이 감염병 예방을 위한 유일한 수단이라는 주장이었다. 그러나 법원은 ① 집회의 인원, 방법, 시간 등을 제한하는 조건으로 집회 허용이 가능한 점, ② 해당 집회 주최자들이 과거 개최한 집회에서 자체적 방역 대책을 시행한 점, ③ 실내 활동이나 영업 활동의 전면 금지가 도입되지 않은 상황에서 옥외집회의 전면 금지가 아닌 대안적 해결책 모색이 가능한 점, ④ 8월 초 서울 도심에서 개최된 집회로 인하여 코로나19가 확산되었다는 근거가 없는 점 등을 들어 서울시 주장을 받아들이지 않고 집회 주최 측의 집회 금지 처분 효력 정지 신청을 인용했다. 이처럼 법원은 이미 기준을 제시했다. 그럼에도 정부는 법원의 결정을 무시하고 계속하여 집회를 전면 금지했다. 행정청이 법원 판결과 맞서는 것으로서 행정소송법상 '기속력'[10]을 위반하는 위헌적 행태였다.

'과잉금지원칙'을 통한 공존

클레망 불레Clement Voule UN 평화적 집회·결사의 자유 특별보고관은 이미 2020년 4월에 평화적 집회 및 결사의 권리에 대한 10대 원칙에서 "공중 보건 비상사태가 권리 침해의 구실로 사용되지 않도록 보장"해야 한다고 밝혔다. 물론 코로나19와 같은 중대한 감염병의 확산을 차단하는 것은 헌법 제37조 제2항이 정한 질서유지 및 공공복리라는 공익에 해당한다. 이를 위하여 필요 범위 내에서 법률로 집회의 자유를 제한하는 것은, 집회에 대한 허가제 도입에 이르지 않는 한에서는 헌법적으로는 정당화될 수 있다. 즉 집회의 제한은 가능하되 헌법상 '과잉금지원칙'을 엄격히 준수해야만 한다.

예전에는 집시법(집회 및 시위에 관한 법률)에 따라 폭행, 협박,

---

10 羈束力, 법원이 판결을 확정한 후에 행정청과 관계행정청이 그 내용에 따라 행동할 실체법적인 의무.

손괴, 방화 등의 직접적, 가시적, 제한적 위험과의 비교형량[11]을 통하여 집회의 자유가 제한되었다면, 코로나19 이후에는 전염병이 가져올 간접적, 잠재적, 확산적 위험까지도 고려하지 않을 수 없게 되었다. 다만 그 '위험' 발생이 불확실하고 판단 기준이 모호하다는 것이 맹점이다. 즉 코로나19 방역을 내세워 기본권을 제한하면서, 그 근거로서 구체적, 과학적으로 확정된 사실이 아닌 정부 또는 정치집단의 당위성 판단, 여론 추수적 판단이 크게 작용할 우려가 커졌다.

집회·결사의 자유는 헌법상 명시된 기본권 중에서도 상위 가치에 해당한다. 헌법전문에서 3·1운동과 4·19정신을 언급하며 행동하는 국민의 집회·결사가 국가 설립의 기반이 되었음을 분명히 하고 있는 점을 보더라도 그렇다. 사회경제적 지위가 낮고 각종 자본이 열악한 민중은 기본적 인권, 시대적 과제를 제시할 수단이 마땅찮다. 거리에 나와 목소리를 내고 집단의 힘으로 관철하는 게 유일한 방법인 경우가 많다. 한국은 민주화 이후 국민이 사법절차, 행정제도를 이용할 수 있는 길이 크게 열렸다. 헌법재판소, 국가인권위원회, 국민권익위원회 등이 그것이다. 그러나 여전히 집단적 결사의 힘이 가장 크다. 1987년 민주화 이후에도 노무현 대통령 탄핵 반대 집회, 광우병 소 수입 반대 집회, 박근혜 정권 탄핵 집회 등을 통해 이를 확인했다. 그런데 코로나19 사태 이후 이러한 집회를 보기 어려워졌다. 국민

---

11 달성하고자 하는 가치와 그에 따라 침해되는 가치를 비교하는 것.

불온한 공익

스스로 조심하기도 했겠으나 앞에서 언급한 것처럼 정부가 지나치게 집회·결사 자체를 제한하고 금지했기 때문이다.

정부가 헌법과 행정법상의 대원칙인 '과잉금지원칙'을 지켰으면 좋겠다. 구더기 무서워 장을 못 담그거나 빈대 잡으려 초가삼간 태우는 우를 범해서는 안 된다. 방역과 표현의 자유는 조화 가능하다. 코로나19는 또 발생할 수 있고, 중장기화할 수도 있다. 만약 이를 극복하더라도 또 어떤 전염병이 우리에게 닥칠지 모른다. 그때마다 이렇게 국민을 침묵 속으로 몰아넣을 수는 없다. 과거 '반공'이 전가의 보도가 되어 국민을 영혼 살인하고 독재를 지속하는 수단이 된 것처럼 '방역' 역시 그런 역할을 할 수 있다. 침묵하는 사회는 죽은 사회다. 균형과 공존을 이야기해야 할 때가 아닐까.

감염병예방법의 위헌적 요소

코로나19 시기 집회, 시위를 금지한 근거는 '감염병 예방 및 관리에 관한 법률'(감염병예방법)이다. 정확히는 제49조 제1항 제2호 규정이다. 그런데 이 규정은 위헌적이다. 나 역시 현재 대리인으로 헌법소원을 진행 중이다. 검찰이 2020년과 2021년 5월 1일 노동절에 집회를 연 비정규직 노동자들을 감염병예방법 위반을 근거로 들어 기소한 형사재판이 있었다. 해당 재판에서 피고인들을 변호하면서, 재판의 근거가 되는 법률인 감염병예방법 해당 조항이 위헌이므로, 우선 헌법재판소에 그 판단부터 받겠다고 판사에게 요청했다. 즉 '위헌법률심판제청신청'을 하면서 시작된 헌법소원이다. 참고로 위 형사사건에서 집회 참가자들은 집회 당시 사람 간 간격 2미터 이상 유지, 체온 측정, 마스크 착용, 전신 방진복(반도체 공장, 병원 멸균실에서 사용하는 복장) 및 라텍스 장갑 착용, 손 세정제 준비 등 더 이상의 조치가 어려울 정도로 과도한 수준의 방역 조치를 했다. 그럼에도 검사는 감염병예방법을 들어 기계적으로 기소했던 것이다. 이 비슷한 사건만 네 건을 진행 중이다. 감염병예방법 관련 규정은 아래와 같다.

감염병의 예방 및 관리에 관한 법률

제49조(감염병의 예방 조치) ① 보건복지부장관, 시·도지사 또는 시장·군수·구청장은 감염병을 예방하기 위하여 다음 각 호에 해당하는 모든 조치를 하거나 그에 필요한 일부 조치를 하여야 한다.

2. 흥행, 집회, 제례 또는 그 밖의 여러 사람의 집합을 제한하거나 금지하는 것

제80조(벌칙) 다음 각호의 어느 하나에 해당하는 자는 300만 원 이하의 벌금에 처한다.

7. 제47조(같은 조 제3호는 제외한다) 또는 제49조 제1항(같은

항 제3호 중 건강 진단에 관한 사항과 같은 항 제14호는 제외한다)에 따른 조치에 위반한 자

위헌성의 이유는 다음과 같다. 위 조항은 지방자치단체장 등에게 감염병을 예방하기 위하여 여러 사람의 집합을 제한하거나 금지하는 조치를 취하도록 하고, 위 조치에 위반하는 것을 구성요건[12]으로 규정하고 있을 뿐 지방자치단체장이 취하는 조치의 '구체적인 범위'는 물론 그 범위를 한정할 수 있는 '기준'에 관하여 아무런 규정도 하지 않고 있다. 단지 지방자치단체장 등이 취할 수 있는 조치에 관하여 '감염병을 예방하기 위하여 흥행, 집회, 제례 또는 그 밖의 여러 사람의 집합을 제한하거나 금지하는 모든 조치 또는 그에 필요한 일부 조치'라고 밝히고 있는데, 이는 일반 국민의 관점에서 모호하고 지나치게 포괄적이며 광범위하다. 즉 여기에서 말하는 "감염병"의 범위는 최종적으로 '보건복지부장관의 고시'로서 정하도록 되어 있고(감염병예방법 제2조 제1호 내지 제12호 참조), "집합"의 범위 역시 모인 인원와 목적, 장소, 방법 등이 명확히 규정되어 있지 않아 처벌 대상인 행위가 어떠한 것인지 통상의 판단 능력을 갖춘 일반 국민이 판단하기 결코 쉽지 않으며 애매모호하다.

정리하면 위 조항이 범죄의 요건으로 사용하고 있는 개념은 '불명확'할 뿐만 아니라, 전체적으로 구성요건의 설정이 지

---

12 형법에서 금지되거나 요구되는 행위가 무엇인가를 추상적·일반적으로 기술해 놓은 것.

나치게 '광범위하고 포괄적'이어서 처벌 대상인 행위의 범위를 확정하기 어려우므로, 이는 적어도 형벌 법규에는 적합하지 않다. 우리 헌법과 형법은 '죄형법정주의'라고 하여 명확성을 원칙으로 하고 있기 때문이다.[13] 관련하여 헌법재판소는 아래와 같은 태도다.

> 죄형법정주의의 내용을 이루는 <u>명확성의 원칙</u>은 그 구성요건과 법적 결과를 법률로 명확하게 규정하여야 한다는 원칙으로서 법률에 <u>범죄와 형벌을 가능한 한 명확하게 규정하여야</u> 법관의 자의를 방지할 수 있고, <u>국민들에게 어떠한 행위가 금지되어 있고 그 행위에 대하여 어떠한 형벌이 과하여질지를 예측할 수 있도록</u> 하여 규범의 의사결정 효력을 담보할 수 있다는 데 그 근거가 있다. (헌재 1997. 9. 25. 96헌가16)

> 이러한 <u>명확성에 대한 요구는 법치국가 원리의 요청</u>이며 <u>기본권을 제한하는 모든 입법에서 요구되는 것</u>이다. 즉, <u>법치국가 원리의 한 표현인 명확성의 원칙은 기본적으로 모든 기본권 제한 입법에 대하여 요구</u>된다. (…) 또한 이러한 법률의 명확성에 대한 요구는 <u>적법절차나 죄형법정주의가 적용되는 영역에서는 그 밖의 일반적인 경우보다도 더욱</u>

---

13   헌법 제13조 제1항, 형법 제1조, 형법 제323조.

불온한 공익

엄격하게 요구되는 것이다. (헌재 2000. 2. 24. 98헌바37)

그리고 헌법재판소는 아래와 같이 '기본권의 최대 보장 원칙'을 설명한다.

법률에 의한 처벌 법규의 위임은 헌법이 특히 인권을 최대한으로 보장하기 위하여 죄형법정주의와 적법절차를 규정하고, 법률에 의한 처벌을 특별히 강조하고 있는 기본권 보장 우위 사상에 비추어 바람직스럽지 못한 일이므로, 그 요건과 범위가 보다 엄격하게 제한적으로 적용되어야 한다. (헌재 1997. 9. 25. 96헌가16)

이러한 이유로 헌법소원은 현재 심리 중이고, 앞서 설명한 형사재판 역시 헌법소원 결과가 나올 때까지 중단된 상태다. 형사재판 판사들도 변호인의 '위헌법률심판제청신청' 내용이 헌법재판소에서 심리될 필요가 있겠다고 판단했다는 점, 그리고 행정법원이 여러 차례 코로나19 시기 집회 금지를 타당하지 않다고 판결한 사례들이 있는 점을 고려해 봐야 한다. 즉 코로나19 등 감염병을 이유로 마구잡이식으로 집회를 원천 봉쇄하는 현행 감염병예방법에 아무 문제가 없다고 보기는 어렵다. 헌법소원 결과에 따라 법률과 정책 변경이 있을 테지만 그 전이라도 정부와 국회가 선제적으로 움직여주면 좋겠다.

2장

무엇이 공익인가

불온한 사익 투쟁들의 이면

자기 가슴에 칼을 꽂은 철거민

수학자 칼 가우스 이야기

매일 저녁 식사 후 산책을 가는 교수가 있었다. 그는 늘 산책을 나가기 전에 자기 책상 위에 문제 세 개를 메모해 올려놓고 제자에게 풀도록 시켰다. 어느 날 제자가 교수 책상 위의 문제를 가지러 왔는데 두 개밖에 없었다. 한참 찾다가 교수의 책 사이에서 '컴퍼스 한 개와 눈금 없는 자로 정십칠각형을 완성할 수 있을까'라고 쓰인 메모지를 발견했다.

메모지 내용이 세 번째 문제라고 생각한 제자는 밤새 답을 풀어 제출했다. 그런데 책 사이에 끼인 메모는 제자에게 줄 숙제가 아니라 당시 수학계 최고 난제로서 교수 자신도 풀어보려고 끙끙대던 흔적이었다. 이를 제자가 하룻밤 만에 해결한 것이다. 그 제자의 이름은 훗날 위대한 수학자가 된 칼 가우스Carl Gauss다.

메모가 수학계의 난제임을 가우스가 알았다면 답을 낼 수 있었을까? 엄두도 내지 않았거나 대충 풀다 포기하고 틀린 답을 교수에게 줘버렸을 가능성이 높다. 전 세계 수학자 모두가 머리 싸맨 문제를 한낱 학생인 자신이 풀 수 있을 것이라고 감히 자신하지 않았을 테고, 못 풀어도 누군가 자신에게 실망할 리도 없으니 대강 시늉만 하다가 오답을 제출하고 말았을 일이다.

'저는 칼 가우스와 같이 문제를 풀고 있습니다. 판사님도 그렇게 해주십시오'라고 준비서면에 쓰고 싶은 심정이다. 위 일화를 생각하며 스스로에게 말한다. '어려운 사건에 직면했을 때 너무 당황하지 말자. 권위의 효과authority effect에 위축되지 말고 창의적으로 도전하자.' 거대한 권위에 눌려 어려운 사건이 무엇일까? 대법원 판례의 반대 결과를 내야 하는 사건이다.

대법원 판례에 맞설 때의 고민

어느 날 법원 앞에 서서 생각했다. '대법원 판례가 옳지 않다고 생각될 때는 어떻게 해야 할까?' 법률 위반인지 명확하지 않아 대법관들의 해석에만 따른 판례인데 그분들의 해석에 이견이 생길 때 말이다.

의뢰인에게는 현실적인 어려움을 설명하는 것이 첫째다. 그 판례에 대해 '변호사는 반대한다'는 의견을 밝히는 것은 둘

째인데, 꼭 의견을 밝히지 않아도 된다. 해고를 당한 경우와 같이 의뢰인이 더 포기할 무엇도 없이 벼랑 끝에 있을 때는 대법원 판례와 다퉈보자는 의사 합치가 이뤄지기도 한다. 단, 이때도 다툴 만한 법리가 충분한 경우로 제한한다.

그런데 1심 법원 재판이 시작되면 호기로운 각오를 당혹스럽게 만드는 일들이 생긴다. "대리인이 잘 알다시피 대법원 판례도 있는 사안이고…"라며 드러내 놓고 화해 권고나 조정을 언급하는 판사는 오히려 고마운 경우다. 보통은 재판 첫 기일 또는 둘째 기일에 판사와 이러한 대화를 나누게 된다. 그러면 특히 노동 사건, 소수자·약자들의 사건인 경우 많은 고민과 함께 앞으로 반복될 큰 벽들을 보며 허탈함을 느낀다.

입속에서만 말이 맴돈다. '대법원 판례가 잘못되었으니 바로잡아 달라고 재판을 시작한 건데요?', '대법원에 바로 갈 수는 없잖아요?', '판사님은 기존 대법원 판사와 본질적으로, 그리고 법률상 독립된 기관이잖아요. 제 이야기를 들어보시고 판사님도 스스로 한번 생각해 보시면 안 되나요?' 그렇지만 이쯤 되면 재판 결과가 이미 정해져 있다는 것을 나도 안다. 왜 모르겠나. 법정에 오지 않은 의뢰인에게 오늘 재판을 어떻게 설명해야 하나. 답이 없다.

대법원 판례들은 훌륭하다. 그러나 그 역시 인간의 일이라 무결無缺할 수 없다. 가끔 사실관계나 법률을 오해해서 억울한 사람들을 제대로 보호하지 못한 대법원 판례도 있긴 있을 것 아닌가. 그래서 입 밖으로 내어 말하고 싶다. '판사님들, 대법원 판례가 있더라도 처음부터 잘 한번 살펴주세요', '말하고 청할 정당한 기회를 주세요', '저는 칼 가우스와 같이 문제를 풀고 있습니다. 판사님도 그렇게 해주세요'라고 준비서면에 쓰고 싶다.

장위동 철거민 사건

'전국철거민연합' 간부에게 전화가 왔다. 서울 강북구 장위동 재개발구역 철거민 대표자가 자기 가슴에 칼을 꽂았다는 것이다. 용역 철거 인부들의 급습에 맞서다 그들이 보는 앞에서 극단적인 선택을 시도했다. 다행히 생명에 지장은 없었으나 크게 다쳤다.

그 지역 철거민들을 위해 몇 가지 소송과 법률 자문을 좀 맡아 달라는 부탁을 듣고는 며칠 뒤 퇴근길에 차를 몰아 그곳으로 갔다. 익숙한 모습이었다. 15년 전 대학 시절 연대 활동을 갔던 철거촌들의 모습과 똑같았다. 버석거리는 유리 파편들, 철물 골재가 그대로 삐죽이 드러나 흉물이 된 건물들, 전쟁 영화에서 볼 수 있는 피폭 후 민간인 마을의 모습과 전체적으로 유사한 풍경 말이다.

개중 꽤 멀쩡한 건물 2층에 철거 투쟁 중인 원주민들이 모여서 나를 기다리고 있었다. 현장 상황을 공유받고 진행 중인 소송, 법적 문제를 들었다. 역시 예상했던, 알고 있던, 겪어 봤던 일들이었다. 철거민 투쟁은 '공룡' 같다고 나는 표현하곤 한다. 자본주의가 태동한 이래 문제의 본질은 물론이고 싸움의 겉모습도 거의 변하지 않는 현장이라는 뜻이다.

순서는 이렇다. 원주민들이 모여서 산다. 자연스레 상권, 교육 환경, 교통권 등이 생겨서 살 만한 곳이 된다. 땅값이 올라간다. 건설 자본이 땅을 산다. 국가가 재개발을 허가해 준다. 더 많은 건설 자본이 마을로 들어온다. 원주민에게 헐값을 제시하며 나가라고 한다. 원주민이 말을 안 들으면 건설 자본이 감정평가한 금액 또는 국가기관인 수용재결위원회가 결정한 금액만큼을 법원에 맡기고(공탁) 토지 및 건물 인도 소송, 퇴거 가처분 소송을 제기한다. 건설 자본이 승소한다.

원주민은 '이 돈으로는 주위에 어디 이사 갈 수가 없다'며 버틴다. 건설 자본과 용역 철거 인부, 경찰 이렇게 세 조직이 힘을 합쳐서 밀고 들어온다. 강제집행이다. 집이 무너지고 가족들이 질질 끌려 나간다. 버티기로 결의한 원주민들이 비상대책위원회를 만들고 튼튼한 고층 건물 하나를 지정해서 투쟁 기지를 만든다. 언제 끝날지 모르는 전투가 시작된다.

이렇게 투쟁하던 중에 수많은 용산참사가 일어났다. 조세희 작가의 《난장이가 쏘아 올린 작은 공》은 대체 언제 적 이야기란 말인가. 그런데 이 이야기는 현재도 진행 중이다. 그래서 이 투쟁은 '공룡'이다. 야밤에 장위동 주민들과 첫 만남 이후 돌아오면서 고민에 빠졌다. 조력을 하기로는 했는데 과연 소송에서 이길 수 있을까. 우리에게 불리한 대법원 판례가 이미 있는 상황에서.

철거민 사건의 일반적 구조와 전개

재개발조합은 철거민들에게 '토지 및 건물 인도 소송'을 제기해서 1심과 2심에서 이미 승소했으며 철거민들이 대법원에 상고하지 않아 확정된 상태였다. 판결문은 간단했다. 감정평가한 금액 또는 공시지가 또는 국가기구인 수용재결위원회의 결정 금액 정도를 재개발조합이 공탁했으니까 철거민들은 각자 자기 집과 땅을 내놓고 나가라는 내용이다.

철거민들은 합의 과정에서부터 시종 '보상금이 충분치 않다'는 주장이다. 보상금이 충분한지 아닌지 다툼인데 법원은 철거민들이 요구하는 만큼을 절대 인정해 주지 않는다. 철거민들이 요구하는 만큼 다 들어주는 것도 문제가 될 수 있다. 서울 시내뿐만 아니라 전국적으로 집값, 땅값이 너무 인플레이션 되어서 그 시세 또는 호가를 객관적 보상금으로 인정해 주기가 법원으로서도 곤란할 것이다. 장기적인 관점에서도 지금의 비정상적인 부동산 '거품'을 법원이 공식적으로 용인하는 것은 타당하지 않다.

그래서 철거민 중 소송을 진행할 경제적, 정신적 여유가 있는 이들은 간혹 '보상금 증액 청구 소송'을 진행하기도 한다. 그래도 법원은 일단 기존 수용재결위원회의 결정 금액에 따라 책정된 보상금을 재개발조합이 공탁한 이상, 우선 집에서 나가라는 판결을 내린다. 보상금 증액은 별도의 소송에서 알아서 다투라는 것이다. 재개발 공사는 진행해야 하니까 집을 부수고 땅을 일구게끔 철거민들은 어서 나가라는 것이다. 철거민들이 집 안에서 버티는 바람에 공사가 늦어지면 지자체나 업체의 손해가 일파만파 커진다는 것도 법원의 근거다.

최근 전광훈 목사의 사랑제일교회 알 박기 사건도 이런 철거 투쟁과 같은 원인이긴 하다. 이 글에서 소개하는 사건과 같은 지역인 장위동 재개발구역에서 발생했다. 전광훈 목사 역시 인도 소송과 가처분 소송에서 패소해 강제집행 당하는 과정에 있었다. 여타 사회적 갈등이 다 마찬가지지만 재개발 갈등 역시 선악의 문제는 아니다. 누구 한쪽이 정당성을 다 가져가는 갈등은 없다. 결과적으로 적절한 보상금이 얼마인지의 문제다. 그 과정에서 합리적인 협의와 민주적인 대화가 있었는지도 주요한 사회적 문제다.

결과인 보상금 액수와, 과정인 협의·대화는 떼려야 뗄 수 없다. 자본과 보수언론은 전자에 있어 철거민의 요구를 강조하면서 과도한 사익 추구로 몰아 공격하고, 철거민과 진보언론은 후자에 있어 재개발조합과 건축주, 지자체의 폭력성을 강조하면서 반인권·반민주·재산권 침해 요소를 공격한다. 해결책은 그래도 후자의 문제를 원만히 한 후 전자의 문제를 부드럽게 풀어나가는 데 있다.

재개발조합은 인도 소송 승소 확정 후에도 나가지 않는 철거민들을 더 강하게 압박하기 위해 한 가지 소송을 더 건다. 바로 '부당이득금방환청구' 소송이다. 철거민이 인도 소송에서 최종 패소 확정된 날 또는 퇴거하라는 가처분 소송에서 진 날 집에서 나가지 않는 경우, 그 나가야 하는 날 다음 날부터 그 집에 머무르면서 생긴 이익을 '부당이득'으로 규정하고, 그 집을 부수거나 활용해서 공사를 해야 하는 재개발조합에 부당이득금을 지급하라는 소송이다. 인도 소송에서 패소 확정된 철거민이 자동으로 지는 성격의 소송이다. 논리 구조상 그렇지 않은가.

장위동 철거민 소송

장위동 재개발구역에서 끝까지 버티면서 부당이득금반환청구 소송 피고로 응소 중이던 가구는 두 가구였다. 철거민 대표자 가족과 또 다른 한 가족이었다. 두 집 모두 부동산 인도 소송은 패소 확정, 부당이득금반환청구 소송의 경우 한 집은 1심에서 패소한 상태, 다른 한 집은 1, 2심 모두에서 패소한 상태였다. 나는 상소하여 각각 2심과 3심을 대리하면서 일을 시작했다. 이보다 막막한 경우가 있을까. 이미 부당이득금반환청구 소송에서 최종 패소 확정된 집들이 잔뜩 있기도 했다. 그래서 오히려 마음이 편했다고 해야 할까. 하여튼 이기기 위해 온갖 궁리를 다 했다.

그러다 기록을 보던 중 재개발조합이 주거 이전비, 이주 정착금, 이사비 세 항목을 아직 공탁하지 않았다는 것을 발견했다. '자, 꼬리를 흔들어 몸통을 흔들자'라는 생각이 들었다. 위 세 항목은 '공익사업을 위한 토지 등의 취득 및 보상에 관한 법률'에 따라 재개발사업 시행자가 철거민(현금 청산 대상자나 세입자)을 상대로 부동산 인도 청구를 할 때 먼저 지급할 의무가 있는 돈이다. 금액으로 치면 많아야 몇백 만 원 정도 될까. 10억 원 이상의 해당 토지, 주택 가액에 비하면 소액이고, 해당 가구 때문에 지연된다고 하는 공사의 수천 억 원 전체 비용을 생각하면 호수 앞 한 컵의 물 정도라고 재개발조합 측이 주장할 게 뻔히 보였다.

게다가 이미 1심, 2심 법원은 위 세 가지 항목이 심지어 '손실보상금'에 포함조차 되지 않는다고 판단해 버렸다. 설상가상으로 그 근거는 다른 사건 1심, 2심 하급심 선행 판결이나 재판부 해석 따위가 아닌, 확고한 대법원 판례였다. 1심, 2심 판결문 내용은 아래와 같다.

피고들이 손실보상금이 아닌 주거 이전비 등의 미지급을 이유로 이 사건 부동산의 인도를 거절하고 사용·수익할 권리가 있다고 볼 수 없다. (서울북부지방법원 2018가단126754 판결)

그래도 주장하기 시작했다. 위 대법원 해석을 뒤집어야 했다. 앞서 말한 세 항목도 손실보상금이라는 점, 그래서 그걸 안 주면 부동산 인도를 거부할 수 있다는 점까지 말이다. 민법상 '동시이행의 항변권'이다. 내가 받을 게 있으니까 아직 집에서 나갈 수 없다는 주장이다. 상점에서 물건값을 덜 치르면 주인이 물건을 손님에게 내놓지 않을 수 있다는 법리다.

놀랍게도 우리 사건에서 대법원은 철거민 손을 들어주었다. 세 항목에 해당하는 돈을 안 줬으니까 철거민들은 그걸 다 받기 전에는 집에서 안 나가도 된다, 즉 부동산 인도를 거절할 수 있다는 결론이다. 부동산 인도 소송도 대법원에 상고했더라면 이겼을 텐데 2심까지 연이어 패소한 후 상고하지 않아 확정되어 버린 게 못내 아쉬웠다. 우리가 이긴 이 소송 대법원 판결의 주요 부분은 아래와 같다.

위에서 본 사실관계를 이러한 법리에 비추어 보면, 피고는 이 사건 사업 구역 내에서 주거용 건축물을 소유하면서 거주하던 사람으로 토지보상법령에서 정한 주거 이전비 등의 지급 요건에 해당할 가능성이 있고, 피고가 주거 이전비 등의 지급 대상자인 경우에는 원고가 피고에게 협의나 재결

절차 등에 의하여 결정된 주거 이전비 등을 지급하여야 구 도시정비법 제49조 제6항 단서의 손실보상이 완료되었다고 할 수 있다. 그럼에도 원심은, 원고가 주거 이전비 등에 대하여 재결신청을 하지 아니하여 수용재결에서 주거 이전비 등에 대하여 심리·판단하지 않은 채 산정한 토지나 지장물 등 보상금을 공탁한 것만으로 구도시정비법 제49조 제6항 단서에서 정한 손실보상이 완료되었다고 단정하고 원고의 이 사건 부동산에 대한 인도 청구를 인용하였다. 이러한 원심 판단에는 구도시정비법 제49조 제6항 단서에서 정한 토지보상법에 따른 손실보상 완료의 의미에 관한 법리를 오해하여 필요한 심리를 다하지 않음으로써 판결에 영향을 미친 잘못이 있다. 이를 지적하는 상고이유 주장은 이유 있다.
(대법원 2019다207813 판결)

법원의 용기

재개발 사건을 여럿 해왔다. 철거민을 대리해 재개발조합과 싸우는 소송이다. 재개발 전문 법무법인은 넘쳐난다. 그런데 다 재개발조합, 사업자 대리만 하지, 철거민 대리 전문 변호사는 어디에 존재하는지 알 수 없다. 상대방은 늘 돈이 많고, 재개발사업자 측 전문 변호사들은 몹시 사납게 달려든다. 한 건이어도 선례가 대단히 중요하기 때문이다. 그 중요성은 철거민, 재개발조합 둘 다 마찬가지로 존재 전부를 걸 정도다. 그러나 우리는 최소한의 생존권을 지키려는 목적이고, 그들은 돈을 더 많이 벌려는 목적이다.

수십 년 일궈낸 마을이 하루아침에 무너지고 재개발조합의 감언이설에 속아 아직도 보상 또는 새 주택을 받지 못한 원주민들이 있다. 나머지 원주민들은 사실 어느 정도 부족하나마 현금 보상을 받고 대부분 마을을 떠난 후 연락도 안 된다. 연락하면 화내기 일쑤다.

앞서 소개한 장위동 철거민 소송은 초장부터 패색이 짙게 드리워진 소송이었다. 자기 가슴에 칼을 꽂은 철거민, 수십 년 거주한 부모로부터 물려받아 또 수십 년 거주한 단독주택에서 쫓겨나고 철거당한 가족을 생각하면 그래도 악착같이 뭐라도 주장하고 내볼 수밖에 없었던 2년간의 민사소송이었다.

우리 사건에서 대법원은 기존 대법원의 해석을 정반대로 고치고 우리 손을 들어줬다. 판사가 기록을 꼼꼼히 보고, 법리 해석도 정확하게 했으며, 과감하게 기존 대법원 해석을 시정한 결과다. 법원에 감사하게 생각한다. 승소를 기대하지 않았는데 선고 결과에 깜짝 놀랐다. 법원이 늘 이렇게만 해준다면 정말 소송할 맛, 연구할 맛이 날 것 같다.

철거민 대표자 부부는 무너진 집을 뒤로하고 어느 산속으로 들어갔다. 다 싫어져서 산속에 지은 집에서 사신다고 한다.

위 대법원 판결 선고 직후 전화를 드렸다. 안부 인사를 서로 나누었다. 사바세계를 떠나셨으니 부디 안녕하시기를.

'영혼 살인', 경비 노동자의 유언

    사람의 심장과 뇌가 더 이상 작동하지 않는 것을 우리는 죽음이라고 한다. 이것은 생물학적 죽음이다. 영혼의 죽음도 있는데 이 역시 죽음으로 평가해야 한다. 왜냐하면 존엄한 영혼을 가진 생명들이 공동체를 이루어 살아가는 세상에서 영혼이 죽는 사건이 일어났을 때, 피해자와 가해자를 어떻게 다뤄야 하는지는 공동체의 방향, 모양, 지속 가능성과 관련된 매우 중요한 문제이기 때문이다. 즉 영혼이 죽은 사람, 영혼을 죽인 사람을 생물학적 죽음에 준해서 우리는 평가하고 대해야 한다. 영혼이 죽은 사람을 위해 장례를 치른다거나, 영혼을 죽인 사람을 사형에 처한다거나 하는 수준의 평가와 대우가 아니라 영혼의 죽음 앞에서 우리가 가져야 할 철학적 묵직함에 대한 이야기다.

    경비원을 '머슴'으로 여기며 욕하고 때리고 망신 주어 그를 자살에 이르게 한 사건. 영혼이 먼저 죽었고 이를 원인으로 신체가 따라 죽은 사건. 이를 볼 때 '갑질'은 영혼의 살인사건이다. 무겁게 여겨야 한다.

한 통의 전화, 울먹이는 유언 녹음

2020년 5월 11일 아침, 서울 강북구에서 활동하는 빈민운동가로부터 전화 한 통을 받았다. 아파트 경비 노동자가 입주민의 갑질로 괴로워하다가 13층 건물 옥상에서 스스로 몸을 던져 사망했다는 것이다. 입주민 갑질 사건은 이전에도 종종 발생했다. 나는 생각했다. 괴롭힘이 얼마나 심했기에 예순 가까운 한 집안의 가장이 스스로 세상을 등졌을까. "가해자 법적 조치, 유가족 보호를 변호사님이 맡아주실 수 있을까요?" 그 말에 단숨에 사건 현장으로 달려갔다. 내용을 들어보니 고인은 아파트 주민 A 씨로부터 폭행, 상해, 모욕, 감금 등의 범죄행위를 당했다. 고인은 피해로 인한 입원 치료 중에 정신적 충격으로 2020년 5월 10일 자정쯤 병원에서 빠져나와 본인의 자택에서 투신했다.

고인은 유언을 남겼다. A 씨와 2020년 4월 21일 주차 문제로 다툰 뒤에 20여 일 후에 A 씨에게서 상해와 폭행, 협박 등을 당했다는 음성 유언이다. "A 씨에게 맞으면서 약 먹어가며 버텼다. (A 씨가) 둘 중 하나가 죽어야 끝나는 일이라며 경비복을 벗고 산으로 가서 맞자고 했다"고 말했다. 그리고 "경비가 맞아서 억울한 변 당해 죽는 사람이 없도록 해달라"며 "힘없는 경비를 때리는 사람들을 꼭 강력히 처벌해 달라"고 울면서 호소했다.

사건의 경위

A 씨는 2020년 4월 21일 오전, 평행 주차 되어 있는 자신의 차를 밀었다는 이유로 고인에게 앙심을 품고, 고인에게 여러 차례에 걸쳐 ① 욕설(모욕)하고, ② 명예를 훼손하고, ③ 폭행으로 상해를 입히고, ④ 화장실에 감금하여 12분가량 구타·협박하며 사직을 종용, ⑤ 협박성 발언을 하거나 협박성 문자를 보내고, ⑥ 도리어 피해자 행세를 하며 치료비를 준비하라는 금전 청구의 구체적 공갈 또는 협박 행위에 착수하고, ⑦ A 씨 자신의 폭행에 대해 고인 친형의 폭행으로 누명을 씌우려 시도하고, ⑧ A 씨 자신이 이 사건과 관계없이 오래전 입은 부상에 대한 진단서를 고인에게 제시하면서 고인을 상해 가해자로 누명을 씌우려 시도하는 등 다양한 방식으로 고인을 괴롭혀 왔다. 각 행위는 범죄에 해당하며 구체적 모습은 악랄했다. 4월 21일부터 5월 10일까지의 일이다.

2020년 4월 21일 최초 폭행일, A 씨가 고인을 밀치며 폭행하고 고인은 고개를 숙이며 연신 사과하는 모습이 CCTV에 고

스란히 담겼다. 이후에도 고인의 근무 날 A 씨가 경비실에 찾아와 수차례 고인을 폭행해 코뼈를 골절시킨 혐의도 있다. 도리어 A 씨는 고인에게 납득하기 어려운 내용의 문자를 보내기도 했다.

"인간이 아닌, 다른 사람들 얘기로 '머슴'인 ○○ 씨의 끝없는 거짓이 어디까지인지…. 용서할 수가 없네요. 진단서 참조하시고 일단 돈 많이 만들어 놓으셔야 할 겁니다. 수술비만 2,000만 원이 넘고 장애인 등록이 된다니 참 남들 얘기로 '머슴'한테 가슴 맞아 넘어져서 디스크 수술을 해야 하는 등 무슨 망신인지 모르겠소."

고인을 머슴이라 칭하고 자신이 피해자인 것처럼 알리바이를 남기려는 문자였다. 이후 형사재판에서는 위 문자와 같은 A 씨의 피해자 행세를 무고죄, "자료를 조작하여 피해자를 협박하는 범행"으로 인정했다. 이 과정을 지켜본 입주민들은 분노했다.

민·형사 법적 대응

여러 시민사회단체와 입주민들이 '추모 모임'을 만들고 2020년 5월 13일 서울북부지검 앞에서 기자회견을 열었다. 이들은 가해 의혹이 제기된 50대 주민 A 씨를 상해와 협박, 모욕

등 혐의로 고발했다. 나를 비롯한 3인의 공동 변호인단이 사건을 맡았다. 추모 모임은 기자회견에서 "피고발인의 악마 같은 범죄로 고인이 숨졌다"며 "경비 노동자에 대한 주민의 '갑질'이 사회적 문제로 대두되고 있지만, 처벌 부족과 입법적 예방책 미비로 결국 비극이 벌어지고 말았다"고 말했다. 그리고 "법이 허용하는 최대한의 형벌을 가해 일벌백계해 달라"고 검찰과 법원에 요구했다. 추모 모임은 "경비 노동자에 대한 갑질·폭력 가해자를 처벌하라", "재발 방지책 마련하라"고 구호도 외쳤다.

고발장 접수 직후 수사기관은 A 씨에 대해 출국금지 조치를 했다. 한편 같은 아파트 주민이 청와대 홈페이지에 2020년 5월 11일 올린 "저희 아파트 경비 아저씨의 억울함을 풀어주세요"라는 제목의 국민청원에는 이틀 만에 30만여 명이 동의했다. 고인의 발인식은 2020년 5월 14일 오전에 열렸다. A 씨는 2020년 5월 22일 구속됐다. 법원은 "범죄 사실이 소명되고 증거인멸과 도망 우려가 있다"며 구속영장을 발부했다. A 씨의 진지한 반성과 성찰은 여전히 없었다. A 씨는 언론 인터뷰에서 "조금만 기다려 주시면 진실은 밝혀질 것"이라고 했다. 계속 이런 태도라면 무거운 처벌이 불가피해 보였다. 대리인단 변호사들은 민사 손해배상청구도 같이 제기했다.

민사 법원은 2020년 8월 A 씨에게 1억 원의 손해배상 책임을 인정했다. 생명의 가치를 돈으로 환산할 수는 없지만 현실적으로 법원이 인정 가능한 최대치였다. 근로복지공단은 2021

년 2월 이 사건을 산업재해로 인정해 유족에게 보험금을 지급했다.

형사재판의 경우 1심은 2020년 12월 징역 5년 형을 선고했다. 국민감정에서는 높지 않은 형량이지만 대법원 양형 기준보다 높은 이례적 판결이었다. 판사는 대법원 양형 기준 내에서 선고형을 정한다. 양형 기준보다 높게 선고한 판결은 대리인단 변호사들 모두 처음 겪어보는 일이라 다소 놀랐다. 민변의 수십 년 선배 변호사들도 마찬가지의 반응이었다. 재판부는 검찰이 기소한 7개 혐의를 모두 인정했다. 상해, 보복 상해, 보복 감금, 강요 미수, 무고, 보복 폭행, 협박 등이다.

재판 초기에 난항이 있었다. 2020년 6월 12일 구속기소 된 이후 A 씨가 선임한 사선변호인이 두 차례나 기일 변경을 신청했고 2020년 7월 24일 비로소 열린 첫 공판기일에서는 전격 사임 의사를 밝힌 것이다. 그 이유에 대해 특별히 알지는 못하나 기자들, 법률가들은 대부분 비슷한 이유로 추측했다. 이후 법원에 의해 의무적으로 선임된 국선변호인 역시 2020년 8월 10일 스스로 사임했다.

검사는 마지막 공판에서 "갑질로 피해자가 숨진 사건으로 엄한 처벌이 필요하다. 피고인은 전혀 반성하지 않고, 피해자가 당한 골절이 피해자의 형에게 구타당한 것이라는 궤변을 늘어놓고 있다"며 징역 9년 선고를 요청했다. 당시 재판부의 판결문을 보면 판사의 엄한 꾸짖음이 문장들에 담겨 있다.

범행의 경위, 방법 및 내용 등에 비추어 사안이 무겁고, 죄질이 매우 좋지 않은 점, (…) 피해자의 유족으로부터 용서를 받지도 못하여 피해자의 유족은 피고인의 엄벌을 탄원하고 있는 점, (…) 또 수사 과정의 태도와 법정 진술을 보더라도 자신의 잘못을 진지하게 반성하고 있다고 보기 어렵다. (…) 고인은 피고인의 집요한 괴롭힘에 못 이겨 사직을 하고 싶어도 생계유지를 위해 사직을 할 수 없는 상황에서 피고인의 폭언·폭력 등이 계속 반복될지도 모른다는 생각에 일상생활을 제대로 영위할 수 없는 상태에까지 이르게 됐던 것으로 보인다. (…) 엄한 처벌이 불가피하다. (…) 대법원 양형 기준 권고형량은 징역 1년~3년 8월이지만 여러 사항을 고려해 권고형량 범위를 벗어나 형을 정한다.

이후 A 씨는 민사, 형사 모두 항소했지만 각 1심 판결들은 모두 그대로 확정되었다. 특히 형사재판 2심 법원은 더 강력히 훈계했다. "피고인은 여전히 설득력이 없는 주장을 유지하고 있"다고 질타하면서 "피고인이 이 법원에 수차에 걸쳐 반성문을 제출하였으나, 피고인이 위와 같이 현 상황에 대한 책임을 남에게 전가하려고만 하고 피해자나 언론 등의 타인을 나무라거나 원망하며 자기 합리화만을 꾀하는 자세를 견지하고 있는 한, 위와 같은 반성문을 통해서는 피고인의 진정성을 느낄 수 없어 진심 어린 반성을 하고 있다고 평가하기는 어렵다", "또한

정작 반성과 사과의 상대방이 되어야 할 피해자의 유족들에게
는 제대로 된 반성이나 사죄를 하지 않았고 사건 발생 후 1년이
훌쩍 지난 지금까지도 여전히 용서받지 못하고 있다"고 그의 변
함없는 태도를 재차 지적했다. A 씨는 2심 판결에도 불복해 상
고했으나 대법원은 기각하고 유죄를 확정했다(2021년 8월).

고인의 친형은 형사재판 선고 후 법원 앞에서 기자들에게
"징역 5년이라는데 고인에게 형으로서 너무 죄송하게 생각한
다. 좀 더 강력한 법을 만들어서 이런 일이 앞으로 일어나지 않
도록 했으면 한다"고 울먹였다. 그는 A 씨를 향해서도 "잘못했
다고 반성하는 모습을 보여달라", "고인이 영면할 수 있게 해달
라"고 했다. 그리고 "주민 갑질로 인해서 경비원이 사망하고 짓
밟히는 일이 없었으면 한다. 좋은 법이 생겨서 사회적약자가
같이 손을 잡고 갈 수 있는 갑질 없는 세상이 됐으면 한다"라고
말을 마쳤다.

'경비원 갑질 방지법'을 탄생시킨 사건

고인의 죽음은 사회에 큰 충격을 주었다. 언론에서는 이 사
건을 연일 대서특필하고 민·형사재판 과정을 중계했다. 이전의
경비 노동자 갑질 피해 사건들도 다시 주목받았다.

대표적인 것이 위 사건 6년 전인 2014년에 일어난 이른바

'압구정 신현대아파트 사건'이다. 2014년 7월 압구정 신현대아파트 경비 노동자 이모 씨에게 입주민 이 씨는 공개된 장소에서 폭언을 퍼부었고, 유통기한이 지난 음식물을 먹으라고 던져주는 등 인격적 모멸감을 느끼게 했다. 경비 노동자 이 씨는 해당 아파트 배치 한 달여 만에 중증 우울증으로 치료를 받기 시작했고, 이후 경비팀장 등에게 병가와 근무지 교체를 요구했으나 오히려 사직을 권유받았다. 세 달 후 아침부터 가해자 이 씨에게 질책과 욕설을 들은 경비 노동자 이 씨는 이날 몸에 인화물질을 뿌리고 분신자살을 시도했다. 병원으로 옮겨졌지만 한 달 뒤 후유증으로 숨졌다. 2017년 3월 법원은 피해자의 유족들이 가해 입주민을 상대로 낸 손해배상청구 소송에서 위자료 2,500만 원을 인정했다.

다른 사건으로, 2019년부터 아파트 상가에서 카페를 운영하며 경비 노동자들에게 "멍멍 짖어봐" 등의 폭언과 욕설을 하면서 부당한 업무 지시를 일삼은 입주민은 징역 1년 형을 선고받았다. 또 2020년 5월 아파트 경비실에서 자리를 비웠다며 경비 노동자에게 "내가 누군지 아느냐"며 욕설을 하고, 소주병을 바닥에 던져 깨트리는 등 행패를 부린 입주민이 재물손괴, 폭행 등 혐의로 벌금형을 선고받았다. 이밖에 경비원을 대상으로 한 폭행, 폭언, 상해, 업무방해 사건들은 너무나 많았다.

시민사회와 국회에서 토론회가 열렸다. 입법이 필요하다는 결론이 내려졌다. 이러한 사회적 흐름에 힘입어 경비원에 대한

불온한 공익

갑질을 막기 위한 '공동주택관리법 개정안'이 만들어졌다. 경비원에게 허용되는 업무와 제한되는 업무를 명시해 부당한 업무 지시를 거부할 수 있도록 한 법안이다. 이른바 '경비원 갑질 방지법'으로 불리는 이 시행령은 2021년 10월부터 시행되고 있다. 시행령에 명시된 업무 외의 지시를 내리면 지방자치단체에서 과태료 300만 원의 행정처분과 시정명령을 내릴 수 있다. 그러나 공동주택(아파트) 경비원에게만 적용되는 데다가 초단기 계약을 맺는 등 고용불안에 시달리는 경비원들이 부당한 업무 지시를 신고하기는 현실적으로 어렵다는 허점이 있다. 이 역시 향후 입법 개선되어야 한다.

경비원 갑질 문제의 배경에는 고용 형식과 실제 근로 실태 사이의 괴리가 있다. 아파트가 어떤 형태의 고용 방식을 선택해도 경비 노동자에게 '갑'은 입주민이다. 경비 노동자의 고용은 아파트 입주민 회의가 직접 하거나, 혹은 아파트 입주민 회의가 용역업체를 선정한 뒤, 그 업체가 할 수도 있다. 입주자 대표 회의가 위탁관리 회사에 경비 업무를 맡기기도 한다. 이러한 도급계약, 용역계약, 위·수탁 관계로 맺어진 경비원은 노동자의 지위가 인정되지 않아서 노동법의 사각지대에 있게 되고, 근로계약이나 법률상 규정된 업무 외의 각종 일들을 어쩔 수 없이 해야만 하는 처지에 놓이게 된다. 자칫 입주민 눈에 어긋나면 바로 계약 해지 방식으로 해고되기 때문이다. 경비 노동자 갑질 문제는 금지 규정을 세운다고 다 해결되지 않는다. 결국 고용 형식와 실질의 괴리라는 구조적 문제가 해결되어야 한다. 경비 노동자의 불안정한 고용 형태를 개선하고 실제 사용자의 책임을 분명히 하여 법적인 사용 종속 관계를 단순화해야 해결될 수 있을 것이다.

입주민들의 인식 개선도 중요하다. 입주민 중에는 '내 관리비로 경비 노동자가 월급을 받아먹고 살기 때문에 함부로 할 수 있다'거나, 이 사건 가해자처럼 경비 노동자를 "머슴"으로 여기는 극소수의 특이한 사람들도 있다. 비슷한 형태의 갑질 입주민들이 많다. 개인의 인식과 사회적 분위기가 개선되어야 한다. 근로기준법상 직장내괴롭힘금지 규정이 아파트 경비 노동자에게 적용될 수 있도록 개정하거나, 아파트 경비 노동자에 대한 괴롭힘을 금지하는 법안을 별도로 만들 필요도 있다. 포괄적인 입법으로는, 비공개된 상황에서 감정노동자를 향한 폭언과 폭력을 처벌하는 법안을 만들어야 할 것으로도 보인다.

사건 당시 고인의 안타까운 죽음을 추모하기 위해 아파트 경비실 앞에는 분향소가 마련됐고, 수많은 추모 메시지가 붙었다. 지금도 이 아파트 앞에서는 매해 추모제가 열린다. 최초 사건 발견 및 조력도 아파트 입주민들이 했으며, 긴급 주민 회의를 열어 사건 대응을 결의하기도 했다. 구조를 개선하는 것도 중요하지만 피해자에게 정말 간절한 것은 그 순간 바로 옆에 있는 이들의 도움이다. 이웃들의 관심과 작은 실천이다. 방관은 결과에 있어 저마다 몫의 책임을 남긴다. 방관은 나쁜 결과를 낳고, 또 악화시키는 주요 원인이 되기도 한다. 그런 면에서 이 사건 이웃들의 힘은 강력했다. 그 힘이 시민 단체들, 변호사들, 수사기관과 법원을 고인의 마음속으로 불러 모았다.

청소 노동자를 고소한 대학생

연세대 청소 노동자들은 왜 쟁의행위를 했나

사람은 홀로 모든 일을 해내기 어려워 공동체를 이뤘다. 그 안에서 우리는 서로서로 도우며 살아간다. 대학이라는 공간도 마찬가지다. 대학 캠퍼스 안에서는 여러 사람이 함께 살아간다. 학생, 교수, 교직원, 그리고 학교를 관리하는 노동자들이다.

2022년 3월부터 연세대 청소 노동자들이 쟁의행위를 시작했다. 노조의 근로조건 개선 요구와 지방노동위원회의 권고안을 용역업체들이 거부했기 때문이다. 하청인 용역업체들이 권고안을 거부한 이유는 원청인 학교가 거부했기 때문이다. 노동자들의 요구안을 들으면 놀라게 된다. 너무 별게 아니기 때문이다. 시급 440원 인상, 샤워실 설치, 퇴사자 공석에 신규 채용. 이렇게 세 가지다. 2022년 당시 최저임금이 440원 올랐고,

2023년에는 여기에서 460원이 더 오른다고 했다. 청소 노동자들의 임금은 늘 최저임금에 턱걸이하는 수준이다. 때문에 이들의 시급 인상 요구는 절대 과하지 않고 오히려 너무 소소하다. 겨우 440원 인상이다. 연세대학교의 누적 적립금은 5,800억 원가량이라고 한다.

노동자들의 나머지 요구사항인 샤워실 설치, 퇴사자 공석 신규 채용의 경우 통상적인 사업장이라면 당연히 보장하는 필요 최소한에 불과하다. 종일 실내외에서 육체노동을 하고 냉방 시설도 제대로 갖춰지지 않은 건물 한쪽 구석에서 휴식을 취해야 하는 청소 노동자들에게 학교가 지금까지 샤워실 하나 제공하지 않았다는 사실에 어리둥절할 따름이다. 신규 채용의 경우, 퇴사자의 공석을 계속해서 메우지 않는다면 결국 한 사람이 학교 전체를 다 청소해야 할 수도 있다. 수년째 퇴사자 공석이 그대로 유지되고 있어서 청소 노동자들의 노동 강도는 점점 세지고 있다. 비용 절감을 위해 노동자를 부당하게 착취하는 셈이므로 반드시 개선해야 할 부분이다.

그래서 노조는 캠퍼스 안에서 학교를 상대로 쟁의행위를 하게 됐다. 우리 대법원은 하청 노동자라고 하더라도 노무 제공 장소가 원청의 사업장이라면 그곳에서 쟁의행위를 할 수 있다고 한다. 다음과 같다.

수급인 소속 근로자들이 집결하여 함께 근로를 제공하는

장소로서 도급인의 사업장은 수급인 소속 근로자들의 삶의 터전이 되는 곳이고, 쟁의행위의 주요 수단 중 하나인 파업이나 태업은 도급인의 사업장에서 이루어질 수밖에 없다. 또한 도급인은 비록 수급인 소속 근로자와 직접적인 근로계약 관계를 맺고 있지는 않지만, 수급인 소속 근로자가 제공하는 근로에 의하여 일정한 이익을 누리고, 그러한 이익을 향수하기 위하여 수급인 소속 근로자에게 사업장을 근로의 장소로 제공하였으므로 그 사업장에서 발생하는 쟁의행위로 인하여 일정 부분 법익이 침해되더라도 사회 통념상 이를 용인하여야 하는 경우가 있을 수 있다. 따라서 사용자인 수급인에 대한 정당성을 갖춘 쟁의행위가 도급인의 사업장에서 이루어져 형법상 보호되는 도급인의 법익을 침해한 경우, 그것이 항상 위법하다고 볼 것은 아니고, 법질서 전체의 정신이나 그 배후에 놓여 있는 사회윤리 내지 사회 통념에 비추어 용인될 수 있는 행위에 해당하는 경우에는 형법 제20조의 '사회상규에 위배되지 아니하는 행위'로서 위법성이 조각된다. (대법원 2020. 9. 3. 선고 2015도1927 판결(업무방해, 퇴거불응))

불온한 공익

학생은 왜 노동자를 고소했나

이처럼 노조는 '근로조건 개선'이라는 정당한 목적과 '평화집회'라는 정당한 수단으로 쟁의행위를 했다. 그런데 학생 세명이 노동자들을 상대로 업무방해죄 형사고소·고발과 민사 손해배상청구까지 하는 일이 발생했다. 노조 쟁의행위의 소음이 수업을 방해한다는 이유였다. 안타까운 일이다. 그러나 노동자들은 이들 학생을 미워하지 않는다고 했다. 미안한 마음이라고 했다. 이는 학생들을 사랑하는 청소 노동자들의 소박한 마음인 것이고, 사실 미안해해야 할 주체는 학교다. 노동자들을 지나치게 열악한 노동환경에서 일하게 하고, 이들의 정당한 요구를 이유 없이 묵살했기 때문이다.

청소 노동자들은 수십 년째 간접고용 비정규직으로 일하면서 '진짜 사장'이 증발한 상태에 있다. 용역업체에 요구를 하면 '우리는 학교에서 내려주는 돈으로만 운영을 하기 때문에 당신들에게 해줄 수 있는 실질적인 권한이 없다'고 하고, 학교에 요구를 하면 '우리는 법적인 사용자가 아니니까 업체에 가서 말하라'고 한다. 책임 떠넘기기 핑퐁판 위의 하청 노동자들은 법의 사각지대에서 고통받고 있다.

다행히 학생들 대다수는 청소 노동자들의 투쟁에 연대의 목소리를 적극적으로 내고 있다. 노동자들에 대한 세 학생의 고소 이후 학생 3,000명 이상이 청소 노동자 지지 선언에 실명을 밝히면서 서명했다고 한다. 아직 노학연대의 정신은 살아 있다. 극소수 학생의 일탈행위가 언론에서 과잉 대표된 것이 안타깝다.

졸업생 변호사들의 연대

동문 졸업생 변호사들은 위 고소 및 손해배상청구 사건에서 노동자 편에 서서 법률조력에 나섰다(나는 법률지원단 초동 모집 및 내 이름을 올리고 재판에 출석하는 정도의 역할만 했다. 실제 소송 수행은 다른 변호사님들이 힘썼다). 노동자에 연대하는 마음의 적극적인 표현으로, 소송을 제기한 학생을 공격하고자 함이 아니었다. 결국 이 학생들도 대화를 통해 공동체로 포용해야 할 대상이라고 생각했다. 우리는 법원이 유사 선례에 따라 정당한 판결을 내릴 것이라고 기대했다. 2006년 한국외대에서 비슷한 일이 있었는데, 학생들이 학내 노조의 쟁의행위에 대해 손해배상청구를 하자 법원이 이를 기각한 사건이다. 아래는 당시 법원의 판결문이다.

우리 헌법이 노사관계에 있어서 실질적 평등을 확보함으로써 근로자의 생존권을 보장하고자 노동삼권을 헌법상의 기본권으로 보장하고 있는 점과 노동삼권의 행사는 어느 정도 사용자나 제삼자의 이익을 침해할 수밖에 없으며, 제삼자에 대해서는 계약 관계가 있는 사용자가 책임을 지는 것이 원칙임을 고려하면, 쟁의행위로 인한 제삼자에 대한 불법행위 손해배상책임의 인정은 제한적으로 해석함이 상당하다.[14]

즉 쟁의행위는 헌법상 기본권인 점, 본질상 제삼자에게 불편함을 끼칠 수밖에 없는 점, 수인 한도 범위 내에서는 인내가 필요한 점, 제삼자의 불편함에 대한 책임은 사용자에게 있는 점 등이 요지다.

결국 연세대 학생들의 형사고소·고발은 모두 무혐의 처분되었고, 민사 손해배상청구 역시 1심에서 전부 기각되었다. 1심 법원은 2024년 2월 6일, "원고들의 청구는 이유 없어 이를 기각하기로 하여 주문과 같이 판결한다"고 하면서 그 이유를 아래와 같이 설시했다.

서울서부지방법원 2022가소361820 손해배상 사건

① 이 사건 집회 과정에서 발생한 소음 피해에 대하여 곧바로 불법행위로 인한 손해배상책임이 성립하는 것으로 단정할 수 없는 점

② 이 사건 집회는 법령이 규정한 절차를 거쳤고, 그 수단과

---

14   서울북부지법 2007년 11월 14일 선고 2006가합10716 손해배상 판결; 서울고등법원 2008년 9월 12일 선고 2008나3017 손해배상 판결, 확정.

방법도 폭력이나 파괴행위를 수반하지 않은 채 피케팅이나 구호 제창, 확성기를 통한 민중가요 틀기와 노조원의 연설 등으로 진행되었으므로, 전체적으로 정당한 쟁의행위에 해당하는 것으로 보이는 점

③ 이 사건 집회 과정에서 발생한 소음의 정도가 쟁의행위를 위법하다고 판정할 정도로 중대하다거나 원고들의 학습권을 직접적·구체적으로 침해하는 형태로 이루어진 것이라고 인정하기 어려울 뿐만 아니라, 해당 소음이 집회 장소로부터 상당히 떨어져 있는 백양관 내 강의실이나 중앙도서관에서 진행되는 원고들의 학습활동에 심각한 장애가 될 만큼 수인 한도를 넘는 정도에 이르렀다고 인정하기는 어려운 점

④ 이 사건 집회는 원고의 수업이 이루어진 강의실과는 상당히 이격된 장소에서 점심시간 무렵에 채 한 시간이 안 되는 시간 동안 진행되었으며, 학생들의 수업이나 면학 분위기에 대한 방해를 피하고자 학생회관 앞 계단으로 집회 장소를 옮기기도 한 점

⑤ 단순히 피고들이 이 사건 노조의 연세대 분회 간부라는 이유만으로 이 사건 집회에 가장 주도적이라고 보아 이 사건 청구를 한다고 주장하고 있을 뿐, 구체적으로 피고들이 어떻게 불법 쟁의행위를 주도하고 위법한 소음 발생에 기여하였다는 것인지에 대하여는 아무런 구체적인 주장이나

불온한 공익

증명이 없어, 원고들이 제출한 증거만으로는 피고들의 책임을 인정하기 어려운 점

그리고 원고들이 항소했으나 2심 법원은 직권으로 조정 결정을 내렸다. '원고들은 소송을 취하하고, 피고들은 소 취하에 동의한다'는 내용이었다. 사실상 2심도 1심 판결이 타당하다고 보아 더는 학생과 노동자가 서로 힘들게 싸우지 않게끔 한 것이다. 원고, 피고 모두 이의를 제기하지 않아서 이 조정은 확정되었다. 이렇게 연세대 청소 노동자들은 기나긴 민·형사 소송 과정에서 모두 이겼으나 당사자로서 힘든 시간을 보내야 했다. 그럼에도 불구하고 소송을 제기했던 학생들을 탓하기보다는 어떻게 갈등을 원만하게 해결할 수 있을지를 끊임없이 고민했다. 소송을 제기한 학생들이 법원 조정안을 수용한 것은 청소 노동자들과 노동조합의 치열한 노력과 진심의 결과물이었다. 학생과 청소 노동자는 대립하는 위치에 있지 않다는 사실, 함께 손잡고 사용자인 학교를 향해 목소리를 높여야 한다는 교훈이 깊이 남았다.

우리는 모두 약자

연세대 청소 노동자 사건이, 기존의 대법원 판례와 헌법 정

신에 대해 학생 사회 및 사회 일반이 다시 학습할 수 있는 계기가 되기를 바란다. 그리고 사회적 연대 의식이 무엇인지 토론할 수 있는 자리가 이어지기를 또한 기대한다. 우리는 모두 상대적 약자다. 잠재적인 권리침해 피해자다. 그래서 나 또한 언제 쟁의행위를 할지, 집회 시위를 하게 될지 모른다. 그럴 때 우리는 서로를 위해 참고 힘을 모아야 한다. '불편함의 품앗이'라고도 할 수 있겠다. 이것이 바로 사회적 연대 의식이다.

'공정'에 대한 생각에도 변화가 있기를 바란다. 공정이란, 내가 조금도 불편하지 않은 상황이 아니라 내 불편함의 근본 원인이 무엇인지를 정확히 파악하고 이를 해소하기 위해 넓은 범위의 피해자들과 연대하여 구조를 개선해 내는 것, 그것이 아닐까. 이번 사건에서 학생들이 청소 노동자의 손을 잡고 대학 총장실로 가서 문제를 해결해 달라고 함께 의견을 내었다면, 그 모습이 더 공정에 가깝지 않았을까.

불온한 공익

메탄올 실명 사건
판결문을 받아 들며

돈으로 불법행위의 죗값을 갚는 것을 '손해배상'이라고 한다. 민사소송이다. 형사소송에서는 죗값을 감옥살이나 벌금으로 나라에 지불한다. 민사소송에서는 죄를 저지른 사람이 직접 피해를 본 사람에게 돈을 지급하니까 민사소송이 형사소송보다 피해자에게 더 위로가 될까? 그렇지 않다. 그럼 감옥에 보내는 형사소송이 피해자에게 더 위로가 될까? 그것도 아니다. 그럼 피해자는 어떻게 위로를 받아야 할까? 아마도 완전한 위로는 없다. 타임머신을 타고 그 일이 일어나기 전으로 돌아가서 그 일이 일어나지 않게 하는 방법밖에는 없다. 사건이 발생하면 피해자들은 이렇게 말한다. '내가 전생에 무슨 죄를 지었기에 내게 이런 일이….' 종교가 있는 분들은 가끔 이렇게 말하기도 한다. '신이 나를 시험하시려고 이런 시련을….' 나는 종교가 없다. 그래서인지 비극적인 사건들을 접할 때면 '참 부조리하다…'라는 생각만 든다.

"부조리不條理, absurdism". 철학자 알베르 카뮈Alberto Camus는 인간이 '무심'한 세상을 '유심'하게 보려 노력하고, '우연'한 자연계를 '필연'의 신화로 인식하려 애쓴다고 했다. 세상은 무심하고 이유가 없는데 말이다. 그 철학 개념이 바로 "부조리"다. 옛날 사람들은 번개가 치면 신이 노했다고 여겼다. 지금에 와서 그 시대 절대 신앙이었던 제우스, 포세이돈, 단군신화를 믿는 교회는 없다. 우주보다 사랑한다면서 잘못하면 지옥 불에 넣고, 이교도를 죽이라고 시키는 지금의 신, 기도를 열심히 하면 우리 집 자식은 좋은 대학에 합격시켜 주고 다른 집 자식은 떨어트려 주는 지금의 신은 먼 미래 인류의 어떤 책에, 노여우면 천둥번개, 태풍으로 인간을 죽이는 그리스 로마의 신들과 같이 실리게 될 것이다. 미개한 신화가 된 원시종교들은 지금의 몇몇 종교들보다 훨씬 오래 지속되었다. 우리는 태어난 지 몇십 년밖에 안 되었으면서 현존하는 종교가 지구의 태초부터 있었다고 여긴다. 우스운 일이다.

이처럼 영원한 것은 특정 종교 같은 게 아니고, 자연과 삶의 "부조리"라는 불안을 직면하기 두려워 어떻게든 '필연'을 믿으려고 애쓰면서, 가해하고 자해하는 나약한 인간이다. 그 불안을 막기 위해 물리적이고 사회적인 조처를 취하지 않는 게으른 인간이다. '의미'와 '이유'는, 원래 존재하는 게 아니고 살면서 우리 스스로가 만드는 것이다. '대체 왜 내게 이런 일이'라는 절규 앞에 나는 그저 '당신 탓이 아닙니다. 당신에게 필연적으로 일어나야만 했을 일은 아니지만 누군가에게 필연적으로 일어날 수 있는 일이긴 했습니다.' 속으로만 답하고 그 원인을 정확히 분석한 후 다시는 누군가에게 그러한 일이 일어나지 않게 노력한다.

어느 청년 노동자들은 멀쩡히 공장에서 일을 하다가 두 눈의 시력을 잃었다. 그들은 왜 그런 비극의 주인공이 되어야 했을까. 이 사건을 맡게 되면서 만약에 신이 있다면, 그래서 이 역시 신의 뜻이라면 그는 참으로 나쁜 존재라는 생각을 했다. 그러나 우리는 신 말고 다른 나쁜 존재를 찾아냈다.

20대와 30대 초반의 나이에 두 눈의 시력을 잃고 평생 앞을 볼 수 없게 된 상황. 그 절망을 어떻게 보상할 수 있을까. 돈으로는 안 된다. 피해 노동자들은 공장에서 일하다가 인체에 치명적인 메탄올에, 아무런 보호나 교육 없이 무방비로 노출됐다. 일을 시작한 지 불과 수개월 후에 시력을 잃었다. 27세(이○○, 방○○), 28세(이○○, 김○○), 34세(전○○). 사고 당시 피해자들의 나이다.

노동자들은 사건 직후 2016년, 관련 업체들을 상대로 손해배상청구를 제기하기 위해 민변에 연락을 해왔다. 민변 노동위원회 변호사들을 중심으로 대리인단이 꾸려졌다. 법원은 4년 만인 2020년 8월 21일 원고 승소 판결을 내렸다. 피고 업체들은 원고들에게도 과실이 있다며 청구 금액 삭감을 주장했으나 받아들여지지 않았다. 피고들이 항소하지 않아 판결은 확정됐다.

전형적인 '위험의 외주화'

이번에도 비정규직이었고 고용관계는 복잡했다. 노동자들은 대기업 휴대전화에 들어가는 부품을 제조하는 하청업체의 재하청업체에 인력을 공급하는 파견 업체 소속 노동자다. 휴대전화에 들어가는 작은 알루미늄 부품 하나를 만들기 위해 대기업은 이 노동자들과 같이 '간접의 간접의 간접의' 관계로 노동자를 사용했다. 진짜 사장이 누구인지에 관한 진실은 흐릿해지다못해 소멸해 있었다. 그리고 법과 제도의 사각지대, 위험한 작업 현장에서 일하던 청년들이 두 눈을 잃었다. 근로기준법, 산업안전보건법 등의 법률은 비정규 사업장 안에서는 작동하지 않았다. 노동자들을 사용하는 업체와 파견한 업체는 절대해서는 안 되는 일을 했고, 반드시 해야 하는 일은 전혀 하지 않았다.

한국산업안전보건공단이 공시하고 있는 '물질 안전 보건 자료'에 따르면 메탄올은 생식독성과 심한 눈 손상성·자극성, 특정 표적 장기 독성(1회 노출 시 사람에게 중추신경계·시각 장해 발생)의 특징이 있다. 누출 시 분진·흄·가스 등을 작업자가 결코 흡입해서는 안 되고, 보호 장비를 갖추지 않은 사람은 누출 사고 현장에 출입이 금지된다. 그리고 메탄올 취급 시에는 전면全面형 송기 마스크, 화학물질 방어용 안경·보안면, 내화학성 장갑을 착용해야 한다. 공정 격리·국소 배기 등의 방법으로 공기 수준 을 노출 기준 이하로 조절해야 하고, 메탄올을 저장하거나 사 용하는 설비에는 세안 장비와 안전 샤워를 설치해야 한다. 산 업안전보건법은 메탄올을 '관리 대상 유해 물질'로 정하고 있 고, 메탄올을 사용하는 사업장은 6개월마다 작업환경 측정을 실시한 후 노동자에게 그 결과를 알리고 개선 조치를 취해야 하며, 노동자에 대해 12개월마다 특수건강진단을 실시해야 한 다고 규정한다.

메탄올의 위 같은 유해성 때문에 산업현장에서는 상위 대 체물질인 '에탄올'을 쓴다. 그러나 이 사건 사업장들은 계속 메 탄올을 사용했는데, 그 이유는 메탄올의 가격이 에탄올의 1/3 정도로 저렴했기 때문이다. 쓰면 안 되는 물질을 돈 때문에 쓰 다가 이 사단이 벌어졌다.

국가도 기업도 아무것도 하지 않았다.

피해 노동자들은 모두 'CNC 설비'라는 휴대전화 부품을 깎고 다듬는 공정에서 일했고, 메탄올은 그 공정에서 '절삭유 切削油'로 쓰였다. 노동자들이 취급했던 CNC 설비에는 절삭 공구 주변에 절삭유를 자동으로 분사하는 호스가 있어서 설비 가동 중에는 그 호스를 통해 고농도(99.9%)의 메탄올이 지속적으로 분사됐다. 이때 노동자들은 어떠한 교육이나 보호장치도 없이 메탄올을 매일 온몸으로 받아냈다. 노동자들은 오전 9시부터 오후 9시까지 하루 12시간씩 주 6일 근무하기도 했고 일이 많은 달에는 한 달에 채 하루도 쉬지 못했다. 이들은 알코올 제거를 위해 에어건air-gun을 사용했는데 이때 알코올이 피부와 눈 등에 수시로 튀었다. 알코올 냄새를 견딜 수가 없어서 이들은 사비로 마스크를 장만해서 착용하고 일을 했다. 알코올 냄새 때문에 답답하면 창가로 가서 심호흡을 하고 돌아왔을 뿐이라고 했다. 1960년대 전태일의 평화시장이 아니라, 2016년 대한민국 대기업의 휴대전화 부품을 만드는 공장이었다.

노동자들은 위 작업을 시작하기 전에 업무에 관한 설명을 한 차례밖에 듣지 못했거나 전혀 듣지 못했고, 공정에서 사용하는 물질이 무엇인지, 그 물질이 인체에 어떤 영향을 미치는지에 관해서 어떠한 설명도 듣지 못했다. 근무하는 동안 일반 장갑과 일반 마스크 등을 지급받기는 했으나 착용 필요성에 대한 설명은 듣지 못했고, 장갑을 끼고 작업하는 경우에도 손이 젖는 일이 많았으며, 알코올 냄새와 증기에 그대로 노출되는 경우가 잦았다. 작업장에는 적합한 배기 시설이 없어 창문을 열어 놓는 게 고작이었고, 에어컨을 가동할 때는 이마저 닫아 놓았다고 한다.

국가는 무엇을 했는가. 아무것도 하지 않았다. 고용노동부는 이 사건이 발견되고 언론과 국회에서 난리가 난 이후에서야 2016년 1월 25일부터 이 사건 사업장과 작업공정이 유사한 공장 8곳을, 2월 1일부터는 전국의 메탄올 취급 사업장 3,100여 곳을 긴급 점검 한다고 발표했다. 또한 메탄올 급성중독 발생 경보와 함께 사업장에 대한 작업 중지, 보건 진단, 임시 건강 진단 명령을 내렸고, 국소 배기 장치 미설치, 송기 마스크 미지급, 작업환경 측정, 특수건강진단 미실시 등 산업안전보건법 위반 사항에 대한 엄중한 처리 방침을 밝혔다. 당장 할 수 있는 일이 었던 것이다. 꼭 필요했고 적절한 조치였다. 그래서 더 화가 났다. 왜 미리 하지 않았나.

피해자가 또, 나왔다

이처럼 그간 고용노동부는 지도·감독을 한 사실이 전혀 없다. 충격적인 것은 이 사건으로 언론과 국회에서 난리가 나고 그리하여 노동부의 긴급 점검이 있고 난 뒤에도 얼마 지나지 않아 이 사건 현장에서 추가 피해자가 또 발생했다는 점이다. 위 긴급 점검 지침에 의해서 2016년 2월 3일 이 사건의 한 사업장을 점검한 근로감독관은 해당 사업주가 "지난해 말부터 절삭용제를 에탄올로 교체했고 앞으로도 메탄올은 취급하지 않을 계획"이라고 말한 것만을 믿고 그냥 넘어갔다고 한다. 거짓말이었고 그래서 또 똑같은 실명 피해자가 생겨버렸다. 이 피해자도 소송의 원고로 추가 참여했다. 이 무슨 황당한 일인가. 이번에는 정말로 국가의 가해였음이 명확했다. 새로운 피해자를 앞에 두고 더 할 말이 없었다.

소송 중간에 판사의 조정 지시에 의해 상대 업체들과 보상 금액 수준을 상의하던 시기가 있었다. 변호사들과 식사하던 중 한 노동자가 울부짖으며 말했다. "돈 필요 없어요. 지금 돈이 무슨 필요가 있어요."

결국 조정은 이뤄지지 않았고 판결 선고가 내려졌다. 법원은 판결문에서 이 사건 발생 원인의 황당함과 업체들의 책임에 대해 엄히 꾸짖었으며 그 결과 판시된 배상 금액은 조정절차 당시의 예상 금액보다 훨씬 높았다. 그러나 우리 변호사들 역시 누구도 기뻐하지 않았다. 이제 와서 돈이 무슨 필요가 있다는 말인가.

'공장의 전두환', 힘센 자는 수단이 많다

조직되지 않은 노동자, 학습되지 않고, 학습하지 않아 깨어나지 않은 노동자, 그래서 굴종하는 노동자는 어떻게 행동하는가. 내가 현재 수행 중인 사건의 에피소드다. 모두의 이익을 위해 깨어나 싸우는 노동자 A의 일을, 그렇지 않은 노동자 B가 한 번 도와줬다. 사용자 C가 이를 알고 B를 쥐 잡듯 잡았다. B는 A에게 불같이 화를 내며 다 없던 일로 해달라고 난리를 친다. A는 미안하다며 자기가 이제 그만하겠다고 한다. B는 제 고통이 A의 탓이라 하고 A는 모든 이의 고통, 이 혼란이 자신 탓이라 여긴다. A가 전화 와서 "다 그만두고 싶어요" 하고 흐느낀다.

재판만 하려고 했는데 속에 천불이 나서 안 되겠다 싶었다. A의 편이 꽤 많다고 한다. 우선 그중 대여섯 명을 골라 특공대를 만들기로 했다. 고립되어 점점 약해져 가는 A를 다시 몇 년 전 싸움을 시작할 당시의 강렬한 노동자, 아니 두 발로 선 인간으로 되돌리기 위해서다. 재판도 이길 것이고 이곳에 노동조합을 세워야겠다는 결심을 했다. 먼저 특공대가 C를 형사 고발, 노동청에 신고해서 C가 무너지는 모습을 노동자들에게 전시하고 싶었다. '자 보시오. 당신들이 두려워 떨며 굴종하던 이 공장의 전두환이 엎드려 기는 모습을. 이 모든 것은 노동자 서로의 탓이 아니고 사용자 C의 탓임을'이라고 말해주고 싶었다.

전화 통화를 마치며 A에게 이렇게 일렀다. "위원장님 사람은 이기적이잖아요. 약해서 그래요. 멍청한 건 겁이 나서 그렇고요. 그런데 또 뭉치면 변합니다. 겪어봐서 아시잖아요." A는 이미 노동조합을 결성했던 적이 있고 앞서는 기질과 꼼꼼한 실력으로 위원장까지 했다. 그런데 노동조합 상급 단체와의 갈등, 조합원들의 단합 부족으로 그 노조는 와해한 상태다.

노동법은 비정규직들 앞에서 멈춘다

제대 후 학내 청소 노동자의 노동환경 실태조사를 한 적이 있다. 한국비정규노동센터라는 곳에서 진행한 노학연대 사업의 일환이었다. 노동자들은 화장실 빈칸에서 점심 도시락을 먹었고, 계단 아래 한 평 남짓한 창고에 쪼그려 앉아 휴식했다. 통장에 찍히는 급여는 간신히 최저임금을 맞추는 수준이었고 실제 노동시간을 감안하면 실급여는 최저임금보다 적었다.

고용 형태는 간접고용, 즉 학교가 미화 업무 전체를 하청업체에 도급을 주고 노동자들은 하청업체에 소속되어 사실상 중간착취 당하면서도 고용은 불안정한 형태였다. 학교가 내려주는 돈을 하청업체가 수수료로서 상당 금액 챙기고, 남는 돈을 노동자들에게 내려주는 형식이다. 내일부터 나오지 말라고 하면 그게 해고가 되는, 또는 학교가 하청업체와 계약을 해주지 않으면 노동자들 전체가 통으로 거리에 나앉게 되는 그런 구조가 바로 간접고용 형태의 비정규직이다.

　　근로기준법 등 노동법은 이런 비정규직들 앞에서 멈춘다. 하청업체 사장은 휴일에 노동자들을 불러서 자기가 다니는 교회의 청소를 시켰다. 근로계약 외 사적 이용이므로 불법이다. 하청업체 관리자 반장이라는 자들은 수시로 노동자들을 추행하고 희롱했다. 반말, 욕설, 폭언은 예삿일이었다.

　　서너 달 남짓 그렇게 노동자들을 만나고 다녔을까. 건물마다 있는 노동자들을 찾기도 어려웠다. 휴게실이나 대기실이 따로 없거나 지하 깊은 곳, 계단 틈 등이어서 그랬다. 노동자들은 다른 건물 노동자와 소통할 수 없었다. 학교와 업체가 엄히 금하고 있다고 했다. 단결할까 봐 그랬을 것이다.

　　여차저차 노동자들을 찾아다니며 실태조사를 하던 중 함께하는 학생들이 몇몇 더 모였다. '살맛'이라는 노학연대 모임을 만들었고 각 단과대 건물을 나누어서 활동에 박차를 가했다. 우리는 점심때 노동자들을 찾아갔다. 가장 긴 휴게 시간이었기 때문이다. 찾아가면 꼭 점심을 나누어 주셨고 그렇게 점심을 하루에 두어 번 먹는 경우도 있었다. 밥을 먹으며 친해질 수 있었다. 그런 정서적인 교감의 시간이 필요했다.

"각자는 일대일이라서 영원히 져요"

'어머니'라 부르고 서로 믿음을 쌓으면서 자연스레 노동조합 이야기가 나왔다. '노동조합을 만들어야 학교와 하청업체에 대항할 수 있어요', '각자는 일대일이라서 영원히 져요' 이런 대화가 시작되었다. 대화가 무르익던 즈음 한 사건이 일어났다. 어느 노동자가 하청업체 사장이 시킨 교회 청소를 거부하자 사장이 그를 캠퍼스 내 아주 후미지고 오가기 힘든 곳에 배치한 것이다.

학생 수십 명이 피해 노동자와 함께 학교 안에 있는 하청업체 사무실로 항의하러 쳐들어갔다. 사장은 지인들과 고스톱을 치고 있었다. 테이블에 마주 앉아 몇 마디나 나누었을까 아직도 고자세인 사장에게 언성을 살짝 높이자 사장은 그제야 주위 학생들의 성난 눈을 둘러보더니 상황을 의식했다. 고개를 조아리며 공손한 자세로 바꾸더니 해당 노동자에 대한 배치 처분을 철회하겠다는 합의서에 날인했다. 사과문도 건물마다 부착하기로 했다. 몇 분 걸리지 않았다. 다음 날 건물마다 붙은 사장의 사과문을 노동자들은 출퇴근 길에 보며 웃는다고 했다.

　분위기가 많이 고조되었다. 그리고 얼마 뒤, 퇴근 후 학교 밖에서 학교와 업체 몰래 우리는 모이기로 했다. 50명가량 오셨던 것 같다. 많은 수에 놀랐고 그들의 노동조합 결성 의지에 놀랐다. 학생들은 책을 읽고 세미나 등을 열면서 '의식화'되었다고 자평한다. 그런데 이 '어머니' 노동자들은 수십 년간 하층 노동 당사자로서 '계급', '노동삼권', '노동조합'에 관한 몇 마디 설명에도 직관적으로 깨어났다. 그리고 그들의 의지와 행동력은 누가 흉내 낼 수 있는 것이 아니었다. 이미 노동자들 스스로 주도권을 잡고 있었다.

　한두 달이 지난 후 노동조합이 결성되었다. 민주노총 공공운수노조 서울경인지부 ○○대학교 분회가 정식 명칭이다. 노동조합 출범식은 대학 대강당에서 하기로 했고, 초청장을 대학 총장, 하청업체 사장들에게도 보냈다. 당당하게 양지로 나가야 상대가 겁을 먹는다. 대강당에서 열린 노동조합 출범식은 성대했다. 누구 하나 방해하는 이 없었다. 괴롭히고 추행을 일삼던 '반장' 직책의 남성 노동자 한 명이 노동자들 앞에서 사과하고 자신도 노조 가입을 하고 싶다며 비굴하게 굴었다. 노동자들은 그를 조합원으로 받아주었다.

　노동조합은 그 후 대학의 실질적 참여하에 하청업체들과 단체협약을 체결했다. 급여가 오르고 노동조건이 좋아졌다. 그리고 최저임금 미달의 60여 명분 체불임금도 몇억 원어치 받아

냈다. 노동자들은 작고 큰 투쟁의 성과를 맛보며 매번 '진화'했다. "돈보다도 인간 대접 받게 된 게 제일 좋아" 이 말을 가장 많이 들었다.

노동자는 깨어나야 노동자로서의 권리를 누린다. 우리는 아직도 노동자가 의심스럽다. 이를테면 이런 것이다. 칼 마르크스는 "존재가 의식을 규정한다"고 했고 드라마 〈송곳〉의 구고신은 "서는 곳이 달라지면 풍경도 달라지는 거야"라고 하던데 우리 사회 다수의 가난한 노동자들은 왜 부자를 위하는 정치인에게 투표할까. 노동자들은 왜 노동운동하는 노동자들을 이해하지 못할까.

그 원인은 개인의 허위의식 때문이기도 하지만 구조적으로는 우리 현대사가 낳은 레드 콤플렉스에 크게 기인한다. 국가에 불만을 제기하면 '좌익용공'이 되어 공권력에 의해 처벌받고, 공동체 내에서 권리와 분배를 강하게 주장하면 '빨갱이'가 되어 왕따를 당하기 때문이다.

표현은 언감생심, 생각조차 자기검열로 자유롭지 못하다. 한국 보수주의 위정자들이 외치는 자유민주주의에서의 '자유'는 자본가, 기업가의 자유일 뿐 노동자의 자유가 아니다. 헌법 제21조 표현의 자유 주체가 노동자가 되면 그것은 반사회적 국가 전복 행위가 된다. 헌법 제119조 경제민주화라고 하는 실질적인 자유를 추구하기 위한 수단으로서의 헌법 제33조 제1항 (근로자는 근로조건의 향상을 위하여 자주적인 단결권, 단체교섭권 및 단체행동권을 가진다)은 노동삼권 즉 단결권, 단체교섭권, 단체행동권의 주체를 분명히 노동자로 규정하고 있다. 그런데도 노동조합을 만들려는 이는 사내에서 '송곳'이 되어 미움받는다. 사회적으로는 국가 성장을 가로막는 이기적인 분열 종자가 된다.

이러한 선동이 노동자에게도 내면화되는 것이다. 생물로서의 인간은 본질적으로 안정과 안전을 지향하기 때문이다. 다시 강조하건대 한국 자유민주주의에서 '자유'는 노동자의 자유가 아니고 자본가의 자유다. 노동자의 자유 확장은 자본가의 자유 축소일 수밖에 없기 때문에 노동자가 자유를 추구하면 자유민주주의 부정 세력이나 친북 좌파가 된다. 의심하지 않으면 이런 거짓말을 믿게 된다.

단순하게 결론 내리면, 우리 사회의 절대다수인 노동자 중 반수 이상이 깨어 행동하지 않았거나, 존재를 배반하는 선택을 했기 때문에 나의 이익을 침해하는 정치세력이 집권하는 것이다. 전적으로 노동자 개개인의 게으름 때문이라는 뜻이 아니다. 역사, 교육, 언론의 문제 등 여러 구조적 원인으로 인해 여하간 우리는 그러한 상황이지 않은가. 서민, 노동자들이 나아가야 할 종착지는 결국 스스로 정치적인 힘을 가지는 것이다. 여기서 '정치'란 좁은 의미의 의회정치를 뜻하는 것이 아니라 넓은 의미의 정치, 즉 '내 이익을 관철할 수 있는 유의미한 권력을 확보하는 행위 및 이를 행사하는 행위'를 말한다.

나는 노동자가 아니다. 그런데 노동자들 앞에서 주제넘게도 이렇게 말씀드린 적이 있다. "법은 흰 종이에 쓰여 있는 검은 자국에 불과합니다. 안 지키면 그뿐, 지키라고 관철할 힘이 없으면 그뿐입니다. 그렇다고 소송도 아무나 하는 것이 아니에요. 돈이 많이 들어갑니다. 그리고 잘나 봤자 한낱 인간일 뿐인 판사에게 신의 결정을 구해야 하는 어리석은 짓입니다."

법적 구제 절차는 사회경제적 약자가 절실한 최후에 잡을 수 있는 동아줄이어야 한다. 힘센 자들은 정글에서 다른 수단이 많기 때문이다. 그런데 현실에서는 법조차 지배자들이 더 갖기 위해 빼앗고, 자신의 치부를 가리기 위해 더 자주 이용한다. 현실에서의 법은 서민, 노동자들의 무기가 아닌 것이다.

그렇다면 노동자들의 무기는 무엇인가. 헌법 제33조의 노동삼권, 즉 단결권, 단체교섭권, 단체행동권이다.

불온한 공익

세상을 흔든
이마트 노동자들

2013년 1월 변호사시험을 치고 채 일주일이나 지났을까. 민변에서 상근 사무차장으로 일하던 한해 선배에게 전화가 왔다. 권영국 변호사 사무실에서 실무를 하면서 연수받아 볼 생각이 없냐는 것이었다. '사건이 큰 게 하나 있는데 권 변호사 사무실에 일손이 모자란다'고 했다. 노동 사건을 맡기 위해 변호사가 되었는데, 존경하는 노동 변호사로부터 직접 일을 배울 수 있다니. 아주 좋은 기회라 생각했다.

선배가 준 연락처로 바로 전화를 걸었다. 내일 당장 출근할 수 있겠느냐고 물으셨다. 그 말을 듣고 짐짓 당황스럽긴 하였으나 냉큼 '알겠습니다' 하고 답을 드렸다. 사무실은 서초동인데 을지로에 있는 서울지방고용노동청 정문 앞으로 아침 일찍 오라고 하셔서 무슨 일일까 궁금했다. 다음 날 그리 가보니 노동청 정문 앞에서 한참 기자회견이 진행되고 있었다. "신세계

이마트 불법파견, 부당노동행위 규탄" 기자회견이었다.

불법파견이란?

불법파견, 부당노동행위라는 용어는 익히 알고 있었다. 로스쿨에서 배운 것은 아니다. '불법파견'은 대학 시절 학교 인근 상암동 홈에버라는 대형마트에서 해고된 비정규직 노동자 투쟁과 학내 청소 노동자 투쟁에 연대하면서 알게 된 법리 지식이다. 원청업체가 하청·파견업체로부터 인력을 빌려 쓰고 파견업체에 돈을 주면 파견업체가 일부 수수료를 떼고 나머지를 하청 노동자에게 나눠주는 일종의 중간착취다. 우리 근로기준법에서는 중간착취를 원칙적으로 금지한다. 중간착취란, 노동하지 않는 자가 타인의 노동 위에 올라타서 그 과실을 빼앗아 가는 형태로서 원류는 노예제도이기 때문에 근대 시기부터 인류는 이를 엄히 금지하고 있다.

근로기준법 제9조(중간착취의 배제) 누구든지 법률에 따르지 아니하고는 영리로 다른 사람의 취업에 개입하거나 중간인으로서 이익을 취득하지 못한다.

그런데 우리 국회는 IMF 환란기 때 기업 도산을 막으려고 파견법(파견근로자보호 등에 관한 법률)이라는 것을 만들어 파견 고용, 즉 한 업체가 자기들이 고용한 노동자를 원청업체에 빌려주고 돈을 받는 것을 사업으로서 허가해 줬다. 노동자를 필요할 때 쓰고 필요 없을 때 쉽게 버릴 수 있으며, 직접고용과 달리 사용자로서 갖가지 법적 책임도 안 지는 고용 형태이기 때문에 원청업체, 특히 큰 기업에 아주 유리하다. 파견법은 기간제법(기간제 및 단시간근로자 보호 등에 관한 법률)과 함께 IMF 때 만들어졌는데, '임시로 실시한다'는 정치권 공언과 달리 현재까지 계속 유지되고 있다. 노동자에게 불리하게 몇 번 더 개악되기도 했다.

한편, 파견업을 하려면 일정 조건을 갖추어야 한다. 크게 두 가지인데 첫째, 노동부 장관의 허가가 있을 것, 둘째, 파견 허용 업종일 것 또는 파견 금지 업종이 아닐 것이다. 위 두 가지 요건 중 하나라도 어기고 파견업을 하면 이를 '불법파견'이라고 한다. 합법적인 노동자 파견 관계가 성립하면 원청 사용자가 하청·파견업체 노동자에게 직접 업무 지시를 내려도 된다. '사용'과 '고용'이 분리되는 것이다. 즉 내가 고용한 직원을 남이 직접 사용하게 하고 나는 수수료를 떼서 먹는다.

현실에서 문제가 되는 것은, 원청이 하청 노동자에게 직접 업무 지시를 내리면서도 파견법상 위 두 가지 요건을 갖추지 않는 경우이다. 법적으로 약간 어렵게 말하면, '실질적인 사용 종속 관계'를 맺고 있으면서도 합법적인 파견근로 계약이 존재하지 않는 경우이다. 이를 불법파견이라고 하고 파견법에서는 원청이 하청 노동자를 직접고용 하라고 의무를 부여한다. 파견 노동자를 2년 초과하여 사용한 경우도 마찬가지다.

파견법 제6조의 2(고용의무) ① 사용사업주가 다음 각호의 어느 하나에 해당하는 경우에는 해당 파견근로자를 직접 고용하여야 한다.

1. 제5조 제1항의 근로자 파견 대상 업무에 해당하지 아니하는 업무에서 파견근로자를 사용하는 경우(제5조 제2항에 따라 근로자 파견 사업을 한 경우는 제외한다)

2. 제5조 제3항을 위반하여 파견근로자를 사용하는 경우

3. 제6조 제2항을 위반하여 2년을 초과하여 계속적으로 파견근로자를 사용하는 경우

4. 제6조 제4항을 위반하여 파견근로자를 사용하는 경우

5. 제7조 제3항을 위반하여 근로자파견의 역무를 제공받은 경우

그러니까, 파견업 대상이 아니거나 노동부 장관 허가가 없거나 2년을 초과하여 파견노동자를 사용하는 경우에는 직접 업무 지시를 내리는 파견 관계를 맺을 수 없고, 민법상 '도급계약' 즉 '일의 완성을 목적으로 하는 계약'을 체결해야 한다. 도급계약 관계에서는 원청 사용자가 하청 노동자에게 업무 지

시·감독을 할 수 없고 보고를 직접 받을 수 없다. 이를테면 수필 〈방망이 깎던 노인〉처럼 내가 돈을 주고 방망이를 받는 계약 관계다. 수필에서 손님이 노인에게 참견을 하니 노인이 얼마나 역정을 내던가. 노인은 방망이만 잘 깎아서 주면 그만이다. 손님은 방망이 깎는 방식, 내용, 장비 등에 관여할 수 없다. 이게 '일의 완성을 목적으로 하는 계약'인 도급계약이다. 그러니까 원청은 얼마나 불편한가. 애초에 직접 업무 지휘·명령·감독을 하고 바로 보고를 받아야 하는 일인데 직접고용 하려니 돈도 아깝고 법적 책임도 무섭다. 그래서 파견계약의 이점만 쏙 빼먹으려고 소위 '위장도급', '불법파견' 등의 범죄행위를 한다.

민법 제664조(도급의 의의) 도급은 당사자 일방이 어느 일을 완성할 것을 약정하고 상대방이 그 일의 결과에 대하여 보수를 지급할 것을 약정함으로써 그 효력이 생긴다.

하청업체는 노동자를 빌려주는 대행사에 불과하기 때문에 원청 관련 업무 지식도 없고 기술도 없고 장비도 없다. 그러니 원청이 직접 업무 지시를 해야 하고 일을 가르쳐야 하고 장비도 제공해야 한다. 그런데 그러려면 파견법상 파견업에 해당해야 하고 노동부 장관 허가도 받아야 한다. 이 두 요건을 다 갖춰서 노동자 파견계약을 합법적으로 체결한다 쳐도 파견노동자를 2년 초과해 사용하면 직접고용, 즉 정규직으로 채용해야 한다. 이 얼마나 불편한가. 그래서 꼼수가 만연하는 것이다. 형식상으로만 '도급계약'을 체결해 놓고 실제로는 원청이 하청 노동자와 직접 업무 지휘·명령·감독·보고 체계를 갖추고 일하는 것이다. 이를 '불법파견'이라고 한다. '위장도급', 즉 가짜 도급이라고 부르기도 한다.

엄밀히 말하면 '위장도급'에는 두 종류가 있다. 하나는 불법파견이고 또 하나는 '묵시적 근로계약 관계'라는 것인데, 전자는 하청업체가 그 실체, 즉 사무실, 직원, 등기 등 최소한의 형식은 갖춘 경우이고 후자는 하청업체가 아예 유령 업체, 페이퍼 컴퍼니에 불과한 경우를 말한다. 하청업체가 없는 것과 똑같은 '묵시적 근로계약 관계'에 해당하면 파견 관계 자체가 아니니까 파견법상 직접고용 의무이행도 필요 없고 그냥 그 하청 노동자가 원청 사업장에서 일을 시작한 날을 원청의 정식 직원으로 입사한 날로 '간주'한다. 현실적으로는 하청업체가 최소한의 형식상 실체 정도는 갖추고 있기 때문에 '위장도급' 사건은 대부분이 '불법파견' 사건이다.

부당노동행위란?

'부당노동행위' 역시 대학 시절 각종 노동자 투쟁 현장에서 배웠다. 노조법(노동조합 및 노동관계조정법)에 나온다. 사용자가 노동조합 활동을 방해하는 범죄를 말한다. 법에서 열거한 행위 중 현실에서 많이 발견되는 것들은 세 가지인데, 첫째 "노동조합에 가입 또는 가입하려고 하였거나 노동조합을 조직하려고 하였거나 기타 노동조합의 업무를 위한 정당한 행위를 이유로 그 근로자를 해고하거나 그 근로자에게 불이익을 주는 행위", 둘째 "근로자가 노동조합을 조직 또는 운영하는 것을 지배하거나 이에 개입하는 행위", 셋째 "근로자가 정당한 단체 행위에 참가한 것을 이유로 (…) 그 근로자를 해고하거나 그 근로자에게 불이익을 주는 행위"이다. 그리고 "노동조합의 대표자 또는 노동조합으로부터 위임을 받은 자와의 단체협약 체결 기타의 단체교섭을 정당한 이유 없이 거부하거나 해태하는 행위"도 드물지 않다.

이런 부당노동행위는 범죄행위로서 형사처벌 된다. 단순한 노사갈등 문제가 아니다. 2년 이하의 징역 또는 2,000만 원 이하의 벌금형이다. 위 노조법상 부당노동행위 조항은 헌법 제33조 제1항(근로자는 근로조건의 향상을 위하여 자주적인 단결권·단체교섭권 및 단체행동권을 가진다)의 명령에 따른 것이다. 노조 활동 방해 범죄 즉 부당노동행위는 헌법상 기본권을 침해하는 것으로서 중범죄에 속하는데 아직 사람들의 인식이 그렇지 않은 것 같다.

대기업을 뒤흔든 신세계이마트 노동자들의 싸움

변호사시험 직후인 2023년 1월 둘째 주부터 그렇게 권영국 변호사 사무실에 실무수습생으로 출근했다. 책상에는 내 키만큼의 서류가 쌓여 있었다. 당시 장하나 국회의원 등 정치권을 통해 접수된 공익 제보 내용이었다. 이제 분석을 시작해야 한다는 뜻이었다.

무식해서 용감하다고 했던가. 서류 더미에 용감하게 뛰어들어 밤낮, 휴일 없이 가열하게 검토하기 시작했다. 불법파견, 부당노동행위 증거가 넘쳐났다. 기타 근로기준법 등 관련 노동법을 위반한 체불임금, 복리후생 부족 문제도 있었다. 주요 증거를 추려 스캔한 후 한글 파일에 하나하나 붙여서 설명하는 형식으로 200여 페이지의 보고서가 만들어졌다.

보고서를 토대로 1월 말경 노동청에 진정을 제출했다. 불법파견의 경우 민사 법원에 '근로자지위확인 소송'을 할 수 있고, 부당노동행위의 경우 수사기관에 고소·고발을 할 수 있지만 두 가지 수단 모두 절차가 많고 종결 때까지 시간이 너무 오래 걸리기 때문에 일단 진정서를 제출해 노동청의 즉각 조사 및 시정을 강력히 요구한 것이다.

그런데 웬일인가. 고용노동부가 전국 노동청을 총동원해서 신세계이마트 그룹에 대해 전격적으로 특별 근로 감독을 실시하더니 불과 45일 만에 불법파견, 부당노동행위 사실을 공식적으로 인정했다. 정확히는 이마트가 전국 총 130개 지점 중 노동부 조사 대상인 24개 지점 가운데 한 군데를 제외한 23개 지점에서 판매 도급 직원 1,978명을 불법파견으로 사용해 왔다는 사실을 적발했다.

노동부는 원청인 이마트에 불법파견 노동자 1,978명을 법에 따라 직접고용 하라는 행정 조치를 취할 예정이라고 겁을 줬다. 이를 거부하면 197억 8,000만 원(1인당 1,000만 원)의 과태료를 부과할 수 있다고 더 세게 겁을 줬다. 또 이마트는 노동자 580명에게 해고 예고 수당, 연차휴가 미사용 수당 등 약 1억 100만 원을 지급하지 않은 것으로 드러났다. 여성 노동자의 동의를 받지 않은 채 야간·휴일 노동을 시키고 임신 중인 노동자에게 연장 노동을 시키는 등 근로기준법에 규정된 여성 보호 관련 조항도 위반했다. 단시간 노동자에 대한 성과급 및 복리후생비 등 차별 사례도 확인됐는데, 총 1,370명이 8억 1,500만 원을 받지 못한 것으로 조사됐다.

노동부는 위 조사 과정에서 이마트 서버 관리 업체인 신세계아이앤씨에 근로감독관과 검찰수사관 등 20여 명을 보내 세 번이나 압수수색을 실시했다. 노동부가 마음먹고 일을 하면 이렇게 잘한다. 노조 설립을 막기 위한 직원 사찰 등 이마트의 부당노동행위 혐의와 관련해서는 두 차례의 압수수색과 고소인, 참고인 등 46명을 소환조사 한 결과 일부 법을 위반한 사실을 발견했다. 노동부는 이후에 "부당노동행위 수사는 압수물 분석과 관련자 소환조사 등에 시간이 더 필요한 만큼, 추가 수사를 통해 혐의를 입증한 뒤 법에 따라 조치할 계획"이라고 계속 겁을 줬다.

그리고 이것은 또 무슨 일인가. 노동부 발표 4일 뒤인 3월 4일에 신세계이마트그룹이 "소모적 논쟁을 버리고 상생의 길을 택하겠다"며 특별 근로 감독에서 적발된 판매 도급 직원을 포함한 사내 하도급 직원 무려 1만여 명을 정규직으로 전환한다고 깜짝 발표했다. 정말 모두가 깜짝 놀랐다. 공익 제보자는 재단법인 호루라기가 선정하는 '올해의 호루라기상'을 수상했다.

참고로, 이후 최병렬 전 이마트 대표 등 임직원 다섯 명은 노조 설립에 가담한 직원들을 먼 타지역으로 발령 내거나 해고하는 등 불이익을 주고 노조 설립 홍보활동을 방해한 혐의로 기소되어 최종 징역형 내지 벌금형의 유죄 선고를 받았다. 이마트는 2012년 10월 8일부터 11월 2일까지 모두 24차례에 걸쳐 직원 25명을 민주노총 서비스연맹 사무실과 각 주거지 등에 잠복시켜 노조 설립 가담자들을 미행·감시했다. 이들은 채증과 미행을 위해 법인카드로 고성능 녹음기와 망원경을 구입하고 오토바이를 빌리기도 했다.

판결문에서 재판부는 "이마트의 노조 참가자 미행·감시 행위는 명백한 반노동조합 의사 아래 회사 차원에서 조직적으로 저질러진 것"이라며 조직범죄임을 명확히 했다. 당시 검찰의 노조법 위반 기소율은 1.5%, 법원이 노조법 위반으로 기소된 피고인에 대해 징역형을 선고하는 비율은 7%에 불과했다. 이처럼 이마트 사건에서는 이례적 진행이 연속되었다.

이때 실무수습생은 미몽迷夢에 빠졌다. 노동 사건이 생각보다 빠르게, 훌륭하게 처리된다는 미몽. 이 초짜의 꿈은 곧 이어질 삼성전자서비스 사건, 삼성지회 사건을 맞이하며 악몽惡夢으로 바뀐다. 그리고 10년이 지나 삼성 사건이 얼추 마무리된다.

80년 삼성 '흑역사'를 무너뜨린 다윗들

2013년 봄 신세계이마트 불법파견, 부당노동행위 사건이 얼추 마무리되던 즈음이었다. 두 명의 노동자가 '해우 법률사무소'로 찾아왔다. 신세계이마트 사건 뉴스에서 권영국 변호사와 내 이름이 자주 등장해서 우리 사무실로 상담하러 왔다고 했다. 그들은 '삼성전자서비스' 소속으로 삼성의 전자제품을 수리하는 노동자들이었다.

그런데 근로계약서상으로는 삼성이 아니고 하청업체 직원이라고 했다. 삼성전자서비스 원청 수리 직원들과 똑같은 일을 하고 업무 지시·감독, 교육·평가 모두 원청으로부터 받는데 하청 소속이란다. 위장도급, 불법파견이었다. 삼성이 헐값에 노동자를 쓰다가 마음대로 자르고, 또 필요하면 뽑고, 그러다가 다치면 책임도 안 지고 그리고 또 자르고 그렇게 하려고 위장도급, 즉 가짜 도급계약을 체결한 것이다. 다시 말해, 수리 업무

불온한 공익

를 하청업체에 위탁한다는 도급계약은 가짜고 실제로는 하청 수리 기사들과 직접 사용·종속 관계를 유지하고 있는 사실상의 근로계약 관계다.

이런 경우 법원은 '형식'보다 '실질'로 판단하기 때문에 하청 노동자들이 원청의 직원이라고 인정해 준다. 그러니까 삼성전 자서비스 노동자들이 이 '근로자지위확인 소송'을 하기 위해, '진짜 사용자'가 누군지 찾기 위해 우리 사무소로 왔다. 8년이 란 시간이 걸렸으나 결론만 말하자면 법원에서 진짜 사용자는 삼성이었음이 인정됐다. 그 길에 있었던 더 크고 많은 투쟁의 이야기를 하려 한다.

삼성과의 싸움이 지닌 무게, 그리고 슬픈 예감

두어 달 법률 검토 기간을 거친 후 2013년 여름부터 위에서 말한 두 삼성전자서비스 노동자가 마중물이 되어 소송 원고 모 집과 동시에 노조 조직화가 진행되었다. 민변, 국회의원들(장하 나, 은수미, 심상정), 민주노총 금속노조가 강력하게 지원하고 연 대했다. 권 변호사와 함께 삼성전자서비스 자료들을 검토하여 소송 제기 전 최초 법률 검토 작업으로서 위장도급 및 노동환 경에 대한 법률 의견서를 작성해 언론에 배포했다. 선전포고였 다. 어두운 망망대해에 부유하는 노동자들을 향한 등대 신호이기도 했다. 노동자들이 빠르게 모여들었다.

삼성전자서비스 노동자들은 삼성이라는 성 바깥에 모래알처럼 흩어져 있는 간접고용 노동자였다. 정규직화는 이들이 성안으로 들어가는 것을 의미했다. 그들은 일단 성 밖에서 뭉쳐서 노동조합이 되었다. 이제 정규직화가 되어 성안으로 들어가게 되면 자동으로 삼성에는 법적·실질적 최초의 민주 노조가이식되는 셈이다. '트로이의 목마' 같은 형태라고 할까. 그래서 시민사회와 노동계, 하청 수리 기사 당사자들은 동시에, 직감적으로 이 투쟁의 의미를 인지했다. 삼성전자서비스 현장에 국한되는 투쟁이 아니라 삼성그룹 전체, 그리고 삼성 무노조 신화로 대표되는 한국의 후진적 반노동 경영에 강한 전환을 일으킬 수 있는 싸움임을 깨달았다. 한편 슬프고 무섭게도, 그래서이 투쟁이 얼마나 어렵고 많은 희생을 불러올지에 대해서도 예감할 수밖에 없었다.

최종범·염호석, 두 노동자의 죽음

2013년 10월경까지 전국에서 원고 수백 명이 빠르게 모였다. 그 이상의 숫자가 노동조합원이 되었다. 그렇게 조직화 운동은 들불처럼 2014년까지 이어졌고, 한 해 만에 삼성전자서비스 노동자들은 삼성의 무노조 76년의 역사에 마침표를 찍었다. 아직 공식적으로 삼성의 직원은 아니었지만 말이다. 그전에 '삼성일반노조'가 있었고 에버랜드 노동자로 구성된 '금속노조 삼성지회'도 있었지만 그 구성원이 소수였던 것에 비해, 삼성전자서비스 노조는 수백 명에서 시작하여 후에 수천 명에 달했다. 그리고 노동조합이 주체가 되어 삼성과 단체협약을 최초로 체결했다는 점에서 2014년 삼성전자서비스지회의 투쟁은 특히 의미 있었다.

금속노조 삼성전자서비스지회는 2013년 7월 14일 386인의 조합원이 모인 자리에서 노동조합 출범식을 가졌다. 그리고 열흘 후인 24일, 삼성전자서비스지회는 삼성전자서비스 원청과 각 협력 업체에 교섭 요청 공문을 발송했다. 그러나 이때까지 원청과 협력 업체는 모두 무시로 일관했다. 오히려 삼성전자서비스 원청은 노조 활동이 활발한 센터에 본사 인력을 투입하여 조합원들의 일감을 빼앗는 방식으로 노조 활동을 위축시키려 했다. '표적 감사'라 하여 조합원들을 상대로 전면 감사를 실시하면서 무리하게 징계하기도 했다. 이런 노조 탄압이 이어졌고, 2013년 10월의 마지막 날, 천안에서 최종범 조합원이 "그동안 삼성서비스 다니며 너무 힘들었어요. 배고파 못 살았고 다들 너무 힘들어서 옆에서 보는 것도 힘들었어요"라는 유서를 남기고 스스로 목숨을 끊었다. 우리는 삼성에 의한 사회적 타살이라 해석했다.

삼성전자서비스지회는 '열사 투쟁' 국면을 맞이하여 삼성의 노조 탄압에 정면으로 맞설 것을 결의하고 극심한 추위 속에서도 서초동 삼성본관 앞에서 노숙 투쟁을 이어갔다. 조합원들의 요구는 지극히 당연한 것들이었다. "노동조합 인정하라", "건당 수수료 체계 폐지하고 기본급을 지급하라."

노동조합 결성권은 대한민국 최상위법인 헌법에 명시된 기본권이다. 그리고 건당 수수료 체계를 월급제로 바꿔달라는 것은 그야말로 최소한의 생존을 위한 요구였다. 대기 시간과 업무 준비 시간이 근로시간으로 인정되지 않는 현 체계에서는 성수기와 비수기의 임금격차가 천지 차이일 수밖에 없기 때문이다. 그런데 세계 초일류 기업이라는 삼성은 노동자들이 서초동 본관 앞에서 며칠 밤을 지새우며 호소해도 들은 체 만 체였다.

그러던 중 또 한 번의 비극적인 사건이 일어났다. 이듬해인 2014년 5월 17일, 또 한 명의 조합원이 스스로 세상을 떠난 것이다. 고故 염호석 조합원이다. 그는 부모님에게 남긴 유서에서 자신의 시신을 안치한 후 삼성전자서비스 투쟁이 승리하는 날, 그때 정동진에 화장해 달라고 했다.

경찰은 전투 병력을 동원해서 신성한 장례식장까지 밀고 들어와, 울부짖는 조합원들을 방패와 최루액으로 진압하고 시신을 강제로 탈취해 가는 충격적인 만행을 저질렀다. 또 한 번의 열사 투쟁과 그에 따른 대기업 삼성의 위기를 국가 공권력은 용납할 수 없었던 것이다. 군부독재 시절 민주투사가 목숨을 잃으면 '열사 투쟁' 국면이 되는 것을 막기 위해 중앙정보부,

안기부, 공안경찰들이 제일 먼저 한 일이 '시신 탈취'였다고 하는데 이것이 수십 년 만에, 21세기에 재현된 것이다. 다만 이제는 군부독재 정권이 아닌 삼성을 위해서라는 점만 달랐다.

경찰과 삼성, 두 골리앗에 맞선 다윗들

'고 염호석 삼성전자서비스 노조원 사건'을 통해 국가와 대기업이 맺는 관계가 어떠한지 여실히 드러났다. 이 사건에 대해 '경찰청 인권침해 진상조사위원회'(이하 '진상조사위')는 5년 뒤인 2019년 5월 14일, 경찰 지휘부에 "고 염호석 씨 모친의 장례 주재권 행사와 화장장 진입을 방해한 사실에 대해 사과할 것", "현행 경찰청과 그 소속기관 직제에 대한 시행령, 시행 규칙 내 경찰 정보활동의 범위를 경찰관직무집행법상 직무에 부합하도록 개정할 것" 등을 권고했다.

진상조사위 조사 결과를 보니 기가 찼다. '노조가 승리하는 날 장례를 치러달라'는 염호석 조합원의 유서가 발견됐음에도, 경찰은 유족을 설득할 수 있는 제3의 인물을 발굴해 사측에 소개하고 합의금까지 제시하는 등 사측 대리인처럼 사건에 적극 개입한 것으로 확인됐다. 또 이같이 사건에 개입한 경찰 인력 중 사건 관할 경찰서의 정보관들뿐만 아니라, 본청 및 지방청 소속 정보국 경찰도 있었던 것으로 확인됐다. 국가, 즉 정보 경찰이 사측 대리인 역할을 자임한 것이다.

유남영 진상조사위 위원장은 "이 사건을 조사하면서 경찰의 행위를 크게 세 가지로 구분할 수 있었다"며 다음과 같이 설명했다. '첫 번째로 경찰은 사측이 바라는 대로 노조장을 가족장으로 변경하기 위해, 친모를 배제한 채 삼성전자서비스 임직원과 유족과의 만남을 네 차례 주선했다. 이 과정에서 경찰 정보관들은 고인의 유족에게 영향력을 행사할 수 있는 제3의 인물인 이 모 씨(염호석 친부의 지인)를 경찰 정보망을 이용해 찾아내고, 해당 인사를 회사에 소개하고 합의금 액수까지 제시했다. 두 번째로 경찰 정보관들은 유족과 노조의 동향을 파악한 뒤, 이를 삼성전자서비스 임직원들에게 상세히 공유했다. 그리고 고인의 친모를 장례식에서 철저히 배제하고, 장례 마지막 날 화장장에서 고인의 유골을 볼 수 있는 기회를 빼앗기까지 했다. 마지막으로 경찰 정보관들은 장례식에 적극 개입해 노조가 장례식을 방해할 염려가 있다고 보고했다. 이는 경찰 정보 라인을 통해 빠르게 전파됐고, 이 정보를 접수한 경비 경찰은 경력을 동원해 가족장에 반대하는 노조원들을 물리적으로 제압했다.'

유 위원장은 경찰의 행위를 열거하면서 "저희가 보기에 경찰 정보관은 삼성전자서비스 대리인이었다"라는 이례적인 표현으로 비판했다. 이어 "이런 경찰의 개입 행위는 경찰직무집행법 제2조(직무의 범위) '치안정보의 수집·작성 및 배포'와 경찰법 제4조(권한남용의 금지)에서의 '국민 전체에 대한 봉사자로서의 공정성·중립성'을 위반한 것"이라고 강조했다. 이처럼 국가 공권력과 삼성이 합심한 공격에 비정규직 하청 수리 기사들은 맞서 싸웠다. 다윗이 두 명의 골리앗을 상대해야 했던 셈이다.

첫 승리, 80년 무노조 '신화'의 종식

염호석 조합원 장례 투쟁 과정에 쏟아진 경찰과 삼성의 탄압에도 조합원들은 굴하지 않고 서초동 삼성전자 사옥 앞에서 총파업 투쟁을 선언했다. 신규 조합원 가입률도 이 시기 급격히 상승하였다. 노동자의 권리는 국가와 기업이 베풀어주는 것이 아니라 노동자 스스로 쟁취하는 것이라는 사실을 삼성전자서비스 노동자들 모두가 스스로 깨닫기 시작한 분수령이었다.

결국 삼성전자서비스 노동자들은 2014년 6월 28일 삼성과 단체협상을 체결하기에 이르렀다. 비록 형식적으로는 협력 업체들로부터 교섭권을 위임받은 '한국경영자총협회'(이하 '경총') 와 맺은 것이지만, 실질적으로는 삼성전자서비스 노동자들의 근로조건에 대한 결정권을 가지고 있는 원청과 교섭을 했다고 보아도 무방했다. 이로써 '금속노조 삼성전자서비스지회'는 무노조 동토凍土인 삼성에서 처음으로 단체교섭을 체결한 노동조합이 되었다. 기본급 쟁취와 노조 인정 및 열사들에 대한 삼성의 사과라는 성과를 얻으면서 말이다.

분명히 한계는 있었다. 첫술에 배부를 수는 없기 때문이다. 우선 형식적인 교섭 상대방이 협력 업체들을 대리하는 경총이었던 점이다. 법원에서 불법파견을 쟁점으로 한 근로자지위확인 소송이 진행 중이었기 때문에 삼성으로서는 법원 판결 전에 원청 사용자로서 교섭에 공개적으로 나설 수 없었을 것이다. 그리고 전국 모든 센터가 일괄적으로 단체협상을 체결한 것이 아니라, 차후 센터별 단체협상의 기준이 되는 기본 협약안을 작성하는 데 그쳤다는 한계도 있다.

기본급을 생활임금 수준으로 높이는 것, 원청 사용자성의 공식적 인정 등은 앞으로 삼성전자서비스지회가 쟁취해야 할 과제였다. 이후 노조는 이마저 이루어 냈다. 말로 다 못 할 5년의 전투 끝에 2018년 5월경 삼성에서 직접고용 선언을 이끌어 냈다. 결국에 조직이 삼성의 성을 무너뜨리고 통째로 걸어 들어가서 80년 무노조 신화마저 종식시킨 것이다.

연이은 삼성 내 노동조합 설립

삼성이 삼성테크원과 삼성토탈을 매각한다고 발표한 이후 두 사업장 모두에서 노동조합이 설립되었다. 노동조합이 이렇게 신속하게 설립된 데에는 삼성전자서비스 투쟁의 영향이 컸다. 실제로 금속노조와 삼성전자서비스 노동자들이 발 벗고 나서서 위 다른 사업장의 노동자들을 도왔다.

일각에서는 '자신들의 처지가 불안해지자 이제야 노조를 만든다'며 백안시하기도 하지만 이는 잘못된 비판이다. 노동조합은 본래 그래서 만드는 것이다. 노동자가 열악한 자신의 근로조건을 개선하고 스스로 권리를 지키려고 결성하는 것이다. 즉 노동조합은 노동자 스스로가 내 이익을 지켜야겠다는 필요성을 느낄 때 만들어지는 것이고, 그렇게 만들어지는 노동조합이야말로 노동조합 본연의 목적과 의의에 정확히 들어맞는다. 노동 영역에서 우리 사회의 문제는, 노동자가 근로조건 개선의 필요성, 기본권 수호의 필요성을 절감하면서도 노동조합이라는 해결책을 찾지 않는다는 데 있다. 이렇게 볼 때 삼성전자서비스지회와 삼성테크윈, 삼성토탈 노동조합은 주체적으로 해답을 찾아나간 것이라고 평가할 수 있다.

삼성은, 삼성전자서비스지회 투쟁을 통하여 이제 더 이상 '무노조 경영'이 경영 철학이 될 수 없음을 깨달았을 것이다. 삼성의 무노조 경영, 반노조 정책은 헌법 제33조에 명시된 노동 삼권을 무시하는 것이고 국민의 대다수를 이루고 있는 노동자들의 기본권을 박탈함으로써 결국 국민 행복을 최고 가치로 삼고 있는 대한민국 헌정 질서를 파괴하여 국가에 해악을 끼치는 일이다. 이러한 점을 기업과 노동자가 공히 인식하고 모든 사업장에 노동조합이 설립된다면 그때부터 우리 사회의 국민 복지는 급격히 향상될 것이다.

5년 만에 뒤집힌 검찰 수사 결과

삼성전자서비스 투쟁이 시작된 2013년부터 우리는 삼성의 각종 노동 탄압 범죄에 대해 검찰에 고소·고발했다. 검찰 수사 결과가 처음에는 삼성 편이었다가 새로운 증거들로 재고소·고발한 끝에 5년 만에 노동자들 편으로 바뀌었다. 실로 사필귀정의 드라마였다.

2018년경 검찰의 재수사 결과 삼성전자서비스 원청이 하청 수리 기사들의 인사 및 업무에 구체적으로 개입한 사실이 드러났다. 노조를 파괴하기 위해 삼성전자서비스 원청이 협력 업체를 폐업시키고, 돈을 찔러주면서 탈퇴시키고, 고 염호석 조합원 시신을 탈취해 장례 투쟁을 무력화하려 한 증거까지 다수 발견됐다. 불법파견과 부당노동행위가 사실이었음이 입증된 것이다.

하지만 그 5년 전에는 노동부도, 검찰도, 법원도 모두 삼성의 손을 들어줬다. 2018년에 검찰이 발표한 내용과 언론 단독 보도들은 사실 노동자들이 5년 동안 목이 터져라 폭로하던 것들이었다. 서운함을 말하기 위함이 아니다. 변화한 상황이 감사할 따름이었다. 다만 우리 사회가 노동자의 이야기를 최소한의 객관성과 공정성을 가지고 들어왔는지, 삼성의 벽 앞에서 함께 진실을 덮는 공범이었던 적은 없는지 함께 반성해 보자는 것이다.

예컨대, 2013년 10월에 'S그룹 노사 전략'이라는 제목의 문건이 심상정 국회의원을 통해 폭로됐다. 삼성그룹 차원에서 작성해 실행한 노조 파괴 시나리오였다. 당시 노동부와 검찰은 해당 문건을 삼성그룹 차원에서 작성했다고 보기 어렵다고 해석하며 실제 부당노동행위 실행이 확인된 실무자 네 명을 제외한 그룹 임직원 모두를 무혐의 처분했다.

그런데 2018년 공개된 2013년 당시 노동부의 내부 수사 보고서를 보면 문건 작성자는 삼성경제연구소, 작성 지시자는 삼성인력개발원, 그리고 총괄 수습 단위는 삼성 컨트롤타워인 미래전략실이었다는 것이 그대로 서술되어 있다. 2013년 당시 노동부와 검찰은 삼성그룹 차원에서 문건을 작성했다는 점과 작성자, 실행자들의 실명까지 이미 파악하고 있었음에도 무혐의 처분을 내렸다는 얘기다. 어떤 정무적인 이유로 삼성을 봐준 것이다. 심지어 피해자 노동자의 부당해고 관련 사건 1, 2심 재판부와 대법원이 "문건은 삼성이 작성했으며 이는 노조를 파괴하기 위한 불법적 내용으로 가득 차 있다"고 판단했음에도 이러한 법원 판결까지 무시한 채 말이다.

2018년 수사 결과가 바로잡힐 때까지, 5년 동안 'S그룹 노사 전략' 문건에서 계획된 내용들은 삼성지회와 삼성전자서비스지회 노동자들에게 차례차례 그대로 실행됐다. 수사기관이 2013년, 2014년 최초의 수사 결과를 양심적으로 발표했다면 대부분 막을 수 있던 비극이다. 에버랜드에서 일하던 '금속노조 삼성지회' 조합원은 해고를 당해 5년 동안 밥벌이도 없이 법정과 거리를 헤매었다. 삼성전자서비스 노동자들은 표적 감사와 일감 빼앗기, 노골적인 왕따와 협박 속에서 형언할 수 없는 고통을 겪었다. 그 과정에서 2013년 겨울 최종범, 2014년 여름 염호석 조합원이 스스로 세상을 떠났다. 둘 다 유서에 삼성 노조 파괴를 규탄하고 조합원들의 투쟁을 위해 희생한다는 말을 남겼다.

삼성은 염호석 열사가 떠난 직후 "노조원 1명 탈퇴"라며 노조 파괴 성과의 보고 사항으로 적었다고 한다. 그리고 누군가 고인의 아버지에게 6억 원을 건넸고, 장례는 고인이 원했던 노조장이 아닌 가족장으로 바뀌었다. 그 후 경찰은 시신을 빼앗아 피 울음 쏟는 동료 조합원들과 어머니 눈앞에서 화장해 버렸다. 법을 이야기하기 전에 삼성과 국가는 천륜을 어겼다. 그래도 노동자들은 단지 사적인 복수를 하려는 것이 아니었다. 억울하게 세상을 떠난 노동자들, 삼성의 80년 노동 탄압 역사 속에서 말 없이 착취당하고 이유도 모른 채 경제적·육체적으로 고통을 겪었을 노동자들을 대표하여 비극 속에서도 희망을 찾고, 끝내 꿈을 이루고자 한 긍정적이고 적극적인 노력들이었다.

법원에서도 승리하다

삼성은 70년 넘게 이어져 온 무노조 경영을 '신화'로 불렀다.

불온한 공익

그러나 이는 신화가 아니라 '흑역사'다. 이 흑역사의 주인공인 삼성그룹 임직원들에 대한 실형 판결이 드디어 2022년 2월과 3월에 연이어 대법원에서 확정됐다.

2022년 3월 17일 대법원은 삼성그룹이 삼성에버랜드 노조를 무너뜨리기 위해 조직 차원에서 움직였다고 판단했다. 강경훈 삼성전자 부사장은 징역 1년 4개월을 받았다. 이 외에도 노조 파괴 주범인 임직원 12명에 대해 대법원은 징역형 및 벌금의 유죄 선고를 내렸다. 강 전 부사장은 경찰 출신이었다. 삼성은 경찰 출신을 지속적으로 특채로 고용해 왔다. 이렇듯 헌법을 농락하는 삼성 무노조 경영은 국가 공권력과 삼성의 합작품이었다. 강 전 부사장은 2011년 6월부터 2018년 3월까지 7년 동안 삼성그룹 미래전략실에서 근무하면서 어용노조를 설립하는 등의 방식으로 에버랜드 노동자들의 노조 활동을 방해해 왔다.

2022년 2월 4일 대법원에서 삼성전자서비스 노조 파괴 행위에 연루된 임직원 30여 명에 대해 유죄가 확정됐다. 마찬가지로 법원은 이 사건을 삼성그룹의 조직적 범죄로 판단했다. 이로써 삼성 노조 파괴에 대한 형사재판은 모두 끝났다. 고소·고발부터 판결 확정까지 10년의 세월이다.

한편 2022년 4월 14일에는 삼성에버랜드의 노동조합인 금속노조 삼성지회도 사용자인 삼성물산과 처음으로 단체협약을 체결했다. 2011년 설립된 삼성지회가 11년 만에 얻은 성과다. 참고로 지금까지 에버랜드에서는 삼성그룹이 '방탄용'으로 설립한 어용노조가 계속 '엉터리' 단체협상을 체결해 왔는데, 법원은 이 어용노조와 삼성이 공범이라며 어용노조 위원장 두 명에게 부당노동행위 유죄를 선고했다. 어용노조가 회사와 함께 노조 파괴 혐의로 처벌된 이례적인 사건이었다.

그리고 끝내 '진짜 노조'인 금속노조 삼성지회가 교섭 대표 노조가 됐고 '진짜 단협'을 정식으로 맺었다. 삼성지회 임원들은 지난 10년 동안 전원이 징계받거나 해고됐다. 그 징계와 해고는 삼성 노조 파괴 범죄의 일환이므로 무효이며, 이미 삼성이 민사상 손해배상책임까지 져야 한다는 판결이 나왔다. 삼성 그룹 전체와 맞서야 했던 네댓 명의 에버랜드 노동자들은 그간 어떤 시간을 보냈을까. 가시덤불을 뚫고 가는 고통의 시간이었을 것이다. 대중의 지지와 시민사회의 연대가 없었다면 싸움을 계속하기 어려웠을 것이다.

삼성전자서비스지회는 투쟁 끝에 2019년 1월, 사측과 합의로 정규직 전환을 최종적으로 쟁취했다. 소송의 경우 근로자지위확인 소송 1심에서는 불법파견이 인정되지 않았으나 2022년 1월 26일 항소심 선고에서 1심이 뒤집혀 승소했다. 나는 고속도로 운전 중 전화로 소식을 듣고 울음이 터져서 휴게소에 차를 세우고 소리 내어 실컷 통곡했다. '맞다고 했잖아. 우리가 맞다고 했잖아.' 서럽게 혼잣말하며 울었다. 9년 만의 일이다. 기적적이지만 법리적으로는 너무나 당연한 결과였다. 현재 대법원 계류 중이다.

삼성의 '무노조 정책' 폐기 선언

이재용 삼성전자 부회장은 2020년 5월 무노조 경영에 대해 사과하고 무노조 정책 폐기를 선언했다. 삼성에버랜드, 삼성전자서비스 노동자 투쟁 승리의 기세로 이후에 삼성웰스토리, 에스원, 삼성디스플레이, 삼성화재, 그리고 삼성전자에까지 노조가 만들어졌다. 삼성그룹 노조는 현재 13개로 '삼성그룹노동조합연대'를 결성해 활동 중이다. 삼성 무노조 역사가 무너졌다. 실로 노골적인 삼성의 반헌법·불법·인권유린 정책이 1987년 민주화 이후 30년이 지난 후에야 바로잡혔다. 21세기에 홀로 전근대에 머물 수 있던 삼성의 힘은 대체 얼마나 강력했던가. 삼성 내 노조 결성, 단체협약 최초 체결, 비정규직 정규직 전환, 경영진 형사처벌과 같은 성과가 특히 의미 있는 이유는 상대가 삼성이거나 '최초'라는 타이틀 때문이 아니다. 노동자 스스로의 힘으로 얻어낸 결과여서 그렇다.

2014년 강남역 삼성 본관 앞에서 노상 투쟁을 하던 어느 여름, 삼성전자서비스 노동자들 앞에서 말할 기회가 있었다. "우리가 쟁취해 온 것만이 우리 재산입니다. 저들이 먼저 내어준 것은 우리 것이 아닙니다. 저들이 먼저 내어준 것은 저들이 다시 가져가더라도 우리가 항의 못 합니다. 절도라고 당당하게 신고 못 합니다. 그런데 우리가 우리 힘으로 가져온 것은 절대 저들이 먼저 못 가져갑니다. 저들이 가져가면 절도로 신고할 수 있고 다시 빼앗아 올 수 있습니다. 그러니까 기다리지 맙시다. 안심하지 맙시다." 대강 이런 주제넘은 발언이었다.

앞서 설명한 것처럼 삼성 사건에서 법원의 판결은 늘 노동자의 성취보다 늦다. 노동자가 헌법상 기본권인 '노동삼권'을 즉시 행사해 버리는 게 소송보다 훨씬 빠르다는 의미다. 그렇다. 우리나라는 법률에 의한 판결 이전에, 법률보다 더 높은 헌법에다가 '노동삼권'을 명시하여 일상에서 단결권·단체행동권·단체교섭권이 보장되도록 해놓았다. 소송은 늦고, 지연된 정의는 정의가 아니다. 정의는 당장 실현해야 한다. 그래서 노동자는 법원이 아니라, 헌법이 공인한 기구인 노동조합을 통해 즉시 정의와 기본권을 지킬 수 있고, 그렇게 해야 한다. 이것이 바로 헌법 제33조 '노동삼권'의 의의다. 이를 잊어서는 안 된다.

간략히 소개한 삼성 노조의 이야기를 교훈 삼아 다른 현장의 노동자들도 용기를 내기 바란다. 한국의 노조 조직률은 아직 14% 정도에 불과하다. 권리 앞에 잠자는 자를 누구도 대신 지켜 주지 않는다. 떠들지 않으면 쳐다보지 않는다. 삼성 노동자의 투쟁에는 시민사회와 각계 전문가, 언론이 적극 연대한 힘도 컸다. 이러한 사회적 연대의 흐름이 계속 이어지기를 또한 희망한다.

불량 노동조합
: 삼성에버랜드 '어용노조 설립 무효' 소송 사건

학교에는 불량 학생, 보통 학생, 모범 학생이 섞여 있다. 제 이익과 편의를 위해 동료 학생을 괴롭히는 학생은 불량 학생이다. 선생님은 불량 학생의 불량한 행동을 발견한 경우 꾸짖고 교화할 의무가 있다. 통상의 선생님들은 그렇게 한다. 학교의 규칙과 사회의 도덕이 있기 때문이다. 모든 학생이 행복하게 공존할 수 있게 하기 위함이다.

우리 노동조합 및 노동관계조정법(노조법)에서는 노동조합을 이렇게 정의한다. "근로자가 주체가 되어 자주적으로 단결해 근로조건의 유지·개선 기타 근로자의 경제적·사회적 지위의 향상을 도모함을 목적으로 조직하는 단체 또는 그 연합단체."

이에 우리 법원은 노동조합이 자주성과 독립성을 갖추지 못하면 노동조합이 아니라고 판결한다. 이를테면 이른바 '어용 노조'라고 해 사용자의 수족 또는 회사의 하부 기관에 불과한 노동조합이 여기에 해당한다. 법원은 구체적으로 '노동조합 설립 무효 확인의 청구'를 인용하며 해당 노동조합의 존재 자체를 부정한다. 자격을 박탈해도 될 정도로 '불량 노동조합'이라는 것이다. 학생으로 치면 퇴학이다.

삼성 노동자들을 돕던 변호사들은 민주노총 금속노조를 대리하여 에버랜드 어용노조를 상대로 '노동조합 설립 무효 확인의 청구'를 제기했다. 이론상 가능하지만 실험적인 소송이었다.

2021년 8월 26일 법원은 삼성에버랜드에 설립된 한국노총 소속 '에버랜드노동조합' 설립이 무효라고 판결했다. 어용노조가 상소했으나 원심은 그대로 최종 확정되었다. 그 근거로 ① 노조가 삼성의 비노조 경영 방침을 유지하고 향후 자생적 노조가 설립될 경우 그 활동을 방해할 목적으로 사용자의 전적인 계획과 주도하에 설립된 점, ② 회사가 자체 검증을 거쳐 노조 위원장 등 노조원을 선정한 점, ③ 노조 설립 직후 회사와 2011년 임금 및 단체협약을 체결한 것이 진성 노조의 단체교섭 요구를 봉쇄하기 위한 것이었던 점 등을 들었다. 재판부는 "피고 노조는 그 조직이나 운영을 지배하려는 사용자의 부당노동행위에 의해 설립된 것으로서 헌법 및 노동조합법이 규정한 실질적 요건을 갖추지 못해 그 설립이 무효라고 봄이 타당하다"고 했다.

에버랜드노동조합은 2011년 7월 옛 삼성 미래전략실 인사지원 파트와 에버랜드 인사지원실이 주축이 되어 설립한 어용노조다. 당시 삼성은 진성眞性 노조 즉 '진짜'인 민주 노조가 설립될 경우를 대비해 '진성 노조를 무력화하기 위한 어용노조를 만든다'는 내용이 포함된 'S그룹 노사 전략' 문건을 작성했다. 삼성은 2011년 노동자들이 민주적인 노조 설립을 추진하자 복수 노조가 허용된 2011년 7월 직전에 미래전략실 주도하에 에버랜드 인사·노무 담당자들을 중심으로 비상 상황실을 설립했고, 조직적인 노조 파괴 공작 차원에서 어용노조를 설립했다. 그후 진성 노조인 금속노조 삼성지회 대신 단체협약을 체결하는 등 회사의 의도대로 어용노조가 형식적인 노동자 대표 역할을 해왔다. 어용노조는 진성 노조가 단체교섭을 요구할 수 없도록 방해했다. 삼성은 진성 노조 간부들을 부당하게 징계하고 해고했다. 이 징계 및 해고는 모두 법원에서 부당함을 인정받아 이미 무효화된 바 있다.

진성 노조 파괴 계획을 세우고 실행한 삼성그룹 간부들은 이후 구속기소 되었다. 특히 '부당노동행위' 범죄에 있어서 이례적이게도 1, 2심 모두 삼성전자 부사장 등에 대해 징역형의 실형을 선고했다. 이재용 부회장은 2020년 5월 삼성의 노조파괴 역사에 대해 대국민 사과를 했다. 어용노조의 1·2기 위원장도 삼성과 공동정범으로 징역형을 선고받았다. 같은 노동자이면서 동료 노동자를 괴롭히고 민주 노조를 깨기 위해 사측과 함께 범죄를 저지르다가 징역형을 받게 되다니, 일제 부역자와 무엇이 다르냐는 비판이 나왔다. 한국노총의 입장 표명은 없었다. 어용노조에 대한 한국노총의 조사나 징계도 전혀 없었다. 한국노총은 역사가 오래된 훌륭한 조직이다. 노동법과 제도개선, 노동인권을 위해 치열하게 노력하는 조직이다. 소속 노동조합은 대부분 건강하고 자주적이다. 그러나 일부 '불량 노동조합' 사건에 대해 의견 표명을 하지 않는 점이 당시 무척 아쉬웠다.

불량 학생의 불량 행위를 발견하고도 묵인하는 선생과 학교의 태도는 불량 학생에게 힘을 실어준다. 불량 학생 지망생이 자라난다. 보통의 학생들은 학교를 냉소하고 교과서를 집어던지며 절망한다. 그렇게 되면 그곳은 더는 학교가 아니게 된다.

피고 노동조합 설립은 무효임을 확인한다.

2021년 8월 26일, 삼성 노동자들이 방청석에 자리했던, 수원지법 법정에 울려 퍼진 판결 내용을 모두가 매섭게 기억하기를 바란다.

불온한 공익

이혼하기 쉬운 나라가 행복한 나라

변호사 일을 시작하고 꿈이 하나 생겼다. 제주도에 내려가 자전거 타고 낚시하고 서핑을 즐기며 유유자적 사는 꿈이다. 함께할 짝이 있으면 더 좋겠다는 생각도 한 적 있다. 그래도 결혼 제도에 편입되는 인생 계획에 대해서는 심각하게 고민하지 않을 수 없다. 이혼 사건을 진행하면서 안 좋은 모습들을 많이 봐왔기 때문이다. 그리고 나이가 마흔에 가까워지면서 주위에 '다시 돌아오는' 사람들을 다수 목격해 오고 있기 때문이다.

이혼하려고 재판까지 오는 이들은 협의 이혼에 실패한 사람들이다. 구체적으로는, 재산분할이나 자녀 양육권에서 의견 조율이 안 돼서다. 또는 한 사람이 어떤 범행이나 불륜의 가해자, 한 사람은 피해자가 되는 경우인데, 이때는 단순히 재산, 자녀 양육권의 문제보다 사건이 '축축하게' 진행된다. 당사자는 눈물, 대리인은 땀이 난다는 말이다.

"행복한 가정은 다 비슷하지만 불행한 가정은 저마다의 이유로 불행하다." 톨스토이의 소설 《안나 카레니나》의 유명한 첫 문장이다. 마찬가지로 결혼은 대체로 비슷한 모습이지만, 이혼의 모습은 제각각이다. 제각각 얼마나 고통스러운지 그 사례를 일일이 다 소개하기는 어렵다.

외도는 죄인가

한번은 젊은 남성이 찾아왔다. 부인의 외도로 이혼소송을 원했다. 재판이 진행되자 부인 측은 외도를 인정했다. 그런데 그 전에 남편의 지속적인 폭행이 있었음이 드러났다. 나는 생각했다. '마음이 떠난 후 다른 사람을 사랑하는 건 자연스러운 일 아닌가. 심지어 남편이 때리기까지 했으면 외도를 안 하는 게 더 희한한 일이다.' 그러나 우리 사회는 결혼이 종료되기 전에 누군가 외도를 하면 도덕적으로 비난하고 법적 책임까지 묻는다. 몇 해 전까지는 간통죄로 형사처벌 하기도 했다. 그런데 연애를 할 때는 애인에게 폭행당한 여성이 다른 상대와 교제하더라도 욕하지 않는다. 오히려 잘했다고 한다.

이렇게 보면 결혼이라는 제도가 삶을 참 부자연스럽고 이상하게 만드는 것 같다. 이혼 재판을 해보면 느끼게 된다. 배우자에게 폭행을 당한 피해자라도 그가 외도를 했다면 법원은 혼인 파탄에 있어서 일정 부분 외도자의 책임을 따진다. 정상 참작은 해주더라도 법원은 외도 자체를 문제로 여긴다. 그리고 판결과는 별개로, 외도를 한 자는 상대방과 변호사로부터 말과 글로 공격받는다. 이게 과연 정당하고 공정한가? 잘 모르겠다.

소송은 극심한 스트레스를 주며, 느리게 진행되기 때문에 형벌 그 자체다. 결혼이라는 제도 때문에 불공정한 책임을 뒤집어쓰게 되고, 결혼이라는 제도에서 빠져나오는 과정 자체로 고통스럽게 벌 받는다. 조직폭력배가 조직에서 탈퇴하기 위해 자기 신체를 훼손해야만 하는 영화의 한 장면을 보는 듯하다.

폭행당한 후에 가해자 배우자를 향한 사랑이 사라져서 외도를 한 상대방 배우자가 재판에서 가해자와 판사에게 이혼을 구걸해야 하고, 재판이 끝날 때까지 무간지옥無間地獄의 고통에 시달리는 게 옳을까. 나는 폭행 가해자의 대리인이었으나 서면에서나마 폭행을 합리화하지 않고 반성했다. 상대방의 외도에 대한 지적은 최소한으로 하고 표현에 예의를 갖추었다. 그녀가 상처받지 않기를 바랐기 때문이다. 법정에서는 재판을 조속히 종결하기 위해 양측을 설득해 조정을 신청했다. 첫 번째 조정 기일에 조정이 성립됐다. 재산을 반 정도로 나누고 위자료는 묻지 않는 대신에 아이는 나의 의뢰인이 양육하기로 했다. 결과만 보면 불필요한 진흙탕 싸움을 한 뒤 얻게 될 판결과 대동소이하거나 오히려 더 나았다. 말과 글로 할퀴고 다투었다면 누구도 헤어 나올 수 없는 질식의 늪이 펼쳐졌을 것이다.

이혼하기 쉬운 나라가 행복한 나라

우리 헌법과 민법은 결혼을 너무 신성시한다. 동아시아 유교문화의 특성도 있겠고, 해방 이후 국가에 의한 개발, 성장 중심의 중앙집중식 자본주의를 급격히 진행한 탓도 있다. 국가는 '복지'를 사사로운 것, 부차적인 것으로 여기면서도 그 필요를 무시할 수는 없어서 복지 또는 일상적인 복리후생의 책임을 결혼에 의한 가정의 울타리 안으로 다 밀어 넣어 버렸다. 그래서 결혼을 통한 가족 구성이 마치 국민의 신성한 의무인 양 여겨진다. 이는 곧 이혼을 죄악시하고 반사회적 행동, 반국가적 이기주의로 여기는 풍토로 자연스레 연결된다. 참으로 무서운 역사, 숨 막히는 사회 분위기다. 한편 우리가 몽매한 탓도 있다. 남들 눈을 의식하고 남들과 똑같이 사는 것을 안전하게 생각하며 그렇지 않으면 공포를 느끼는 한국 사회 특유의 변질된 집단주의. 이 독특한 집단의식은 위에서 설명한 국가의 기조를 비판 없이 떠받치는 강력한 토양이 된다.

서류 업무만 봐도 부부관계를 만드는 절차는 간단한데 그 관계를 깨는 절차는 대단히 복잡하고 어렵다. 법률상 이혼 청구 자격 및 이혼 사유 역시 그렇다. 미국, 유럽을 비롯한 많은 나라들은 이혼 사유로 '파탄주의'를 택한다. 즉 객관적으로 볼 때 혼인이 더 이상 유지되기가 어려운 '파탄' 상태임이 입증되면 법원에서 이혼이 가능하다. 그 이혼 청구와 입증은 부부 중 누구라도 하면 된다. 그런데 우리나라는 '유책주의'라고 해서 혼인 파탄에 책임이 있는 자는 이혼을 청구할 수 없도록 해놨다. 외도 당사자가 이혼 청구를 하면 그 부부관계가 아무리 처참한 파탄 상태여도 소송은 바로 기각된다. 이게 타당한가. 반대의 목소리가 높지만 우리는 여전히 이혼을 하기 까다로운 제도적 상태에 있다.

민법상 이혼 사유를 규정한 법률도 열거식으로 만들어놨고 단 여섯 개에 불과하다. 민법 제840조는 △ 배우자에 부정한 행위가 있었을 때 △ 배우자가 악의로 다른 일방을 유기한 때 △ 배우자나 그 직계존속으로부터 심히 부당한 대우를 받았을 때 △ 자기의 직계존속이 배우자로부터 심히 부당한 대우를 받았을 때 △ 배우자의 생사가 3년 이상 분명하지 아니한 때 △ 기타 혼인을 계속하기 어려운 중대한 사유가 있을 때 등 여섯 가지 사유를 재판상 이혼의 원인으로 정하고 있다. 물론 위 여섯 개 사유 중 '기타' 부분을 넓게 해석하는 방법으로 법원이 운용의 묘를 부리고는 있다. 그래도 그 외 구체적인 다섯 개의 사유가 보여주는 중대성 수준만큼 '기타' 사유가 인정되어야 이혼 사유로 포섭될 수 있기 때문에 매우 어렵다. 즉 '파탄주의'를 기반으로 한 외국과 달리 당사자 의사에 의한 자유로운 재판상 이혼은 대단히 어렵다.

그래서 이혼을 안 해주고 버티는 일이 부지기수다. 잘못을 저지른 배우자의 상대방은 분노에 휩싸이기 마련이고 그가 할 수 있는 가장 효과적인 복수는 이혼을 안 해주는 것이다. 유책 배우자는 속이 터질 지경이다. 피해자도 고통스럽기는 마찬가지다. 그래도 이혼을 안 해준다. '누구 좋으라고?' 드라마에 자주 등장하는 이 대사는 현실에서는 더 자주 등장한다. 내가 괴롭더라도 상대방을 괴롭히는 걸 멈출 수 없는 형국이다. 국가가 '유책주의', 이혼 사유 열거주의를 택함으로써 이런 비극 상태를 조장하는 셈이다. 부부관계가 파탄 난 게 분명한데, 이 가정이 유지되면 될수록 모두의 불행만 커질 게 뻔한데 국가가 이혼을 강제로 막는다. 이혼하기 어려운 나라는 불행한 나라다. 이혼하기 쉬운 나라가 행복한 나라다.

모두의 패배

험난하게 끝까지 간 이혼소송이 있었다. 부부간에 큰 사고가 있진 않았지만 돈과 자존심 문제가 뒤섞여 10년 이상 꼬인 사례였다. 이쪽에서 A를 말하면 저쪽에서 B를 말하고, 다시 이쪽에서 반박하면서 C를 말하는 식으로 재판이 진행됐다. 결혼생활 동안 묵혀둔 자잘한 에피소드들이 대하드라마처럼 쏟아졌다. 양측은 서로가 지쳐가는 모습을 관찰하고 있었다. 내가 다치더라도 상대방에게 한 방이라도 더 먹이려고 이성을 잃은 사람들처럼 보였다. 쌍방 변호사들은 당사자들의 원초적인 분노와 충동이라는 강물에서 제 한 몸 빠져나오기도 어려웠다. 판사도 여러 번 조정을 시도했으나 당사자들의 강한 거부로 번번이 결렬되었고, 어쩔 수 없이 상호 주장 및 반박이 끝날 때까지 재판만 열어주고 있었다.

그렇게 2년이 지났다. 어느 날 재판 직후 상대방 어머니가 법원 복도에서 내 팔을 붙잡고 면전에 소리쳤다. "우리가 너한테 어떻게 했는데. 이 ××년아!" 그 순간 '저는 남자인데요'라고 대답할 뻔했다. 그 어머니는 가족들의 만류로 멀어져 가면서도 나를 향해 '년'이 들어가는 욕을 몇 번 더 했다. 가만히 복기해보니 그 어머니는 내게 욕을 한 게 아니라 나를 며느리로 간주하고 화를 쏟아낸 것이 아닐까 싶었다. 며느리인 내 의뢰인도 바로 앞에 있었는데 왜 그랬을까. 아마도 옛정이 떠올라서, 어떤 복잡한 마음이 들어서 차마 당사자에게는 욕하지 못하고 나에게 한 것이 아닌가라는 생각도 들었다.

얼마 후 나온 1심 판결은 양측 모두의 마음에 차지 않았다. 애초에 양측 모두 상대의 완전한 굴복을 원했기 때문이다. 하지만 그런 판결이 나올 가능성은 굉장히 희박하다. 의뢰인은 나를 쌀쌀맞게 대했다. 나는 대리인으로서 실패했다. 2심은 맡지 않겠다고 했다.

함께하는 삶이란 무엇인가

한참의 시간이 지난 어느 날 오후였다. 백발의 노부부가 사무실로 찾아왔다. 앉자마자 남편은 "변호사님, 이 사람이 이혼을 하자고 합니다. 부디 제가 잘못한 게 없다는 판결을 내려주십시오"라고 말했다. 웃음을 참으며 대답했다. "할아버지, 판결 내리는 사람은 판사고요, 저는 변호사여서 말씀만 들어 드릴게요." 그러자 부인이 조곤조곤 남편에 대해 얘기한다. 과수원 낙엽 청소를 안 하고, 양치 후 거품을 욕조에 뱉고, 강아지에게 소리를 지른다는 등의 '혐의'였다. 부인 얘기로 한 시간 정도가 지났다. 내가 말할 차례인 것 같았다.

"할아버지, 이제 할머니 이야기대로 잘해주세요." 남편은 반박하지 않았고 부인이 일어나자 따라나섰다. 창밖을 보니 두 사람이 나란히 맞은편 백반집으로 들어가고 있었다. 백반집 옆에는 초록 잎을 품은 나무가 서 있었다. 그 너머 보이지 않는 뒤편, 내 상상 속의 제주도 바닷가에서 누군가의 손을 잡고 있는 나의 모습과 혼자 서 있는 나의 모습을 번갈아 상상해 봤다. 함께하는 삶이란 어떤 것일까. 함께 살기 위해선 어떻게 해야 할까. 결혼계약서에 도장만 찍으면 되는 일일까. 고민이 밀려온다.

이혼 축하

누군가와 함께 살아가려면 결혼이라는 제도, 어떤 계약, 형식적인 약조가 중요한 게 아니라 계속하여 상대방을 배려하고 상대방에게 매력적인 사람이 되기 위한 '노오력'이 필수라고 생각한다. 배우자가 나에게 사랑의 감정을 느낄 수 있도록 노력을 해야지, 애를 써야지, 그저 '우리는 결혼한 부부야', '아이들 때문에 기어이 가정을 유지해야 해', '우리 결혼식에 온 사람들한테 쪽팔려서 이혼은 안 돼' 이런 이유로 결혼 관계를 이어나가는 것은 서로의 인생을 부패시키는 일이다.

노력을 하기 싫거나 도저히 사랑의 감정이 살아나지 않으면 깔끔하게 이별하고 각자 행복한 삶을 찾는 것 말고 다른 방법이 떠오르지 않는다. 아직 결혼을 안 해봐서 하는 말이라 여길지는 모르겠으나, 결혼을 안 해본 입장에서 기혼자들의 분쟁을 보면 나 역시 이해가 안 되는 부분이 많다. 사회에서 '정상'적인 인생 경로로 인정하는 '정상' 부부관계를 유지하기 위한 맹목에서 비롯되는 집착과 허위의식 때문에 지옥 같은 결혼 생활을 놓지 못하는 이들을 볼 때 그렇다. 길게 보면 그런 억지 결혼 생활이야말로 자아와 심신의 건강을 파멸시켜서 '정상' 범주에서 자신을 점점 멀어지게 만드는 길이고, 결혼식 때 왔던 하객들을 포함하여 본인을 사랑하는 주변 사람들이 원하는 길이 절대 아니며, 성장기 자녀에게도 치명적인 상처만 남긴다.

인터넷으로 몇만 원짜리 물건을 살 때도 여러 사이트를 접속해 비교해 보고, 구매자 리뷰를 읽어보고, 성분과 원산지를 조사하는 등 상당히 계획적이고 꼼꼼하게 알아본다. 그런데 인류지대사라고 하는 결혼을 할 때는 대체로 그렇지 않은 듯하다. 상대를 너무 겪어보지 않은 채, 정말 잘 모른 채 쉽게 믿고, 혼기婚期라고 하는 이상한 사회 기준에서 벗어나지 않기 위해 특정 나이를 기한으로 두고 조급해하며 경솔하게 결혼을 결정해 버린다. 상대방의 직업, 경제력, 학벌, 가족의 사회적 배경 등의 껍데기, 즉 속물적 조건이 어느 정도 만족이 되면 결혼 참 잘했다고 자타自他가 평가한다.

나는 특별하게 친한 사람 외에는 웬만해선 결혼식장에 가지 않는다. 진심으로 축하하기가 어렵기 때문이다. 경솔하게 결혼 상대를 구한 것은 아닌지에 대한 의구심에 더하여, 대형 웨딩홀에서 자판기처럼 20분 단위로 교대하며 이어지는 컨베이어 공장식 예식과 그곳에서 낭비되는 장식, 복장, 지나친 음식들에 대해 생각하게 된다. 그리고 웨딩 산업 관련자들에게 상당 부분 넘어가는 축의금과 혼인 당사자들의 지출을 생각하면 그것이 과연 '정상'이 맞는지 판단하기 어려워진다.

반면, 생전 처음 만나 서로 아무런 애정도, 친밀함도 없는 이혼 사건 의뢰인의 이혼이 법원에서 성공에 이르면 가슴 깊은 곳에서 진심 어린 축하가 나온다.

3장

나의 사익 투쟁기

변호사를 변호합니다

전투에서 이겨도 전쟁에서 패배한다

승패는 병가지상사 兵家之常事

살다 보면 뜻대로 되지 않는 일이 더 많다. 우리는 '실패란 늘 있는 일'이라고 말한다. 이런 말을 할 수 있는 이유는, 실패해도 타격이 큰 일이 일상에서 그리 많지는 않기 때문이다. 그러나 변호사 일을 하다 보면 큰 사건에서 실패하여 대단한 충격에 빠질 때가 있다. 진짜 패배 말이다. '사는 게 다 그렇지 뭐'와 같은 말이 쉽게 나오지 않는다. 변호사가 겪는 패배는 어떨까? 변호사는 큰 패배들을 일상적으로 간접경험 하며 산다. 패배가 생활인 직업이다. 사람들은 일생에서 한두 번 있을까 말까 하는 큰일을 들고 변호사를 찾아온다. 변호사는 매일 그런 타인의 '역대급' 싸움을 대신 치러 낸다. 극도의 스트레스에 휩싸인다. 소송에서 이기면 보상이 크지만 패소하면 변호사도 꽤 상당한 타격을 입는다. 아무리 패배해도 패배는 늘 힘들다.

중요하게 생각했던 해고 사건에서 패소한 적이 있다(많다). 의뢰인들과 카페에 마주 앉은 나는 고개를 숙인 채 한마디도 못 했다. 바둑에서는 패배하면 상대와 마주 앉아, 또는 집에 돌아가서 혼자 복기를 한다. 다음에 지지 않기 위해서다. 소송에서 패소한 후에도 마찬가지다. 패소로 인한 불이익을 내가 지는 것이 아니기 때문에 복기의 과정이 더 힘들다. 나는 패배감, 죄송함, 승소 보수를 받지 못하는 불이익을 받을 뿐이고, 현실의 고통은 의뢰인의 몫이다. 그래서 기를 쓰고 지지 않으려 하지만 마음대로 되지 않는다.

　과정에 절박해야 하고 결과에 담대해야 하는데, '절박과 담대' 그것이 같이 깊어질 일이란 말인가. 같은 일을 수년, 수십 년 해온 선배들에게서 슬기로움과 균형 잡힌 자세를 본다. 그들은 평소 대수롭지 않은 모습으로 돌아다니는데, 중요한 순간 연륜을 드러낸다. 그날도 그랬다. 카페에서 내 옆에 앉은 선배 변호사가 첫마디를 열었다. "뭐라 할 말이 없을 정도로 죄송합니다." 나는 그때까지 죄송하다는 말을 해야 할지 말지 고민하고 있었다. 최선을 다했고, 결과에 납득하지 못했기 때문이다. 선배의 사과가 마중물이 되어 의뢰인들이 말을 이었다. 판결에 대한 비판과 아쉬움이었다. 우리는 고개만 끄덕이며 잘 들었다. 의뢰인들은 항소를 해야겠다는 결론을 모았다. 선배가 말했다. "저희도 판결에 불만이 있습니다. 송구하지만 항소심을 맡겨주시면 최선을 다해 보겠습니다." 의뢰인들은 논의 후 알려주겠다고 했다. 돌아오는 길에 선배에게 물어봤다. 판결에 대한 설명을 했어야 되지 않았는지. 선배는 그러면 안 된다고 했다. 선고 당일 의뢰인은 감정적일 수 있기 때문에 일단 판결 결과에 대해 사과하고 그 마음을 헤아리는 게 가장 중요하다고 말했다. 판결에 관해 설명하다 보면 변호사도 사람이다 보니 변명하듯 보일 수가 있어서 의뢰인이 더 실망할 수 있다고 했다. 되도록 그런 내용은 정리해서 이메일로 보내는 게 좋다는 조언도 들었다.

"비인부전 부재승덕非人不傳 不才勝德." 인격에 문제 있는 자에게 벼슬이나 기술을 전수하지 말며, 재주나 지식이 덕을 앞서게 해서는 안 된다는 뜻이다. 보통 우리는 대단한 인품이 타인에게 영향력을 미치는 것으로 알지만, 실제 일상에서는 대부분 모자란 인품이 타인에게 영향을 주는 일이 잦다. '저 사람도 저렇게 사는데, 나도 대충 살아야지.' 이런 영향들이 훨씬 빨리 세상을 바꾼다. 위대해지려 하지 말고 사람 사이 최소한의 예절을 갖추는 것이 중요하다. 선배들을 보며 배운다. 인성, 인품, 지혜는 그냥 보여주는 것이다. 패소를 하면 '이 일이 안 맞나' 하고 괴로워하다가도, 다시 평온해지면 조금 더 오래 해서 단단해지고 싶은 욕심이 생기곤 한다.

패소한 변호사, 의뢰인의 마음에는 방향 잃은 공격성이 꿈틀댄다. 그러한 상황에서 변호사는 겸허하고 조심스러워야 한다. 의뢰인으로부터 일체 사건 처리의 권한을 위임받은 자로서

책임이 크기 때문이다. 가라앉은 진흙탕을 작대기로 긁어 올리듯 변호사의 언행이 경솔하면 의뢰인의 현실 상황 판단과 이성을 흐릴 수 있고 문제해결은 요원해진다. 아직 기회는 있다. 패배의 책임을 진솔하게 지고 마음을 위무하는 일부터가 시작이다. 실패한 원인 중 어쩔 수 없는 부분은 정직하게 설명하되 핑계로 삼지는 않아야 한다. 간단하지만 쉽지 않다. 타고난 성품이 모자라서 연륜이 더 필요한 까닭이다.

앞의 이야기는 패소를 한 경우이다. 그런데 승소를 하더라도 결국 패배인 경우도 많다. 약자, 소수자들의 소송이 그렇다. 왜 그럴까?

전투에서 이겼지만 전쟁에서 졌다

소송은 승패가 있는 게임이다. 하여 노동자 편에서 이기기도 한다. 그러나 개별 전투에서 이긴다고 하여 전쟁에서의 승리까지 담보되는 것은 아니다. 아니 오히려 전투를 벌임으로써 노동자는 필히 전쟁에서 패배하게 되곤 한다.

부당 전보 발령을 받은 어느 노동자가 모든 법적 절차에서 이기는 경우를 예로 들어보자. 실제 내가 수행했던 사건이다. 노동자가 인사권자에게 괴롭힘을 당하다가 결국 이유 없이 원거리 전보를 당하고, 억울함을 하소연할 곳 없이 끙끙 앓던 중

불온한 공익

생활의 불편과 생계의 곤란마저 깊어져 지방노동위원회에 구제를 신청한다. 우선 노동자 개인을 부당하게 인사 발령한 사용자 개인은 법적 구제 절차에서 '회사'라고 지칭된다. 노동자를 공격한 사용자 개인은 인격이 소거된 채 조직 전체의 이름에 녹아들고 노동자는 거대한 산을 비로소 눈으로 확인하게 된다. 여기서부터 진짜 전쟁이 시작된다. 법적 다툼 과정에서 사용자는 사내 직원들에게 해당 노동자에 대한 좋지 않은 말을 퍼뜨린다. 한때 동료였던 이들은 현직 '을'의 지위이므로, 사용자를 위해 해당 노동자를 비난하는 내용의 진술을 제출한다. 그러나 이 노동자는 지방노동위원회에서 이긴다. 그리고 회사는 중앙노동위원회에 재심을 신청하고 다시 번거로운 절차들을 거쳐 또 이 노동자가 이긴다.

그러자 회사는 행정법원에 중앙노동위원회 결정을 취소해 달라는 소송을 제기한다. 이제 본격적인 소송전이다. 노동자는 소송 준비와 부담감에 일상과 직장 생활이 더욱 불안정해진다. 변호사라도 선임하게 되면 그 비용은 노동자를 더욱 짓누른다. 다행히 1심에서 이긴다. 그리고 2심에서도 이긴다. 소송 중 회사가 제출하는 글과 말로 인해 노동자는 온갖 인격적인 상처를 입는다. 회사는 이 노동자에게 일거리도 주지 않으며 동료들은 그의 근처에 다가오지 않는다. 철저한 고독의 고통이 끝 모르게 이어진다. 한편 이 노동자는 대법원에서도 승소해 확정판결을 받는다. 그동안 직장 동료들이 증인으로 많이도 출석했다.

회사 편을 들며 노동자를 거짓 증언으로 공격했다. 노동자는 배신감에 치를 떨며 우울증을 앓았다.

변호사 비용은 또 어떤가. 1년 연봉이 나갔다. 노동자는 철저한 고독 속에서 지방노동의원회, 중앙노동의원회, 행정소송 1~3심까지 회사와 4년을 싸웠다. 상처뿐인 영광이다. 그런데 회사는 대법원 판결을 이행하지 않는다. 행정소송이기 때문에 회사는 중앙노동위원회의 결정에 따라야 할 의무만이 발생하는데 이행강제금 몇 푼을 내면서 버티면 그만이다. 회사의 '선의'로 노동자가 원직 복직을 하거나, 합의로 얼마간의 금액 보전을 받고 스스로 퇴사하거나 하는 결론이 있을 수 있겠다. 손해배상청구를 한다고 해도 실무에서는 체불임금 외에 정신적 피해 배상금은 거의 인정되지 않는다. 남은 건 노동자가 겪은 고통의 시간들뿐이다.

회사가 행정소송 확정판결을 이행하지 않고 그냥 계속 버티는 경우에는 문제가 복잡해진다. 노동자는 행정법원이 아닌 일반 민사 법원에 '해고 무효 확인 청구'라는 민사소송을 또 제기해야 한다. 앞서 설명한 대로 행정소송 확정판결은 강제력이 없어서, 강제력이 있는 민사소송 확정판결문이 필요하기 때문이다. 최소 4년간 노동위원회와 행정소송을 진행했음에도 말이다. 노동자는 '법이라는 게 이런 건가' 생각하며 황폐해진 내면과 어두워진 외모를 들여다보며 스스로를 원망한다. 회사가 고통받는 일은 없다. 회사는 마음도 없고 몸도 없다. '모두의 책임은 무책임'이기 때문에 인격이 소거된 회사가 존재할 뿐, 손해라고 해봐야 소송비용 푼돈을 회사 공금으로 지출했을 따름이다.

대신 회사는 직원에게 본보기를 보였다. '너희도 이렇게 될래?' 이처럼 약자는 재판에서 이기든 지든 무조건 지는 것이라는 교훈을 전 직원에게 보여줬다. '전시효과'라고 한다. 누가 승자로 보이는가. 약자들의 소송은 대개 이렇다. 약자에겐 소송이 무가치하다는 말이 아니다. 법은 형식적으로 약자들이 마지막으로 찾는 보루다. 이들은 궁지에 몰렸을 때 번거롭더라도 소송을 포함한 모든 법적 구제 절차에 의지해야 한다. 이는 최소한에 불과하거나 겨우 시작일 수 있다. 현재 사법절차의 한계 때문에, 상대방과의 사회경제적 격차 때문에 이미 전투를 시작한 순간 전쟁에서 필패하는 비극적인 운명을 자신들이 마주하고 있음을 직시해야 한다는 말이다. 직시해야 해결책도 생길 테니까.

이 기나긴 소송에서 전부 승소를 한 후 '상처뿐인 영광'을 뒤로한 한 명의 약자가 다시 전쟁터로 들어가고, 다른 곳에서 또 다른 약자가 똑같은 전투를 반복한다. 그래서 전투의 룰을 먼저 손봐야 하고, 악화일로의 전쟁을 공정한 평화로 전환하는 방법을 약자들 스스로, 그리고 집단적으로 선택해야 한다. 노동 사건에 국한해서 내가 동의하는 구체적 방법은 아래와 같다.

첫째, 노동 법원을 신설해 노동 사건 구제 절차를 간소화해야 한다. 노동위원회부터 대법원까지 이어진 절차를 거쳐 부당한 인사권 행사임이 확정돼도 사용자가 이행강제금 처분을 받고 판결을 이행하지 않으면 노동자는 별도로 민사소송을 해야 하는 비상식적인 일이 벌어진다. 원상회복과 보상에 이르기까지, 노동위원회와 별도 민사소송까지 포함하면 노동자 입장에서는 사실상 7심에서 10심까지 겪게 되는 것이다(지방노동의원회-중앙노동의원회-행정 1·2·3심-파기환송심-대법원 확정-민사 1·2·3심). 노동 사건은 일반 민사와 달리 생계와 직결된 경우가 많으므로 구제 절차의 신속성과, 집중 심리를 위한 법관의 전문성이 요구된다. 이에 2005년 사법개혁추진위원회가 제안한 '참심제 노동법원'을 설치할 필요가 있다. 참심제란 직업판사 외에 노사를 대표하는 명예판사가 판결에 참여하도록 해서 재판을 공정하고 빠르게 진행하는 제도를 말한다. 노동분쟁 사건을 노동법원에서 일원화해 처리하게 되면 실질적인 구제와 조정이 용이해진다.

둘째, 징벌적 손해배상제도 도입이다. 최근 가습기살균제 사건과 자동차 배기가스 조작 문제 등 기업의 횡포와 도덕적 해이가 초래한 사회적 피해들이 발생하면서 이에 대해 제동을 걸어야 한다는 논의가 활발하다. 이에 징벌적 손해배상제도 입법이 검토되고 있는데, 해당 제도는 노동 사건에서 회사의 부당한 인사권 전횡에 책임을 묻고 재발을 막기 위해서도 꼭 필요하다. 부당해고, 부당징계, 위법한 구조조정, 부당노동행위

　　　　　　　　　　　　　불온한 공익

등 사용자의 불법행위에 대해 회사가 실제로 타격을 입을 만큼의 상당한 손해배상금을 반드시 인정해야 한다.

셋째, 노동조합 가입률의 혁신적 제고提高다. 우리나라 노조 가입률은 14% 내외다. 비정규직의 경우 1.5%에 불과하다. 노동자들이 뭉치지 않으면 사용자의 인사권 남용과 근로조건 저하가 빈번할 수밖에 없다는 사실은 재론을 요하지 않는다.

다른 사회적약자들의 분쟁 영역에도 구체적인 해결 방법들이 제시되고 있는 것으로 안다. 이를 입법하는 곳은 국회고 집행하는 곳은 정부다. 법원보다 훨씬 중요한 역할을 맡고 있다고 생각한다. 입법부, 행정부는 사회적약자들이 각개전투에 나서지 않아도 되는 세상을 만들 수 있기 때문이다. 사회적약자들의 각개전투가 반복되고 결국 이들은 전투에서 이겨도 전쟁에서는 패배한다. 그러한 세상이 얼마나 우울한지 변호사는 경험한다.

"희망 없는 세상을 떠도는 우리가 갈 곳은 어디인가"

3년 넘게 계속된 어떤 사업장의 민·형사 재판에서 모두 이겼다. 자랑하고 싶은 마음보다 허무함이 밀려왔다. 소송은 전투다. 전투에서 이기면 좋았다가, 이어지는 다음 진투를 슬픈 눈으로 보게 된다. 전투와 전쟁은 다르기 때문이다. 전투에서 승리한 이후에는 어느 정도 주변을 돌아볼 여유가 생기는데 그때가 바로 언제 끝날지 모르는 '전쟁'의 큰 그림을 마주해야 하는 시간이다. 이 모든 것에서 자유로워질 수 있을까? 법조계에 종사하는 한 그럴 수 없다. 특히 노동자, 소수자, 사회적약자를 조력하는 변호사의 경우에는 더욱 그러하다. 변호사는 대신 전투를 치르거나 직접 무기가 되는 사람이다. 승리를 위해 최선을 다한다. 그럼에도 곁을 떠나지 않는 허무함은 늘 이유가 있다. 법정에서의 승리는 개인적이고 한시적이어서 그렇다. 민사소송법에서는 이를 판결의 '기판력' 한계라고도 한다. 열쇠는 법정 밖에 더 많이 널려 있는데 그 열쇠는 약자들의 손에 좀처럼 잡히지 않는다. 그래서 승소 이후에도 만족감이 오래가지 않는다.

어느 주말 구속영장실질심사 재판이 있었다. 구속 자체의 적법성을 다투는 재판이다. 그는 세월호참사 관련 촛불집회 중 체포됐다. 석방 이유를 판사에게 설명했다. 서면을 보지 않고 판사와 눈을 맞추며 얘기하는 도중 울컥했다. 그가 왜 며칠째 집에 안 들어오는지 모르는 홀어머니 생각 때문인지, 체포과정에서 발을 접질려 불편해 보이는 그의 직업이 일용직 건설노동자라서 그랬는지 알 수 없었다. 재판에 들어가기 직전 핸드폰으로 또 다른 사람들이 집회 중에 연행됐다는 뉴스를 봤기 때문일 수도 있겠다. 의뢰인은 다행히 당일 밤 석방됐다. 그 후에도 집회 중에 잡히고 석방되고 무죄가 선고되는 사건들을 반

불온한 공익

복적으로 수행했다. 이 짓을 언제까지 계속해야 할까.

"희망 없는 세상을 떠도는 우리가 갈 곳은 어디인가-최초의 인류로부터." 영화 〈매드맥스〉가 끝나고 암전된 화면에 나오는 문장이다. 이솝 우화에는 '로도스섬이라면 공중제비를 잘 돌 수 있을 텐데'라며 허풍을 부리는 자에게 이웃들이 "여기가 로도스다. 여기서 뛰어라!Hic Rhodus, Hic Salta!"라고 말하는 장면이 있다. 평화롭고 공정한 세상에서 살고 싶다면, 내가 선 곳에서 내가 할 수 있는 가장 가치 있는 일을 하나씩 하나씩 수행하는 수밖에 없다. 그렇게 생각하면 허무의 안개가 미풍에 밀려나고, 내가 가야 할 길이 맑게 보이기 시작한다. 과욕을 버리고 여기, 이 순간에 집중하며 성실히 일하는 수밖에. 큰 그림? 나는 소인배라 그런 것은 잘 모르겠다. 이 순간에 최선을 다하는 사람들이 만들어내는 공간과 시간들이 모여서 큰 그림이 될 것이라고 작게 믿는 수밖에. 더 이상의 여유와 능력은 없다.

변호인을 위한 변호

전화벨이 울린다. 의뢰인을 고소한 상대방이다. "혹시 ○○○ 아시죠? 그 사람 완전 사기꾼이에요. 변호사님도 똑같은 사람이군요." "감사합니다. 새겨듣겠습니다" 하고 끊는다. 이 정도는 양반이다. 한번은 재판을 마치고 나오는데 피고인에게 피해를 입었다는 사람이 "당신 아까 법정에서 뭐라 그랬어? 내가 바람을 피우고 먼저 때렸다고?"라고 소리치며 거의 멱살까지 손을 올렸다. 다행히 법원 경위들의 도움으로 무사히 엘리베이터를 탔다. 가끔 형사재판에서 검사와 눈이 마주치면 그가 나를 백안시한다는 것을 느낄 수 있다. 형사재판 중에 일어나는 이런 일들에 이제는 특별히 감정을 다치지 않는다. 나는 변호인이지만 피고인을 위해 거짓말을 하거나 범죄를 비호하지는 않기 때문이다.

형사 변호인에 대해 변호를 좀 해볼까 한다. 본론에 들어가

　　　　　　　　　　　　　　　　　　불온한 공익

기 전에 우선 용어 설명부터 필요하겠다. '변호인'이란 형사재판에서 피고인을 변호하는 변호사를 말한다. 민사재판에서 원고나 피고를 위해 일하는 변호사는 '소송대리인' 또는 '대리인'이라고 한다. 변호사가 형사재판, 민사재판에서 하는 역할에 따라 달리 붙여진 '배역' 이름이다.

사람들은 악질 범죄인뿐만 아니라 그 변호인도 욕한다. 그러나 피의자가 저지른 범죄를 이유로 변호인을 비난하는 것은 옳지 않다. 형사사건 '변호인'과 민사사건 '대리인'은 좀 다르다. 민사사건에서는 '사인私人 대 사인'이지만 형사사건에서는 '국가(검찰) 대 사인'이다. 전통적 법 원칙에는 '무기武器 대등의 원칙'이란 게 있다. 그래서 형사사건에서는 국가보다 약자일 수밖에 없는 피고인에게 '무죄추정의 원칙', '자백보강의 법칙(수사 과정에서 한 자백만으로는 유죄의 직접증거가 안 됨)' 등의 무기가 주어진다. 그리고 '변호인'이라는 무기가 있다.

이 무기가 얼마나 중요하면 헌법에서부터 써놨다. 헌법 제12조는 '변호인의 조력을 받을 권리'가 국민의 보편적 기본권이라고 한다. '스스로 변호인을 구할 수 없을 때에는 국가가 변호인을 붙인다'고까지 한다. '변호인의 조력을 받을 권리가 있음을 고지받지 아니하고는 체포 또는 구속'도 할 수 없다고 한다. 헌법에 등장하는 직업군이 몇 개 안 되는데 대통령, 국회의원, 판사, 검사, 국무위원이라는 공무원 외에 민간인은 '변호인'뿐이다. 얼마나 중요한가. 변호인은 국민의 대변인이기 때문이다. 국회의원 역시 국민의 대변인이지만 임기가 4년밖에 되지 않는다. 변호인은 변호사 자격이 존재하는 한 종신終身직이다.

헌법 제12조

④ 누구든지 체포 또는 구속을 당한 때에는 즉시 변호인의 조력을 받을 권리를 가진다. 다만, 형사피고인이 스스로 변호인을 구할 수 없을 때에는 법률이 정하는 바에 의하여 국가가 변호인을 붙인다.

⑤ 누구든지 체포 또는 구속의 이유와 변호인의 조력을 받을 권리가 있음을 고지받지 아니하고는 체포 또는 구속을 당하지 아니한다. 체포 또는 구속을 당한 자의 가족 등 법률이 정하는 자에게는 그 이유와 일시·장소가 지체 없이 통지되어야 한다.

변호인의 강력한 필요성에 대하여 형사소송법에서 더 구체적으로 명시해 놓았다. 피고인이 약자인 경우 변호인을 반드시 선임하도록 하고 있고, 스스로 선임하지 못하면 법원이 직권으로 변호인을 선정하도록 의무화하고 있다. 법원이 직권으로 선정하는 변호인을 국선변호인이라고 한다.

형사소송법 제33조(국선변호인)

① 다음 각호의 어느 하나에 해당하는 경우에 변호인이 없

는 때에는 법원은 직권으로 변호인을 선정하여야 한다.

1. 피고인이 구속된 때

2. 피고인이 미성년자인 때

3. 피고인이 70세 이상인 때

4. 피고인이 듣거나 말하는 데 모두 장애가 있는 사람인 때

5. 피고인이 심신장애가 있는 것으로 의심되는 때

6. 피고인이 사형, 무기 또는 단기 3년 이상의 징역이나 금고에 해당하는 사건으로 기소된 때

② 법원은 피고인이 빈곤이나 그 밖의 사유로 변호인을 선임할 수 없는 경우에 피고인이 청구하면 변호인을 선정하여야 한다.

③ 법원은 피고인의 나이·지능 및 교육 정도 등을 참작하여 권리보호를 위하여 필요하다고 인정하면 피고인의 명시적 의사에 반하지 아니하는 범위에서 변호인을 선정하여야 한다.

피고인이 약자인 경우 변호인이 없으면 판사가 아예 재판 진행을 못 하도록 해놓았다. 변호인이란 무엇인가. 욕먹는 것에 비하여 그 필요성이 참으로 강력하다(아니 욕먹는 만큼 강력하다고 해야 하나, 그보다도 더 강력하다고 해야 하나).

형사소송법 제282조(필요적 변호) 제33조 ① 각호의 어느 하나에 해당하는 사건 및 같은 조 제2항·제3항의 규정에 따라

변호인이 선정된 사건에 관하여는 변호인 없이 개정하지 못한다. 단, 판결만을 선고할 경우에는 예외로 한다.

이처럼 피고인이 구속되어 있거나, 미성년자이거나, 70세 이상의 고령이거나, 듣거나 말하는 데 모두 장애가 있거나, 심신장애가 의심되거나, 처벌 형량이 높은 사건이거나, 빈곤 그리고 '그 밖의 사유'라고 해서 법원이 넓은 재량권을 행사해서 인정할 때에도 국가는 반드시 피고인에게 '국선변호인'을 선임해 주어야 한다. '파렴치범이라도 누구나 변호받을 권리가 있다'는 주장은 이처럼 형사사건의 경우에 적용된다. 사람은 누구나 '지은 죄만큼의 처벌'을 받아야 하기 때문에 그렇다. 아무리 악질 사이코패스 범죄자라 하더라도 그 변호인을 비난할 때 신중해야 하는 이유다. '물에 빠뜨려서 떠오르면 마녀니까 죽이고, 가라앉아서 떠오르지 않으면 마녀가 아니다'라는 식의 중세식 마녀사냥을 막기 위해 필요한 제도다. 야만이 문명으로 넘어오면서 생긴, 야만을 문명으로 바꾼 여러 제도 중 하나가 바로 변호인 제도라고 할 수 있다.

현대사회에서 사적 응징은 불가능하다. 개인이 죗값을 정할 수 없기 때문이다. '죗값'은 국민의 대표기관인 국회가 입법으로 정하도록 하고, 그 적용과 양형은 법원이 하도록 한 '죄형 법정주의'는 사적 폭력이 난무하는 원시 자연 상태에서 인류를 진보하게 하였으므로 누구도 부정할 수 없는 공동체의 약속이다.

위와 같은 이유들로 형사 변호 자체를 비난할 수는 없다. 만약 부적절한 방법으로 형사 변호를 하는 경우라면 그에 대해 충분히 지적할 수 있다. 범죄인의 입장에 선다고 해서 변호인이 고의로 거짓을 주장하거나, 악의적으로 증거를 인멸하면 안 되기 때문이다.

변호사법 제24조(품위유지의무 등) ② 변호사는 그 직무를 수행할 때에 진실을 은폐하거나 거짓 진술을 하여서는 아니 된다.

누가 봐도 중한 처벌을 받아야 할 것 같은데 무죄가 나오는 경우 사람들은 판사와 변호인을 욕한다. '정치적 판사다', '피해자를 두 번 죽이는 악질 변호사다.' 그러나 피고인이 무죄가 나오는 경우, 이는 원칙적으로는 검사가 입증에 실패했기 때문이다. 현대 형사법 원칙 중 가장 중요한 명제 두 가지가 있다. '열 명의 범인을 놓치더라도 한 명의 무고한 죄인이 없도록 해야 한다.' 그리고 '의심스러운 때에는 피고인의 이익으로'라는 원칙이다. 그래서 검사의 증거가 불충분하거나, 합리적 의심의 여지가 없을 정도로 검사가 입증하지 못하면 피고인은 무죄를 받는다. 이 과정에서 변호인은 검사의 수사절차, 주장 및 증거의 허술한 부분을 잘 발견해 내고 지적하는 역할을 한다. 즉 무죄 판결은 변호인이 거짓말을 하거나 증거를 없애거나 왜곡하지 않더라도 가능한 결과다. 검사의 책임이다. 무죄추정의 원점에서 유죄 인정을 이끌어 내야 할 검사의 입증책임 부실이 무죄 선고의 원인이다.

요컨대 강력한 무기로 중무장한 트랜스포머 로봇과 같은 국가와, 벌거벗은 인간과의 싸움에서 형사 변호인은 반드시 필요하다고 하겠다. '변호받을 권리'는 최소한의 인권을 지켜주는 방어막이며 국가권력 앞 개인을 위한 '질서유지선'이기 때문이다.

첨언하자면 민사사건은 좀 다르다. 민사 '대리인'은 사인과 사인의 싸움에서 경제적 이해관계, 권리의 종속(유무) 관계를 두고 다투므로 사건 내용에 따른 가치판단의 여지가 존재한다. 이를테면 변호사가 사채업자를 대리해 피해자인 서민들을 적극적으로 공격하는 민사소송을 진행하는 경우 우리는 "안 그래도 힘센 놈을 더 힘세게 만들어줄 필요가 있나", "그 정도로 비싼 수임료라면 맡으려는 변호사가 넘쳐날 텐데 굳이 그 사건을 맡아서 서민들 돈을 사채업자에게 갖다주어야 했나"라는 식으로 변호사의 도덕성 내지 가치관을 비판할 수 있다는 의미다.

서두에 언급했던, 고소인이 내게 전화로 항의한 사기 사건은 어떻게 되었을까? 검사의 기소 내용 중 일부만 유죄로 인정되어 내 의뢰인은 집행유예 확정 후 감옥에서 집으로 돌아갔다. 그분의 항의처럼 '완전' 사기꾼은 아니었던 모양이다. 지은 죄만큼만 처벌을 받았다.

변호인의 역할은 차선을 실현하는 것

'업무상 횡령' 사건으로 1심에서 중형이 내려지면서 법정구속된 피고인 의뢰인과 교도소에서 의견 충돌이 있었다. 며칠 동안 심적으로 힘들었다. 범죄 사실이 검사의 증거로 모두 입증됐기 때문에 항소심에서는 반성하고 선처를 구해 양형을 적게 받는 쪽을 택하자고 조언했더니, 의뢰인은 무죄라는 주장을 계속하면서 증인을 또 여러 명 불러서 재판을 최대한 끌어달라고 했다. '미결수' 상태로 지금의 구치소에서 더 지내고 싶다는 것이었다. 미결수는 아무래도 기결수보다는 처우가 상대적으로 좋다. 재판이 확정되기 전까지는 죄가 없는 자로 추정한다는 '무죄추정의 원칙' 때문이다.

의뢰인은 기결수가 되어 타 교도소로 이송되는 것이 겁나는 듯했다. 나는 설득했다. '가족이 실제로 상대방과 합의를 보려는 상황이니까 그 사정을 말하면 판사가 재판을 조속히 종결하지는 않을 것이다', '무죄 주장을 계속하면서 시간을 끄는 것이나, 죄를 인정하고 반성문을 제출한 후 합의에 필요한 시간을 충분히 달라고 판사에게 양해를 구하는 것이나 시간은 비슷할 것이다', '오히려 후자가 더 현실적으로 이익이다'라고 말이다. 만약 쓸데없는 증인을 계속 부르게 되면 판사는 피고인이 반성하지 않고 재판만 지연시키려 한다고 판단해, 항소심 판결이 더 안 좋게 나올 수도 있다고 덧붙였다. 죄 아닌 죄 '괘씸죄'

가 바로 판결문에 등장하는 '불리한 양형 요소'라는 단어라고 설명해 줬다. 의뢰인은 며칠 더 생각해 보겠다고 하더니 고개를 떨구고 힘없이 수감실로 돌아갔다.

무죄에 대한 희망은 누구에게나 있다. 범죄의 경중과 증거 유무에 상관없이 법률 전문가가 아닌 사람은 그런 희망을 종교와 같이 마음에 품게 된다. 하지만 변호인은 그럴 수 없다. 다정다감하게 이야기하더라도 냉혹한 현실을 숨겨선 안 된다. 변호인은 기적이 아니라 차선 또는 차악을 실현하는 역할이기 때문이다.

'여러분은 교도소에 가지 마세요'

교도소는 입구부터 부정적인 기운이 감돈다. 교도소는 외딴곳에 있다. 대중교통이 불편하다. 사회로부터 격리하는 것이 목적이므로 당연하다. 가는 길이 쓸쓸하다. 입구에서 경비가 경례를 붙이고 어떻게 왔냐고 묻는다. 변호사 신분증을 보여주면 별 대화 없이 지나친다. 영화 〈빠삐용〉, 〈더 락〉 등에 나오는 딱 그 모양의 관제탑이 멀리 눈에 들어온다. 한참을 들어가면 시멘트 반죽이 그대로 굳은 듯한 건물 덩어리가 등장한다. 웬만한 1층짜리 식당 크기의 쇠문도 붙어 있다. 그 옆 어딘가에 변호인 접견용 출입증을 받아 가는 작은 창구가 있다. 변호사 신분증과 휴대전화를 맡기고 몸수색 및 가방 검사를 받은 뒤 변호인 접견 대기실에 들어가서 수감자 이름을 확인하고 있으면 내가 마치 교도소에 갇힌 듯 답답해지기 시작한다.

세상과 분리됐다는 공포다. 사랑하는 사람들, 팔다리를 움직여 노동하고 웃고 떠들던 공간, 하얗게 잘 마른 이불을 돌돌 감고 게으름을 부리던 아침, 휴일의 맑은 하늘과 계절의 냄새, 영화관과 동네 카페, 이런 일상으로부터 차단되는 시간을 상상할 수 있을까.

변호인 접견 대기실엔 무채색 정장을 입고 종이컵에 봉지 커피를 타 마시며 표정 없이 앉아 있는 사람들이 있다. 변호사들이다. 신문을 보거나 졸거나 한다. 직원이 피고인 수감 번호와 이름을 부르면 본인 이름인 양 '네' 대답하고는 기지개를 한 번 켜고 접견 장소로 이동한다. 복도를 나서면 사방이 유리로 된 방들이 다닥다닥 붙어 있다. 접견실이다. 마치 코인 노래방 같다. 배정받은 방의 문을 열고 자리를 잡고 앉으면 수의囚衣를 입은 의뢰인이 내 뒤를 따라 들어온다. 한번은 어떤 의뢰인이 본인 아버지에게 편지를 보내, 수의 안에 입을 내복을 사야 하니 영치금을 넣어달라고 한 모양이다. 연로한 아버지는 내게 전화로 "얘가 왜 수의를 찾느냐, 자살하려고 그러는 것 아니냐"며 흥분하기도 했다. 염습 때 송장에 입히는 수의壽衣와 다른 한 자漢字라고 설명했다. 동음이의어를 사용하는 이유가 있는지 생각하며 우울감에 빠졌다.

앉자마자 의뢰인은 자신의 요즘 생활부터 재판에서 하고 싶은 말, 사건 당시 상황들을 두서없이 쏟아낸다. 사실을 부인하든 인정하든 결국 의뢰인은 자신의 심정과 느낌을 중심으로 이야기한다. 그리고 울거나 아니면 차분해지거나, 후회하거나 아니면 억울해하며 길을 찾는다. 접견의 말미에는 스스로 자신의 태도를 정한다. 변호인은 업무와 관련된 조언 말고는 의뢰인의 말을 들어줄 뿐이다. 무슨 말인지 이해가 안 되는 때가 많다. 대부분의 의뢰인은 접견이 끝나면 감사하다고, 도움이 되었다고 인사한다. 변호사는 하나하나 해결책을 제시하기보다 그저 진심으로 들어주는 시간이 더 길다.

몇 년 전 한 오디션 프로그램 참가자가 자작곡을 불렀는데, 가사가 인상적이었다. "다들 모른 척해, 내가 주저앉을 때는. 다들 아는 척해, 혼자 일어섰을 때는." 공감이 간다. '그래… 그게 현실이지…'라고 생각했다. 그런데 아무 도움도 없이 혼자 힘으로 일어서서 마음을 열고 말문을 여는 것은 너무 힘든 일이다. 혼자 주저앉아 있는 사람에게 다른 이가 먼저 다가가는 것은 더 어려운 것 같다. 전자보다 후자의 경우가 현대사회에서는 더 희박하게 느껴진다.

수감자는 철저하게 혼자다. 수감자의 시간과 공간은 각기 다양하며, 그 안에서 결심과 선택의 과정이 치열하게 진행된다. 그들을 돕기 위해 사회는 변호사라는 직군을 만들어 업으로 종사하도록 해놓았다. 이것은 일이다. 수임료를 받고, 혼자

불온한 공익

주저앉아 있는 사람에게 먼저 다가가서 제대로 일어설 수 있도록 도와주는 일. 그렇게 일어선 사람에게는 '다들 아는 척'하며 다가와 줄 것이라는 믿음을 주고 설득하는 일. 그리고 그렇게 될 수 있도록 법정에 함께 가서, 희망 없는 백지에 희망을 써달라고 판사에게 호소하는 일.

접견을 마치고 나와 본 교도소 밖 하늘은 차갑게 푸르다. 회의가 엄습할 때 생각한다. '이것은 일이다', '누구나 자기 일을 열심히 하고 있다.' 그렇게 생각하고 열심히 하다 보면 나에게도, 또 누군가에게도 약간의 구원이 된다. 최선의 결과는 없다. 이미 기소된 피고인이기 때문이다. 이 모든 게 없던 일인 것처럼 타임머신을 타고 과거로 되돌아 갈 수는 없다. 그저 최선을 다해 차선을 실현하는 것이다. 그러니까 '당신은 교도소에 가지 마세요'라고 말하고 싶다.

선비와 상인의 경계에서

작은 시(市) 법원에 오랜만에 갔다. 지역마다 지방법원이 있고 그 지역 안에서도 외곽지 또는 소규모인 시, 읍·면·군의 비교적 간단한 사건 처리를 위해 '시 법원'이 있다. 이를테면 경기도에서 가장 많은 시를 관할하는 수원지방법원이 수원에 있고, 그 외에 용인시법원, 오산시법원 등이 있다.

내가 재판을 하러 간 그곳엔 법정이 단 한 개 있었다. 재판 일정표를 보니 10분 단위로 한 타임에 대여섯 사건씩 오전, 오후 꽉 차 있다. 소소한 이권 사건들이다. 역시나 대부분 변호사 없이 '나 홀로 소송'을 하는 당사자들이다. 나는 지인의 사건을 호의로 맡아서 왔다. 소소한 이권 사건이다. 상대방인 원고는 혼자 왔다.

판사가 힘들어 보인다. 일찍 와서 방청석에 앉아 앞 사건들 두어 개를 봤는데 판사가 많이 답답해하는 게 와닿는다. '나 홀로 소송' 당사자들은 재판에서 이기기 위한 법리를 잘 모르다 보니 사실관계 정리도 잘 못 해오고 정작 중요한 증거를 빠뜨리는 경우가 부지기수기 때문이다. 우리 사건 상대방에게도 판사가 앞 사건들과 비슷하게 말한다.

"소송이라는 게 증거랑 각종 조건이 필요해요. 말로만 하는 게 아닙니다. 재판을 한 번 더 열어드릴 테니 원고는 다음 재판 때까지 주위에 법무사나 변호사한테 상담이라도 한번 받아보고 오세요. 피고 측 변호사님께도 부탁합니다. 말씀은 맞는데요, 입증을 원고가 해야 한다고만 하시게 되면 저는 재판을 좀 길게 할 수밖에 없어요. 원고에게 기회는 줘야 하니까…. 그러니까 열심히 반증도 해주시고 여러 가지 정리 좀 먼저 부탁드립니다." 그 마음을 잘 알겠기에, "네 이해했습니다. 그렇게 하겠습니다" 했다.

오는 길에 동료 변호사에게 전화가 온다. 의뢰인이 상담료 안내를 미리 받고 왔으면서도 상담 끝나고 돈을 안 주려 해서 짜증이 단단히 났다고 한다. "그래서 어쨌냐?" 묻자 "그냥 가시라 했지 뭐…"라고 한다. 들어보니 소소한 이권 사건이다. 당사자들에게는 소소한 사건이 어디 있으랴. 객관적으로도 수백만 원에서 수천만 원이 걸린 사건이다. 송무 법률가들, 우리 업자들 입장에서야 소소한 사건이지만 당사자에겐 소소한 사건이 아니라는 말이다. 그러니 전문가의 상담과 조력이 꼭 필요하다. 예방이 우선이요, 치료는 필수다. 예방도 혼자, 치료도 혼자

하려고 하면 아무것도 가능하지 않을 것이다.

'말 몇 마디에 무슨 돈을 그렇게 달라 해요?' 몽짜를 놓는 이들은 대개 이런 마음이다. 그 '말 몇 마디' 해드리려고 오래, 그리고 많이 공부해서 자격증을 땄다. 현업에 나와서도 연구하고 시행착오를 겪으며 노하우를 쌓았다. 그렇게 산 아래 돌 틈에서 떨어지는 물방울들이 변호사의 말 몇 마디다. '이 물방울을 드시면 낫습니다. 오래 고생해서 내린 물방울이거든요. 그러니까 제가 생활할 수 있게 돈 몇 푼 주세요. 이 일 말고는 다른 생계 수단이 있는 게 아니어서요.' 이 말을 자존심에 못 하고 그냥 보낸 손님을 손가락 발가락으로 다 못 헤아린다. "점집 가면 귀신 들린 사람 말 몇 마디에도 수십만 원 주시잖아요." 이 말은 한 번 해본 적 있다. 그래도 돈을 안 주고 갔다.

'몸 아프면 병원에 가듯 사건이 생기면 변호사 도움을 받으세요. 더 많이, 더 여러 군데 아프고 나서야 찾으면 안 좋으니까요.' 이게 정말로 하고 싶은 말이다. 변호사의 필요성과 유료 원칙에 대해 말해봤다. 그럼 무료로는 일하지 않는가? 그렇진 않다.

나는 언제 무료로 일을 하는가

변호사로서 하고 싶은 일이 많다. 사회적약자를 위해 헌신도 하고 싶고, 경제적 안정도 이루고 싶다. 둘 다 사람답게 살기 위함이기에 어느 하나 포기할 수가 없다. 아직도 그 균형점을 찾는 데 미숙하다. 두 바퀴가 같은 크기와 속도로 굴러야 하는데 여전히 울퉁불퉁 삐거덕거리며 나아가는 형국이다. 변호사의 노동 중 어떤 것이 '무료'인가에 대한 나와 상대의 관점이 다를 때 특히 더 그렇다. 이 기준을 잘만 세우면 좋은 뜻을 가진 변호사는 길을 찾을 수 있을 것이다. 나는 어떤 때 무료로 일을 하는가.

안산 시화공단에 무료 법률 상담을 나간 적이 있다. 누군가 다가오는데 처음엔 초등학생인가 중학생인가 했다. 체구도 자그맣고 앳된 외모였다. 24세 파견노동자였다. 고3 때 19세 나이로 처음 제조업 파견 일을 시작해 몇 군데 공장을 다녔다고 한다. 회사에 돌려줘야 할 돈이 있는데, 이 때문에 회사가 두 달째 임금 전액을 공제해 생활이 어렵고 마음이 슬프다고 했다.

우리 근로기준법에는 임금전액불 원칙(제43조 '임금 지급' ① 임금은 통화通貨로 직접 근로자에게 그 전액을 지급하여야 한다. 다만, 법령 또는 단체협약에 특별한 규정이 있는 경우에는 임금의 일부를 공제하거나 통화 이외의 것으로 지급할 수 있다)이 있다고 설명해 주었다. 임금은 노동자가 생활하기 위해 꼭 필요한 돈이므로 일단 임금은 전액을 지불해야 하고 빚을 이유로 함부로 공제하면 안 된다는 원칙이다.

이를 들은 그의 얼굴은 더 어두워졌다. 노동부에 신고하나 사장한테 밀린 임금을 달라고 직접 말하나 해고당하는 건 매한 가지라고 했다. 그런 경우가 수도 없단다. 그래서 노동조합을 만들고 싶다고 한다. 나 역시 생업을 잠시 거두고 그 청년들을 돕고 싶은 마음이 들었다.

매달 둘째 주 수요일에 이 자리에서 무료 상담이 열린다고 하니 소박하게 웃으면서 "매번 올 수 있겠네요. 수요일은 야간 잔업이 없으니까"라고 했다. 다음 달에 보자고 인사한 후 돌아나가는 그의 가방에 노란 리본이 흔들거린다. 안산역 근처에 가니 중학생, 고등학생들이 뭐라 종알대면서 즐겁게 집으로 돌아가고 있다. 저 아이들이 내 눈에는 다 파견노동자로 보였다.

한동안은 택배, 퀵서비스, 대리운전, 요구르트 판매자 등 소위 '이동 노동자'들의 쉼터에 무료 법률 상담을 나가기도 했다. 무료 법률 상담을 마치고 퇴근하는 길은 행복하다. 이것은 '일'이라기보다는 '삶'에 가깝다. 그러나 나는 이 작업들이 생업이고 그래서 돈을 벌어야 한다.

한번은 규모가 있는 뉴스 방송사에서 프로젝트 자문 의뢰가 왔다. 주말임에도 양해 없는 개인 휴대전화 연락은 차치하더라도 문제가 좀 있었다. 프로젝트 참여 및 자문은 무료로 해주어야 한다는 요구다. '공익', 인권, 빈곤 계층 등 무료 자문 대상 기준에 맞지 않고 귀 방송사 정도면 충분히 정당한 노동에 대한 대가를 지불하고도 차고 넘치기 때문에 위 제안은 적절하지 않다고 정중히 답변했다.

방송사의 담당자가 반문하기를, '청년 일자리'라는 사회문제를 다루는 프로젝트인데 무료로 해줘야 하는 게 아니냐고 한다. 이에, 나 역시 청년이고 벌이가 시원찮은데 귀사의 제안은 해당 프로젝트 주제도 배반하고 있으므로 유감을 표하며 참여하지 않겠다고 말했다. 그 방송사는 왜 특별한 사정 없이 무료 노동을 요구한 걸까.

선비와 상인의 경계에서 균형 잡기

우리는 저마다 자기 직군의 노동에 종사하며 살아가는데, 이념과 사상, 진보와 보수를 떠나 모든 사람은 자기 노동에 대해 정당한 대가를 받는 것을 정의라고 생각한다. 공익 또는 인권 보장을 지향하며 관련 활동을 하는 이들도 자기 노동으로 생계를 유지한다. 변호사도 노동자이거나 상행위의 주체다. 변호사에게 당연한 듯 무료 노동을 기대하다가 기대가 실현되지 않았을 때 실망하는 건 여러모로 서로를 힘들게 한다.

우리 사회는 아직도 말 몇 마디, 글 몇 자에 금전적 가치를 부여하는 걸 낯설어한다. 그 때문에 변호사의 조력을 '선의' 정도로 여겨 상담료를 지불하지 않는 것을 당연시하는 사람이 많다. 그러나 앞서 설명한 것처럼 변호사는 그 말과 글을 위해 수년간 지식을 쌓고 연구를 한다. 이를 근거로 법적 절차에 있어서 배타적인 어떤 자격을 얻기도 했다. 사는 동안 공부를 계속하며 말과 글을 다듬어야 하는 전문가이기에, 변호사에겐 말과 글이 곧 자본이고 상품이다. 타당한 기준 없이 무료로 일을 해주는 변호사도 있겠으나 지속 가능한 운영 방식이 아니고 정당하지도 않다.

이를테면 법원 정문 코앞에서 "무료 법률 상담"이라 적힌 거대한 간판을 내걸고 영업을 하는 사무실들이 있다. 이 중 일부는 분별없이 무료로 상담을 해준다. 아무렇게나 무책임하게 진행하는 상담이 되기 쉽다. 또는 '묻지도 따지지도 말고' 일단 소송으로 유인해서 수임료나 벌려는 상술인 경우가 잦다. 그리고 정당한 노동의 대가를 받고 진지하게 일하는 다른 변호사들의 생업을 위협한다. 그래서 부당한 업무 행위다. 대한변호사협회와 각 지방변호사회들은 이처럼 무분별한 무료 법률 상담을 하지 말 것을 회원들과 의뢰인들에게 강하게 권고하고 있다.

이 같은 무료 법률 상담이 '공익'이나 인권 같은 가치로 바로 이어지는 것이 아니다. 앞서 예를 든 것처럼 정반대의 결과를 낳는 경우도 많다. 흐릿했던 고민이 점점 뚜렷해진다. 그렇다면 나는 변호사로서 사회에 어떤 방식으로 존재해야 하는가. 돈을 벌어 내 생계를 내가 책임지고, 남에게 큰 해를 끼치지 않고 살아가면 그만인가.

변호사의 '사'자는 선비 사±자다. 판사와 검사는 일 사事자를 쓴다. 변호사는 선비와 같이 고매한 이상을 추구하고 도를 닦듯 진리를 탐구해야 한다는 취지의 작명인지도 모르겠다. 그

불온한 공익

러나 변호사는 고용된 자인 경우 임금노동자이므로 사용자 또는 법인에 이윤을 창출해 주어야 하고, 개인사업자인 경우에는 사무실 임대료와 직원들의 급여 등 운영비용을 벌고 제 생활비도 구해야 하므로 더욱 상인과 같이 명석한 경제적 판단이 필요하다.

선비의 도리道理와 상인의 이재理財 중 어느 것도 소홀히 하지 않아야 하는데, 안전망 없는 경쟁 일변도의 시장 상황에 내몰리는 건 변호사 역시 예외가 아니다. 아름다운 꿈을 품었던 재야 변호사들은 진퇴유곡進退維谷에 처해 있다. 소위 말하는 '공익', 인권, 가난하고 힘없는 자들을 위해 무료로 일하고 싶은 꿈 많은 젊은 변호사들의 앓는 소리가 커진다. 나 역시 마찬가지다. 다만 고민 그 자체는 계속되어야 한다.

변호인은
아무도 믿지 않는다

영화 〈의뢰인〉에서 살인 혐의 피고인(장혁 분)이 변호사(하정우 분)에게 묻는다. "변호사님은 저 믿으세요?" 그러자 변호사가 답한다. "믿고 안 믿고의 문제가 아니에요. 난 우리가 만족할 만한 결과를 얻는 데에만 집중할 겁니다."

이런 태도를 두고 '변호사는 진실하지 못한 사람'이라고 하겠지만, 나의 답은 이렇다. '진실은 아무도 모른다.' 의뢰인을 인간적으로 믿는지 안 믿는지에 관심을 기울이면 일이 안 풀린다. 의뢰인에 대한 인간적 믿음이 확고하면 의뢰인의 거짓말을 걸러내기 어렵고 변호사가 사실관계를 믿고 싶은 대로 해석하게 된다. 반대로 의뢰인에 대한 인간적 믿음이 없으면 변호사는 무책임하게 일을 한다. 그렇다면 어떻게 해야 할까. 인간성에 대한 독실篤實과 불신不信 사이에서 균형을 잘 잡으면 될까? 아니다. 아예 다른 기준이 필요하다.

영화에서 변호사의 말은 적절하다. 변호사는 '믿고 안 믿고의 문제'에 집중하지 않도록 노력해야 한다. 그래야 '만족할 만한 결과'에 조금이나마 가까워진다. 간혹 의뢰인은 선善이고 정의이며 상대방은 악惡이거나 불의라고 규정하고 사건을 진행하는 변호사가 있다. 진짜로 그렇게 생각하는 경우도 있겠지만 스스로 최면을 거는 경우도 많다. 이를 확증편향의 오류라고도 한다. 믿고 싶은 것만 믿고, 보고 싶은 것만 보면서 그 외의 것들은 왜곡하거나 외면하는 것을 말한다. 이 오류는 과정의 오류이므로 결과의 오류로 이어진다.

특히 뉴스에 나오는 정치인 사건의 변호인들이 그래 보인다. 이는 부적절하고 의뢰인을 상당한 위험에 빠뜨릴 수 있다. 변호사의 그런 태도는 실체적 진실과 부합하지 않을 가능성이 높기 때문이다. 또는 실체적 진실에 접근하는 길을 가로막는다.

탄핵 당시 박근혜 전 대통령의 재판은 위에서 소개한 '안 좋은 사례'의 종합편이었다. 박근혜의 변호사들은 헌법재판관들에게는 '국회의 대리인'이라며 모욕하고, 검사에게는 '뇌물 받은 집단'이라고 공격했다. 재판 직후 법정 밖 복도에서 기자회견을 열어서 "추론과 상상에 의한 장편의 소설"이라며 형사재판 자체를 무시했다. 어떤 변호사는 법정 안에서 태극기를 펼치기도 했다. 그리고 이제 더 이상 법원에서 정의를 찾을 수 없다며 변호사들이 전원 사임했다고 하니 '고객'으로서의 박근혜를 생각하면 측은한 마음이 들기도 했다.

물론 변호사는 의뢰인에게 최선의 이익이 되는 결론을 일단 목표로 두고, 근거를 찾으려 노력해야 한다. 이는 재판이라는 형식적인 역할극의 총론적 매뉴얼일 뿐이고, 사건에서 진심으로 좋은 결과를 얻고 싶다면 변호사는 총론(목표)을 각론(입증 가능한 사실관계)에 따라 수정할 수 있어야 한다. '공정한 판사'의 입장에서 생각할 줄 알아야 한다는 뜻이다. 변호사는 상대 변호사, 검사와 싸우는 사람이 아니고 판사를 설득하는 사람이기 때문이다.

　　판사는 '무지의 베일'[15]에 가려진 상태로 양쪽의 말을 듣는다. 변호사는 '내가 판사라면 이 말을 믿어줄까?', '내가 판사라면 이 정도 증거로 의뢰인을 믿어줄까?'라는 질문을 계속해야 한다. 그러지 않고 변호사가 의뢰인을 무작정 선善으로 가정하고 '정의는 반드시 이긴다'라는 감정 과잉에 휩싸이면 법정에서 떼쓰는 모양이 되거나, 패소 후 판사를 비난하는 초라한 행색이 되기 쉽다. 이는 숲속에서 눈을 가린 채 의뢰인의 손만 잡고 출구를 찾는 모습과 같다. 의뢰인에게 공감은 하되, 감정이입해 소진되지 않는 상태를 유지해야 한다. 무척 어렵다.

　　변호사 1년 차 때 폭행 사건 피고인을 변호했다. 의뢰인의 주장에 따라 폭행 사실 자체를 부인했지만 검사가 목격자 증인신문을 진행해 폭행 사실이 효과적으로 입증됐다. 유죄 선고 후 사무실로 돌아와 기록을 다시 보니 피해자 진술은 구체적이었고 피해자 몸에 난 상처도 진술에 부합했다. 사건 초기 의뢰

15　미국 정치철학자 존 롤스John Rawls가 《정의론》에서 가정한 개념.

인 말만 듣고 피해자 진술서를 거짓으로 치부했음을 깨달았다. 스스로가 한심하게 느껴졌다. 폭행 사실에 대해 의뢰인을 조금 더 추궁했으면 어땠을까. 피해자가 먼저 시비를 걸고 욕설을 한 정황을 판사에게 설명하면서 범죄의 동기를 참작 사유로 호소한 후에, 의뢰인이 법정에서 반성하는 모습을 보여줌으로써 형량을 낮출 수도 있었을 텐데 하는 아쉬움이 깊게 남았다. 위 사건에서 유죄의 집행유예 판결을 선고받고 법정에서 나온 의뢰인과 지인이 하는 대화를 옆에서 들었다.

"근데 너 나쁜 사람 아니잖아."

"응. 나 나쁜 사람 아니야."

"근데 왜 그런 나쁜 짓을 했어?"

"그거 나쁜 짓 아니야."

"야, 이거 정말 나쁜 놈이네."

아차 싶었다. 그 지인의 질문 "근데 왜 그런 나쁜 짓을 했어?" 이 하나를 나는 묻지 못했다. 이 하나의 질문이, 내가 의뢰인과 수없이 나눈 어떤 대화보다도 훌륭했다.

다만 "야, 이거 정말 나쁜 놈이네"라는 결론과 나는 견해를 달리한다. 나쁜 사람이 아니어도 나쁜 짓을 할 수 있다. 사람은 선하지도 악하지도 않다. 구조와 상황에 따라 선하거나 악한 면이 농도를 달리한 채 섞여서 표출될 뿐이다. 누구에게나 자신마저 속이는 능력도 있다. 그래서 불가근불가원不可近不可遠. 의뢰인을 대하는 유일한 자세다. 의뢰인을 위해서.

나는 왜 로스쿨
개혁 운동에 나섰나

로스쿨에 간 이유

나는 대학 시절 학내 청소·경비 노동자와 연대활동을 하며 노동운동가의 꿈을 갖게 되었다. 노동자들이 노동조합을 결성하고 활동하는 곁을 지키다 보니 노동운동에는 법률 지식과 힘이 절실히 필요함을 알게 되었다. 그래서 노무사 공부를 하다가 로스쿨 도입 소식을 듣고 전남대학교 법학전문대학원(로스쿨)에 2기로 입학했다. 전남대학교 로스쿨이 공익·인권 특성화 기관으로 지정되어 있어서 다른 로스쿨에 갈 생각은 애초에 하지 않았다.

입학에 어려움은 없었다. 학생운동을 하느라 학부 성적이 좋지 않았지만, 단기간 준비해서 상위권 성적의 토익 점수를 획득하고 로스쿨 입학시험인 LEET 연습을 몇 달 정도 했다.

LEET 시험은 독해력과 추리력, 논리적 사고능력을 종합적으로 테스트하는 시험으로서 그야말로 잠재 능력을 보는 것이라, 암기나 반복연습의 방법이 통하기 어려운 미국·유럽식 시험에 가깝다. 따라서 특별히 노고가 들어가는 수험 준비랄 것은 없었다. 그런데 요즘은 그렇지 않다고 한다. 학부 성적과 토익 점수는 최상위여야 하고, LEET 시험도 고득점을 획득하는 기술을 학원가에서 얻어야 한다. 로스쿨 입학 전부터 각종 경쟁 지표들을 줄 세워서 교수들이 보기에 최종적으로 변호사시험에 합격할 가능성이 높은 학생이 로스쿨에 입학할 가능성이 높아졌다. 내가 입학할 당시에는 나처럼 노동 변호사가 되어 노동 운동에 기여할 꿈을 품고, 평균적인 학부 성적으로 면접만 잘 보면 공익 인권 특성화 로스쿨에 입학할 수 있었다. 그리고 낙제 수준만 아니라면 로스쿨 교육만으로 무난하게 변호사시험에 합격했다. 그리고 결과론적으로, 이 정도의 절차를 통해 졸업한 변호사는 업무를 수행하는 데 별 무리가 없다. 로스쿨은 미완성이었지만 취지에 맞게 '정상적'이었다.

미완성의 제도, 흔드는 세력, 결국 말라죽은 로스쿨

내가 로스쿨에 입학했던 2010년 당시에는 제1회 변호사시험 합격자 선발 방식조차 결정되어 있지 않았다. 로스쿨 도입 당시 정부는 변호사시험을 순수 자격시험으로 운영한다고 공언했지만, 막상 로스쿨에서 변호사가 배출될 때가 되자 대한변호사협회(이하 '대한변협') 등 기득권 세력의 공격이 만만치 않아 난항을 겪은 것이다.

변호사시험 합격자 선발 방식을 결정하는 곳은 법무부 산하 '변호사시험 관리위원회'(이하 '위원회')이다. 위원회는 변호사 단체 측과 로스쿨 교수 측의 이해관계가 팽팽히 맞서면, 이를 법무부가 중재하는 식으로 운영된다. 그런데 2012년 당시 위원회는 제1회 변호사시험 합격자 선발 방식을 의사 국가시험과 같은 순수 자격시험이 아니라, 기존 사법시험처럼 상대평가 선발 방식으로 운영하고자 했다. 합격률은 변호사 단체의 뜻대로 50% 수준으로 낮아질 것이라 예상되었다. 이에 전국의 1기, 2기 로스쿨 재학생들은 위원회가 열리는 과천 정부 청사 법무부 앞에서 대규모 시위를 벌였다. 각 지역에서 버스를 대절해서 대부분의 학생이 모여들 정도로 열기는 뜨거웠다. 그때만 해도 학생들은 로스쿨 도입 취지를 잘 알고 있었고, 변호사시험을 상대평가제로 만드는 것은 '교육을 통한 법조인 양성'이라는 로스쿨 제도의 근간을 뒤흔드는 일이라는 점에서 강한 위기의식을 느꼈다.

그렇게 대규모 단체행동을 한 결과 변호사시험을 자격시험으로 확정하는 것은 유보하되 입학정원(2,000명) 대비 75%의 합격률(1,500명)이라는 절충안을 이끌어냈다. 다만 이는 '잠정

안'임을 분명히 했다. 즉, 2012년 제1회 변호사시험은 입학정원 대비 75%로 선발하고, 5년 후인 2017년에 다시 논의하기로 한 것이다. 하지만 그 이후 지금까지 재논의는 없었다.

재논의 없이 잠정안 그대로 운영하면서 문제가 터졌다. 상대평가 자체도 문제인데 합격률을 계산할 때 그 '분모'를 '응시자'가 아닌 '입학정원'으로 한 결과 아주 나쁜 나비효과를 불러오게 된 것이다. 1기, 2기 때까지는 응시자 수가 적어서 과락(낙제)만 면해도 합격하는 '준'자격시험의 결과가 얼추 나왔다. 그런데 해마다 불합격자가 500여 명씩 누적되면서 합격률은 점차 낮아졌다. 쉽게 말해, 응시자 수는 점점 늘어나는데 입학정원(2,000명) 대비 75%의 합격률(1,500명)은 '고정'되어 있기 때문에 합격하기가 점점 어려워졌다.

이처럼 나쁜 결과가 뻔히 예견되었음에도 대체 왜 그동안 다들 손 놓고 있었던 걸까? 서서히 끓는 냄비에서 개구리가 죽음을 실감하지 못하는 것처럼 학생, 교수 모두 '어, 어, 어…' 하다 보니 2018년 변호사시험 합격률이 40%대에 진입하고 로스쿨은 존폐 위기에 놓이게 되었다. 그다음 해인 2019년 제8회 변호사시험 응시자는 3,617명이었다. 앞서 설명한 것처럼 변호사시험은 옛날의 과거 시험, 이를 닮은 사법시험처럼 '정원제 선발시험'으로 개악되었으므로 합격자 수는 1,600명 내외로 고정되어 있다. 따라서 합격률은 앞으로도 쭉 44% 정도로 유지될 것으로 예상되었다. 그러나 그 이후 위원회 모든 구성원이 50%

미만의 합격률을 보기에 민망하여 사회적으로나 당사자들에게나 용인될 수 없다고 여겼는지 합격자 수를 특별한 이유 없이 조금 늘려서 현재는 50% 초반대의 합격률을 유지하고 있다. 이러한 주먹구구식 대증요법으로 로스쿨 제도는 가시적 반발 없이 위태롭게 연명하는 중이다.

이제 로스쿨생 둘 중 한 명이 겨우 합격하는 지경에 이르렀다. 학생들은 서로를 적으로 여기고 '너를 죽이지 않으면 내가 죽는다'는 심정으로 신림동 강의와 사교육에 매진하고 있다. 로스쿨 학비로 3,000만 원에서 6,000만 원가량을 내면서 말이다. 이런 상황에서 로스쿨 수업은 변호사시험 적합도가 떨어지기 때문에 관심이 없고 학점 방어 정도의 의미로 전락한 지 이미 오래다. 교수들도 골머리를 싸매고 있다. 학문의 실종과 로스쿨의 학원화, '교육'을 통한 법조인 '양성'이 아닌 학습 노동 '경쟁'을 통한 법조인 '배출'이다. 가장 질식하는 것은 로스쿨생이다. 노무현 대통령이 좋은 뜻으로 도입한 이 제도는 고사枯死화 즉 말라죽었다. 훌륭한 씨앗에서 싹튼 묘목이 자라지도 못하게 물 한 방울 주지 않고 쥐어흔들고 짓밟던 자들이, 스스로 말려 죽인 로스쿨을 내려보면서 "거봐, 내가 그 나무 심지 말자고 했잖아"라고 조롱하는 셈이다.

대한변협을 위시한 기존 법조인들에 의해 로스쿨은 도입 초기부터 온갖 마타도어matador(흑색선전), 가짜 뉴스에 시달렸다. 결국 변호사시험은, 배출 인원을 통제하는 목적 외에 어떠한 의의도 이유도 없는 상대평가 선발시험이 되어서 교육을 통한 전인격적 법조인 양성이라는 초기 로스쿨 도입의 취지는 물거품이 되었다. 그리고 학생들은 먼저 구조의 문제를 타파하는 선택을 하지 못하고, 즉 죄수의 딜레마를 극복하지 못하고 '일단 나부터 붙고 보자'는 생각으로 무간지옥에서 수험 경쟁에 매몰되며 고통받게 되었다.

이 시험은 변호사가 될 '자격'이 있는지 여부를 평가하는 게 아니라, 먼저 결승점에 들어오는 선수만 구제하고 나머지는 이유 불문 탈락시키는 징벌적 달리기 시합이다. 그리고 이렇게 된 이유를 단 한 가지만 꼽는다면, '기존 법조인들의 변호사 배출 수 통제 욕망' 때문이라고 나는 생각한다.

'개천의 용'이라는 허위의식

이상 설명한 이 부당함이, 로스쿨을 이미 졸업했음에도, 변호사가 된 이후부터 많은 변호사들과 맞서면서까지 로스쿨 제도 문제 해결에 힘을 쏟고 있는 이유다. 헌법소원, 행정소송, 토론회, 권력기관 면담(국회의원, 청와대 비서관, 대한변협 회장), 기자회견, 집회, 1인시위 등 안 해본 게 없다. 그러나 기득권과 동료 변호사들의 위선 앞에서 좌절만 거듭하고 있다.

우리는 피억압자에서 억압자로 신분을 전환한 서사를 신화로 만든다. 그리고 피억압자가 억압자로 신분을 전환할 길이 존재하는 상황을 '기회의 평등'이라 착각한다. 하지만 평등과 정의란, 누구도 억압자가 될 수 없도록 성벽을 무너뜨리고 유리천장마저 깨는 일이다.

노무현 대통령과 참여정부가 기를 쓰고 로스쿨을 도입한 이유는 법조인을 '개천의 용'이 아닌, 어느 개천에나 함께 머물며 물을 맑게 하는 미생물로 만들고자 함일 테다. 그런데 포식자 중의 포식자인 '용'(호랑이, 사자를 이길 포식자를 환상으로 만들어 내기에 이르렀으니 최상위 포식자에 대한 인간의 욕망은 얼마나 강렬한지!) 그들이 로스쿨을 가만둘 리 없었다. 변호사 배출 수를 줄이고 '용'으로서의 지위를 계속 유지하기 위해 로스쿨을 돈스쿨, 귀족스쿨이라 거짓 선동하며 무너뜨리려 했다. 하지만 이는 전혀 사실이 아닌 '악의적 선동'이었다.

로스쿨은 사법고시와 달리 사회적약자의 입학과 장학금 지원을 법률로 의무화한다. 이에 따라 매년 평균 6.4%의 취약계층 학생을 선발하고 전액 장학금을 지원해 왔다. 그래서 사법고시에 합격하는 취약계층(극빈층, 장애인 등) 비율을 능가하고 배려가 안정적이다. 한 해에 전국 25개 로스쿨에서 취약계층 1,000여 명이 등록금 전액을 지원받는다. 조국 전 민정수석(전 서울대 로스쿨 교수)은 '로스쿨 등록금이 비싸다'는 비판에 대해 "수험생 개인 또는 가족의 자력資力에 기초해 장기간 공부해야 하는 사법시험과 달리 제도화된 장학금과 은행 대출을 활용하

면서 공부할 수 있는 로스쿨 제도가 더 효율적"이라고 설명했다.[16]

'사법시험과 달리 로스쿨은 귀족스쿨이다'라는 주장에 대해 살펴보자. 서울대 연구팀이 로스쿨-연수원 출신 법조인의 사회경제적 배경을 분석한 논문과 2015년 《한겨레》가 7년간 로스쿨에 입학한 1만 4,000여 명에 관해 분석한 기사에 따르면 '고교 졸업 당시 부모가 50명 이상 기업에서 근무했는지'에 관한 질문에 로스쿨 출신은 39.6%, 사법연수원 40~43기 출신은 40%가 '그렇다'고 답했다. 부모가 의사, 변호사 등 전문직인지에 대해서는 각각 18.5%와 16.7%가 '그렇다'고 답해 양자 간 별 차이가 없었다. 부모 중 법조인이 있는 경우는 사법연수원 33기 이전이 1.6%인 반면, 40~43기는 4.7%에 달하지만, 로스쿨 출신은 3.6%로서 약간 적다. 범위를 넓혀 가족, 친척 중 법조인이 있는 비율은 사법연수원 33기 이전은 17.8%인데, 34~43기는 33%로 크게 늘었다. 로스쿨 출신은 이 비율이 26.3%다. 또 최근 6년간 로스쿨 출신 검사 임용에 있어 SKY(서울대, 연세대, 고려대)비율은 69%, 최근 6년간 사법연수원 출신 검사 임용에서의 SKY 비율은 65%였다(정갑윤 국회의원실 조사 자료).

이처럼 서울대 연구팀이 로스쿨 1~3기(2009~2011년 입학) 출신 법조인들과, 같은 시기에 사법시험에 합격해 연수원(40~43기)을 다닌 법조인, 로스쿨 도입 이전 연수원(39기 이전)

16   조국, "로스쿨의 진화를 위하여 뜻을 모아야", 《법률신문》, 2018년 10월 1일.

을 거친 법조인 세 집단 1,020명을 조사한 결과를 보면, 로스쿨은 물론 연수원 출신들도 부모가 고학력자이면서 고소득 직업을 가진 비율이 높아 '신분 세습' 경향이 강화된 것으로 나타난다. 신분 세습 문제는 전 사회적 문제이지 사법고시에는 없는 로스쿨만의 문제는 아닌 것이다.

로스쿨로 인해 고졸 출신 법조인이 더 이상 배출될 수 없다는 주장이 국민에게는 참 잘 통하고 있다. 그런데 이는 완전히 가짜 뉴스다. 1989년부터 2001년까지 고졸 출신 사법시험 합격자 수는 단 한 명이다. 2001년부터는 '사법시험법'에 의해 35학점 이상의 대학 법학 과목 이수자 또는 법학사 이상의 학위 소지자로 응시 자격이 제한되었다. 이미 오래전부터 실질적으로나 형식적으로나 고졸 출신 법조인은 배출될 수 없었다. 이와 관련해 조국 전 민정수석은 위 《법률신문》 칼럼에서 "고졸 출신도 독학사, 학점은행제, 사이버제를 통해 로스쿨에 입학 가능하고 실제 그런 과정을 밟아 로스쿨에 입학해 장학금을 받고 공부해 변호사가 된 사람이 상당수"라고 설명한 바 있다. 이처럼 고졸 출신 법조인이 현실적으로 배출되기 어렵게 된 지는 오래고, 그나마 로스쿨이 생기면서 장학금 제도의 도움으로 어려운 환경의 고졸 출신 졸업생들에게 법조인이 될 기회가 다시 생겼다고 봐야 한다.

불온한 공익

사법 적폐를 해소하는 대안적 법조인 양성 시스템

기득권 법조인들의 '지대추구', 이것이 로스쿨 및 변호사시험을 둘러싼 문제의 핵심이다. 마냥 밥그릇 싸움으로만 치부할 일이 결코 아니다. 그래서 나는, 당사자 운동으로서 이 문제에 막중한 책임감과 부채 의식을 갖고 임하고 있다. 그리고 다른 법조인들도 그래야 한다고 생각한다. 다수의 변호사들은 여전히 '지대추구'에 열중해 유일한 법조인 배출 통로를 틀어막고 뿌리째 흔들고 있다. 그 동기는 충분히 이해한다. 그러나 동기가 이해된다고 행위가 용인되는 것은 아니다. 물이 흘러야 할 호스 구멍을 밟고 발을 떼지 않으면 호스는 결국 터져버린다. 지금 로스쿨은 혈관이 막혀 심근경색에 이른 환자이다. 터지기 일보 직전이다.

변호사시험 관리위원회는 아무런 법적, 도덕적 근거도 없이 (놀랍게도 노골적으로) 시장 수급 상황을 이유로 들며 신규 변호사 합격률을 매년 낮추어 왔다. 신규 변호사 배출을 늘리면 변호사들 살림이 어려워지고, 지금보다 그 수를 줄여야 그나마 이윤을 얻을 수 있다고도 한다(그러나 이 주장에 대해서도 이견이 있다. 로스쿨 이후 법학부가 폐지되면서 약 5,000명의 법학과 졸업생이 사라졌다. 그들이 취업해 온 은행, 관공서 등의 비송무 시장이 비어버렸고 2,000명가량의 로스쿨생들 중 그러한 비송무 영역으로 가고 싶어 하는 수요도 상당하다. 그리고 우리나라 변호사 수는 OECD 국가 평균의 50% 정도에 불과하다. 우리나라 법조인 1인당 국민 수는 5,783명으로, 미국 266명, 영국 557명, 독일 578명, 프랑스 1,509명과는 대단히 큰 차이가 난다). 지금의 방법으로 기존 변호사들이 얻게 되는 경제적 이익이 있다고 하더라도, 이는 공익 목적의 법조인 양성 제도 자체를 망가뜨림으로써 얻게 되는 '반사회적 이익'이다. 법학에서는 이를 두고 '사회적 보호 가치가 없는 반사 이익'에 불과하다고 하여 행위 선택 과정에서 무시하거나 그러한 행위를 하는 자를 제재한다.

변호사는 실력을 키우고 전문 영역을 발굴하거나 직역을 확장하기 위해 노력해야 한다. 전관예우, 전관 출신 일부 변호사들의 무책임한 수임과 터무니없는 수임료 책정, 선임계 없는 전화 변론, 브로커를 통한 불법 수임. 이를 근절하려는 노력은 대체 어떤 변호사단체가 나서서 하고 있는가? 시장을 좀먹고 법조인 전체를 욕되게 하는 이런 거악에 대해서는 '형님, 아우' 하면서 감추고 덮으면서, 막 태어나려는 꿈 많은 예비 법조인들을 밟아서 푼돈이나 지켜보겠다고 혈안이 되어 있다. 푼돈도 못 지키고 공멸하는 길인 줄도 모르고 말이다.

자기개발과 서비스 개선의 책임을 게을리하고 눈앞에 뻔히 보이는 사법 시장 거대 적폐 앞에서는 한마디도 못하면서, 가장 약자인 예비 법조인 청년들을 죽이는 데 몰두하는 행태를 비판하지 않을 수 없다. 게다가 유일한 법조인 양성 기구인 로스쿨을 붕괴시키는 결과까지 낳고 있으니 말이다.

'사법농단 2.0'이 일어나기 전에

지금의 로스쿨을 생각하면, 친구를 죽이고 피 흘리며 미소 짓는 영화 〈배틀로얄〉의 주인공이 떠오른다. 지금의 로스쿨생들은 그 주인공이 자신이 되기만 하면 좋겠다고 생각하며 영혼이 무너지고 있다. 그리고 '용'이니 뭐니 하는 선배들은 고통받으며 변해가는 후배들을 흐뭇하게 바라보면서 "이제야 좀 내 후배 같네"라고 말할 것만 같다. 이는 노무현 정부가 의도하고 국민이 동의했던 로스쿨이 아니다. 괴물이다. 로스쿨 제도가 계속 이렇게 비인간적으로 돌아가면 반드시 사법농단 판사들, 박근혜 청와대의 비서관들과 같은 법비法匪가 또 만들어질 것이다.

상대평가로 생존자를 결정하는 엘리트 교육은, 불합격자라는 제물을 자신의 존재 기반으로 여기고 특권의식, 선민의식의 기존 패러다임을 그대로 답습하는 '법꾸라지' 변호사를 계속 배출할 것이다. 이들이 만드는 디스토피아, 사법농단 2.0은 기필코 다시 온다. 과거의 사법 적폐 청산이 다가 아니다. 로스쿨 정상화는 앞으로의 대한민국을 위한 사법개혁의 본질이다. 해결 방법이 무엇이냐고 묻는다면 단 한 가지, 바로 변호사시험을 상대평가가 아닌, 정원제 선발시험이 아닌, 애초 도입 때 법무부와 국회와 청와대가 공히 밝힌 대로 '완전한 자격시험'으로 운영하는 것, 그것밖엔 답이 없다.

변호사시험 운영 방식과 '5탈제'는 위헌이다

변호사시험법 제7조에 의하면 변호사시험은 5년 동안 다섯 번만 볼 수 있고 모두 불합격하는 경우 평생 응시가 불가능하다. 피해자들을 '5탈자'로 칭하기도 하는데 2023년도 제12회 변호사시험까지 5탈자는 1,543명이었다. 응시자 중 연평균 193명, 로스쿨 입학생 중 평균 9.2%가 영구 응시 금지자가 되고 있다.[17] 헌법상 직업선택의자유를 침해하는 게 아닌가? 헌법재판소가 말하는 과잉금지원칙 위반 아닌가? 평생 변호사가 될 수 없다니. 지나친 형벌 아닌가? 현행 변호사시험은 절반 정도의 응시자가 떨어질 수밖에 없는 상대평가다. 그래서 해마다 응시 인원이 누적되다 보니 합격 기준 점수도 상승해 왔다. 즉 지난해에 시험을 봤으면 붙었을 사람이 그다음 해에 보면 떨어지는데, 이 사람이 변호사가 될 자격이 없다고 할 수 있을까?

17 이성진, "[기자의 눈] 폐기 앞둔 변호사시험 오탈예외법", 《법률저널》, 2024년 2월 23일.

이렇게 잘못된 시험 설계와 불운 때문에 다섯 번 시험에서 떨어졌다고 그 사람을 평생 변호사가 될 수 없도록 나라가 금지하는 것은 지나쳐도 너무 지나치지 않나?

사법고시에는 이런 제한이 없었다. 현재 어떤 시험에도 이같은 제한은 없다. 그래서 나는 이 변호사시험 '5탈제'를 위헌이라고 주장하는 헌법소원 청구를 여러 번 진행했는데 모두 기각당했다. 평생 공부에 온 시간과 노력과 돈을 쏟아부었으나 5탈제 피해자가 된 수험생들, 지금도 계속 배출되고 있는 그 피해자들을 생각하면 잠이 안 온다. 언젠간 당연히 위헌판결이 나오겠지만 그사이에 계속 합헌 판결을 내려서 피해자를 양산한 헌법재판관들은 나중에 어떻게 사죄하려고 그러나. 피해자들에게 아무 의미도 없는 그때의 사죄는 필요 없다. 즉시 위헌판결을 내려서 이 어처구니없는 제도를 당장 멈춰야 한다.

변호사시험법 제7조(응시 기간 및 응시 횟수의 제한) ① 시험(제8조 제1항의 법조윤리시험은 제외한다)은 「법학전문대학원 설치·운영에 관한 법률」 제18조 제1항에 따른 법학전문대학원의 석사학위를 취득한 달의 말일부터 5년 내에 5회만 응시할 수 있다. 다만, 제5조 제2항에 따라 시험에 응시한 석사학위 취득 예정자의 경우 그 예정기간 내 시행된 시험일부터 5년 내에 5회만 응시할 수 있다.

이 법률 문제의 요지는 다음과 같다. ① 변호사시험법 제7조 ('5탈제')는 변호사시험이 순수 자격시험임을 전제로 입법되었다는 점, ② 현행 변호사시험은 자격시험이 아닌 '정원제 선발시험'으로 변질되어 운용되고 있기에 변호사시험법 제7조는 사정 변경에 의해 이제는 위헌이 된 점, ③ 과거 2000년도 사법시험의 응시 횟수 4회 제한 규정에 대해 헌법재판소에서 재판관 전원일치 의견으로 위헌이라며 효력정지 가처분을 인용했고, 법무부와 국회가 헌법재판소의 판단을 존중하여 해당 규정을 폐지한 점, ④ 변호사시험법 제7조 제2항에 대해 여성가족부와 국민권익위도 법무부에 개정을 요청한 점 등이다. 헌법소원을 수년간 제기해 왔으나 매번 기각되었다. 5탈제는 명백히 위헌이다. 왜 매번 기각되는지 도무지 알 수가 없다. 사법고시 제한은 위헌인데 변호사시험 제한은 된다? 불가사의한 판결이다.

변호사시험법 제7조 도입 경위

로스쿨 도입 직후 2009년 국회 법제사법위원회 281회, 282회 회의록 중 변호사시험 법안에 관한 내용을 살펴보면 변호사시험 자체가 자격시험으로 운영될 것을 가정하고, 응시자 대비 80% 이상의 합격률을 예상하여 5년 내에 5회만 응시하게끔 제도를 설계하였음을 알 수 있다.[18] 2009년 국회 법제사법위원회 6차 회의에서 박영선 의원과 법무부 장관의 토론 내용이다.[19]

박영선 의원이 응시 제한은 기본권 침해가 아니냐고 묻자 법무부 장관이 한 답변을 보면 실소를 금할 수 없다. 소수의 사정은 버리고 가겠다는 것이다. "다소 개인적인 사정'을 전부 고려해서 입법하기에는 좀"이라고 한다. 민주국가의 법무부 장관마저 이처럼 기본권을 소홀히 하며 졸속으로 도입한 것이 바로 변호사시험법 제7조, 5탈제다. 만약 2009년 입법 당시의 취지처럼 변호사시험이 순수 자격시험으로 운영된다면, 그래서 법안을 성안한 국회의 뜻대로 합격률이 80% 정도가 된다면, 응시 횟수 제한의 합리성에 대해 토론의 여지가 조금 더 열린다(그럼에도 응시 기간 제한 및 예외 사유의 미비는 그대로 문제가 되고 직업 선택권을 침해하는 건 마찬가지다).

그러나 해마다 합격률이 하락하고 합격 점수가 상승하는 현행 선발시험 체제하에서는 변호사시험법 제7조는 위헌 논란을 피하기 어려워 보인다. 지난해보다 고득점을 했음에도 다음 해에는 불합격하는 구조상 5회 탈락자가 그 이전 합격자들보다 성적이 높을 수 있고, 이들에 대해 변호사 수행 자격이 없다고 판단하는 것에 합리적 근거가 없기 때문이다. 2007년 당시 변호사시험법 제7조를 설계하는 데 참여한 한상희 건국대

18 18대 국회회의록-281회-법제사법위원회 5차 회의록, 76쪽.
19 18대 국회회의록-282회-법제사법위원회 6차 회의록, 23쪽.

법학전문대학원 교수는 언론 인터뷰에서 "원래 수험생 보호를 위한 것이었다. 로스쿨 제도를 엉터리로 만들어놔 학생들에게 살인 시험이 됐다"면서 "그 조항은 (지금의) 로스쿨 제도를 했을 것이라면 없앴어야 한다"고 주장하고 있다.[20]

이처럼 변호사시험법 제7조는 변호사시험이 순수 자격시험으로 운영된다는 것을 전제로 도입되었다. 그러나 지금의 변호사시험은 사법시험과 같은 정원제 선발시험임에 대해 이론의 여지가 없다. 이와 같은 변호사시험의 운영 실태는 어떨까?

현행 변호사시험은 "정원제 선발시험"

(1) 변호사시험 합격자 결정 방식

법무부 장관은 변호사시험 관리위원회의 심의 의견을 들어 매해 변호사시험의 합격자를 합격자 발표 당일에 결정하고 있다.[21] 법무부는 2012년 제1회 변호사시험에서는 과락 현황, 로스쿨 제도 도입 취지 및 자격시험으로서의 성격, 성적 분포와 평균 점수 등을 고려하여 "변호사로서의 자질과 능력을 갖추었다고 판단되는 총점 720점 이상에 해당하는 1,451명"을 합격자로 결정했고, 제2회 변호사시험에 관해서는 "엄정한 학사 관리를 전제로, 원칙적으로 입학정원 대비 75% 이상 합격"하도록

---

20 김지현, "변시 응시생 죽이고 기성변호사 배불리는 '5탈제'", 《민중의 소리》, 2018년 12월 10일.

하되, 2014년 이후의 합격자 결정 방식은 관련 통계자료, 시험 시행 결과 분석 자료, 절대점수제 연구 등 자격시험으로의 전환을 위한 기초 자료를 축적하여 추후 재논의하기로 하였다(그럼에도 불구하고 법무부는 이후 제대로 된 재논의 없이 제1회 변호사시험의 합격자 선정 방식을 고수해 오고 있다).[22]

그리고 제1회 때는 변호사의 자질과 능력을 갖추었다고 판단되는 총점을 720점이라고 공표했다. 당시 법무부는 보도자료에서 변호사시험이 자격시험이라는 점은 여러 번 분명히 했다. 그런데 제2회 변호사시험부터 현재까지 변호사시험은 "순수한 정원제 선발시험"으로, '응시인원' 대비도 아닌 '입학정원' 대비 75%의 합격률로 운영되고 있다. 법무부와 대한변협 등 이익단체들은 계속해서 제1회 때 법무부가 보도자료를 통해 밝힌 "원칙적으로 입학정원 대비 75%(1,500명) 이상 합격"이라는 내용을 그 근거로 삼는다. 그러나 한글만 제대로 읽더라도

---

21 변호사시험 관리위원회의 구성(변호사시험법 제14조): 위원장 1명, 부위원장 1명을 포함한 15명의 위원으로 구성. 위원장과 부위원장은 위원 중에서 법무부 장관이 지명. 위원은 다음 각호의 사람으로 함.
   1. 법무부 차관
   2. 다음 각 목의 어느 하나에 해당하는 사람 중 법무부 장관이 위촉하는 사람
   가. 법학 교수(부교수 이상의 직위에 있는 사람을 말한다. 이하 같다) 5명
   나. 법원행정처장이 추천하는 10년 이상의 경력을 가진 판사 2명
   다. 10년 이상의 경력을 가진 검사 또는 변호사시험 관련 업무를 담당하는 법무부의 고위공무원단에 속하는 일반직 공무원 중 2명(이 중 1명 이상은 검사로 한다)
   라. 대한변호사협회장이 추천하는 10년 이상의 경력을 가진 변호사 3명
   마. 그 밖에 학식과 덕망이 있는 사람 등 대통령령으로 정하는 사람 2명(법학을 가르치는 전임강사 이상의 직위에 있는 사람 및 변호사 자격을 가진 사람은 제외한다)
22 법무부 보도자료, 신하영, "'변호사시험=자격시험' 예고했던 법무부… 그땐 맞고 지금은 틀리다?",《이데일리》, 2019년 2월 24일.

"75%(1,500명) 이상 합격"이라는 말이 딱 75%만 뽑는다는 말이 아님은 알 수 있다. 당시에 75% 기준선을 정했던 이유는 최대 합격자 수가 아니라, 최소 선발 인원을 정해서 변호사 수급이 부족해지는 위기 상황을 막기 위해서였다. 정확히 75%만 뽑으라는 해석이 어찌 가능한지 도무지 이해할 수가 없다.

한편 제2회 변호사시험은 "입학정원 2,000명의 75%(1,500명) 이상"이라는 합격 기준을 적용하고, 작년 합격 인원, 응시생의 수준, 법조인 수급 상황 등을 종합적으로 고려하여 응시 인원 2,046명 중 1,538명을 합격자로 결정하였다. 제3회, 제4회 변호사시험 또한 유사한 기준에 따라 각 1,550명, 1,565명을 합격자로 결정하였으며, 제5회 역시 유사한 기준에 따라 합격자를 결정하되, 5회 응시 제한이 처음 적용되는 2017년 이후에 관해서는 추후 논의하기로 하였다. 그러나 법무부는 약속을 어기고 아무런 논의 없이 제6회 이후 변호사시험 또한 "입학정원 2,000명의 75%(1,500명) 이상"이라는 합격 기준을 적용하고, 작년 합격 인원, 응시 인원 증가, 법조인 수급 상황 등을 종합적으로 고려하여 1,500명을 다소 상회하는 지점에서 합격자를 결정하고 있다.

제1회 변호사시험의 합격자 결정 방식이 '입학정원 2,000명의 75%(1,500명) 이상'으로 정해졌던 것은 당시 변호사시험 합격자를 1,000명으로 통제하려는 변협 등 이익단체와, 전원자퇴서를 제출하며 이에 맞섰던 로스쿨 제1기 재학생들 간의 대립의 산물이었다. 결국 두 집단의 어정쩡한 타협에 따라 변호사 배출 인원이 1,500명으로 고정되어 기존의 사법시험과 같은 '정원제 선발시험'이 되어버린 것인데, 이 당시 합격자 결정 방식을 '응시자 대비'가 아닌 '입학정원 대비'로 정했던 것이 핵심적 문제였다. '응시자 대비' 75%(내지는 다른 비율로 조정 가능)로 정했더라면 매년 불합격자가 누적될 일도 없었을 것이며 따라서 합격률이 급락하는 일도 없었을 것이다. 이처럼 자격시험을 전제로 도입된 로스쿨 제도의 원칙이 지켜졌다면 로스쿨 제도의 정상적인 정착 또한 가능했을 것이다.

그러나 법무부는 '입학정원 대비'라는 생소한 기준을 제시했고, 변호사시험 제1회 응시를 앞두고 있던 학생들은 응시자가 누적되지 않은 상태였으므로 이를 수용했다. 이 당시에도 향후 불합격자를 포함한 응시자의 누적으로 인한 합격률 급락이 뻔히 예견되었고, 이에 대해 참여연대, 민변 등이 지속적으로 문제를 제기했음에도 법무부는 이 기준을 밀어붙였고 그 결과 현재 변호사시험의 합격률은 50% 초반대에 이르게 되었다.

(2) 변호사시험의 합격률

가. 합격률의 급락, 불합격자의 증가

위에서 설명한 바와 같이, 법무부 장관은 매년 "1,500명 이상"이라는 기준에 따라 [그림 1]과 같이 합격자 수를 1,500명대로 유지함으로써 사실상 '합격자 정원제'를 취하고 있다. 이에 따라 변호사시험의 합격률은 다음 [그림 2]와 같이 매년 급락하였다. 불합격 인원 또한 [그림 3]과 같이 매년 크게 늘어 제7회 시험에서는 응시자 대비 불합격률이 사상 최초로 50% 아래인 49%에 이르게 되었다. 법무부가 좋아하는 '입학정원 대비 <u>합격률</u>'이 아닌 '입학정원(2,000명) 대비 <u>불합격률</u>'은 82%(1,641명)가 되었다. (이처럼 응시자 대비가 아닌 '입학정원 대비'라는 통계는 얼마나 기괴하고 우스꽝스러운가. '합격률'을 '불합격률'로 바꾸면 법무부가 제 발등을 찍는 충격적 통계수치가 나온다. 그러니까 '입학정원 대비' 같은 통계는 사이비 통계, 유사 통계로서 기만적인 말장난에 불과함을 대번에 알 수 있다.)

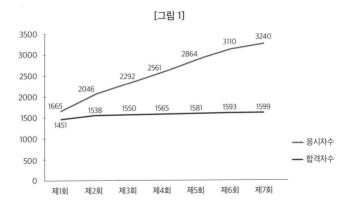

[그림 1]

━━ 응시자수
━━ 합격자수

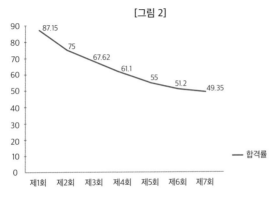

[그림 2]

━━ 합격률

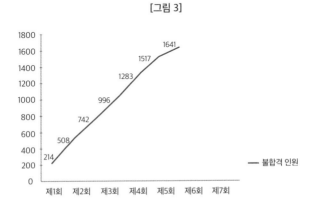

[그림 3]

━━ 불합격 인원

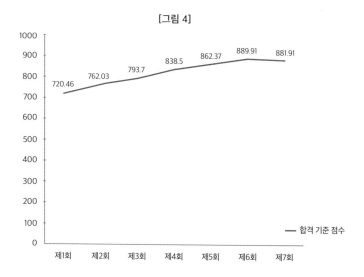

[그림 4]

나. 합격 기준 점수의 급상승

위와 같은 합격률 하락에 따라 위 [그림 4]와 같이 변호사시험 합격 기준 점수 또한 꾸준히 상승해 왔다.[23] 같은 실력의 사람이라도 늦게 시험에 응시할수록 변호사시험에 합격하기 어려워진다는 점이 분명하게 드러났다.

---

23   다만, 제6회에 비하여 제7회의 합격 기준 점수가 다소 낮아진 것은 제7회 변호사시험에서 선택형 시험의 난이도 급상승으로 인해 전반적으로 점수가 하락하였기 때문으로 추정된다. 제8회에서는 905.55점까지 다시 상승하여 최고치를 경신했다.

다른 시험들과의 비교

변호사시험은 다른 전문교육기관의 자격증 시험들과 비교할 때 심각하게 낮은 수준의 합격률을 보인다. 다른 전문교육기관들에는 '5탈제'와 같은 응시 제한도 없다. 변호사시험 운영의 문제점을 논함에 있어 핵심적으로 짚고 넘어갈 지점이 있다. 그것은 바로 로스쿨 제도와 변호사시험 제도가 기존 사법시험의 폐단을 극복하기 위한 사법개혁의 일환으로서, 단순히 제도를 일부 변경하는 게 아니라 '패러다임 전환'을 목표로 한 시도였다는 점이다. 즉, 변호사시험을 기존의 사법시험과 동일 선상에서 단순 비교하는 것은, 사법시험과 아예 다른 시스템을 위해 막대한 사회적 비용을 치르면서까지 로스쿨 제도를 도입한 취지 자체를 이해하지 못하는 것이다. 예컨대 변호사시험이 기존 사법시험보다는 합격률이 높다는 점을 들어 별문제가 없다고 보는 시각이 대표적인 경우이다.

'수험'을 통한 '선발'이 아니라 '교육'을 통한 '양성', 이것이 기존 사법시험의 패러다임과 로스쿨 패러다임의 전면적 차이다. 바로 이 때문에 시험의 합격률이나 합격자 선정 방식을 비롯한 제반 논의를 함에 있어 로스쿨 제도는, '수험'과 '선발'을 전제로 하는 사법시험이 아니라 '교육'을 통한 '양성'을 전제로 하는 전문대학원 체제, 즉 의사, 치과의사, 한의사 등의 '자격시험'과 비교하는 것이 타당하다. 변호사시험은 그 모순을 숨기

[표 1] 전문자격시험의 응시자 대비 합격률

	2015년	2016년	2017년	2018년	2019년
의사[24]	94.6% (3,125/3,302)	93.5% (3,106/3,323)	92.8% (3,095/3,336)	95.0% (3,204/3,373)	94.2% (3,115/3,307)
치과의사[25]	96.5% (725/751)	94.9% (767/808)	93.8% (746/795)	94.9% (745/785)	97.3% (790/812)
한의사[26]	94.6% (772/816)	94.9% (752/792)	94.4% (775/821)	95.7% (797/833)	96.6% (721/746)
수의사[27]	85.4% (463/544)	97.2% (589/606)	96.1% (569/592)	96.9% (548/565)	97.1% (540/556)
간호사[28]	96.7% (15,743/16,285)	93.8% (17,505/18,655)	96.4% (19,473/20,196)	96.1% (19,927/20,731)	-
약사[29]	97.2% (1,668/1,716)	94.8% (1,772/1,869)	93.6% (1,868/1,996)	91.2% (1,839/2,017)	-
변호사[30]	61.1% (1,565/2,561)	55.2% (1,581/2,864)	51.5% (1,600/3,110)	49.4% (1,599/3,240)	-

기 위해 유독 다양한 종류의 통계가 법무부에 의하여 생산되고 있으나, 시험의 합격률은 '응시자 대비 합격률'을 기준으로 판단하는 것이 상식이다.[31]

[표 1]과 같이 전문교육 이수자들로 응시자가 제한된 타 직역 전문자격시험의 경우, 절대평가로 운영되며 합격률은 90%대로 유지되고 있다. 변호사시험은 제7회 기준 응시자 대비 합격률이 49.35%까지 내려갔다가, 그 이후에도 계속하여 50% 초반대다. 다른 전문자격시험의 반토막 수준이다.

---

24 오지혜, "올 의사 국가시험 합격률 94.2%… 전년보다 0.8%↓", 《메디소비자뉴스》, 2019일 1월 24일.

25 이경숙, "올 치과의사 국가시험 합격률 97.3%… 전년보다 2.4%↑", 《메디소비자뉴스》, 2019년 2월 1일.

응시 제한은 위헌!

이처럼 해마다 합격률이 하락하고 합격 점수가 상승하는 현행 정원제 선발시험 체제하에서 5탈제는 위헌 판단을 피하기 어려워 보인다. 명백히 직업선택의자유 침해다. 변호사시험법 제7조의 근본적인 쟁점은 과연 정원제 선발시험하에서 응시 기간과 횟수를 제한하는 것이 헌법상 직업선택의 자유를 침해하는지의 여부이다. 선례가 있는지 확인해 보자.

2000년도에 사법시험의 응시 횟수를 4회로 제한한 것에 대해서 헌법재판소, 법무부, 국회는 이미 모두 위헌이라 판단한 바 있다. 헌법재판소는 2000년 사법고시 응시 횟수 제한에 위헌성(직업선택의자유 침해)이 있다 하여 재판관 전원일치 의견으로 효력 정지 가처분을 인용했다(2000헌사471).[32] 그리고 다음 해에 법무부는 헌재의 본안 결정을 앞두고 해당 조항에 대해

---

26 24와 동일.

27 윤상준, "2019 수의사 국가시험 540명 합격… 합격률 4년 연속 95% 넘겨", 《데일리벳》, 2019년 1월 24일.

28 김지은, "신규 간호사 1만9927명 탄생… 합격률 96.1%", 《데일리팜》, 2018년 2월 14일.

29 정흥준, "약사국시 난이도 조절… 합격률 소폭 하락 전망", 《데일리팜》, 2019년 1월 25일.

30 차형조, "변호사시험 '오탈자' 올해 역대 최고 237명 추가, 총 678명", 《비즈한국》, 2019년 6월 27일.

31 변호사시험의 경우 로스쿨 석사학위 취득(졸업시험 통과)을 응시 자격으로 한다. 이에 각 로스쿨은 학교의 변호사시험 합격률을 올리기 위해 학생들을 졸업에서 낙제시킴으로써 아예 응시 자격을 안 주는 경향까지 생겼다. 따라서 작금의 '응시자 내비 합격률'은 정상적 상황에서의 합격률보다 과장된 측면마저 있다.

32 최성영, "사법시험 '4진아웃제' 시행 중지: 헌재, 헌법소원 첫 가처분 결정… 1천2백57명 구제", 《법률신문》, 2000년 12월 8일.

위헌 결정이 내려질 가능성이 높다고 판단하여, 결국 국회에서 사법시험법을 제정하면서 해당 내용을 삭제했다. 당시 법무부는 사법시험법 제정안 자료에서 "35학점 이상의 법학 과목 이수자 또는 법학사 이상의 학위 소지자로 응시 자격 제한 제도를 도입하므로 응시 횟수마저 제한할 경우 과도한 규제라는 논란이 있어 폐지한다"고 밝혔다.[33] 그런데 로스쿨은 입학시험, 3년간의 전문교육, 졸업시험이라는 응시 자격 제한의 정도가 사법시험보다 더 엄격함에도 불구하고 응시 횟수를 제한하고 있는 바 기존 헌재와 법무부 입장에 비추어 보더라도 변호사시험법 제7조를 위헌이라고 당장 결정해야 한다.

사법시험 당시 문제가 된 규정은, 1차 시험을 4회 응시할 경우 마지막으로 응시한 1차 시험의 시행일부터 4년이 경과한 날이 속하는 해의 말일까지 1차 시험에 다시 응시할 수 없도록 한 시행령(대통령령 제15144호 사법시험령 제4조 제3항)이었다. 4회 탈락 시 4년 동안 휴지(休止)기를 가진 후 다시 응시할 수 있는 규정이었음에도 직업선택의자유를 침해한다는 이유로 위헌 판단, 폐지된 것이다. 그런데 현행 변호사시험법 제7조는 휴지가 아니고 영원히 응시를 금지하는 규정이다. 헌재와 법무부가 변호사시험법 제7조를 위헌이라고 하지 않을 이유가 없다.

한편 응시 기간 중단 사유를 규정한 변호사시험법 제7조

---

33 "사법시험법 제정안 '4회 응시 제한' 폐지로",《법률저널》, 2001년 9월 29일.

제2항[34]에 대해 여성가족부와 국민권익위원회가 법무부에 개정을 요청하였다. 변호사시험법 제7조 제2항은 병역의무를 이행하는 경우만을 예외로 두고 있다. 질병, 임신·출산, 자연재해 등 기타 응시가 어려운 경우에 대해서는 일절 고려하고 있지 않아 기본권을 심하게 제한한다는 비판이 끊이지 않는 이유다(위 2009년 국회 회의록에서도 기본권 침해성이 이미 드러난 바 있다). 이에 2018년 1월 여성가족부는 로스쿨 졸업 후 변호사시험 응시 기회 제한의 예외 사유로 '출산' 등을 규정하는 방안을 검토하도록 법무부에 개선을 권고했다.[35]

여성가족부는 그동안 과거 사법시험과 달리 로스쿨 재학생 대다수가 임신·출산과 직접적으로 관련된 연령층에 해당하는 만큼, 시험제도 역시 여성의 생애주기를 고려해야 한다면서 제도 개선을 요구했다. 실제로 2009년부터 2017년까지 로스쿨에 입학한 여성의 경우 23~25세(43.2%)가 가장 많은 데다 주요 연령대도 23~31세가 88.1%를 차지하고 있어서 여성의 임신·출산으로 인한 피해가 계속 발생할 것으로 예상되기 때문이다. 임신과 출산은 여성 개인의 문제가 아니며, 국가와 사회가 보호할 책임이 있다. 국민권익위원회 역시 이어서 2018년 7월 '임

---

34 ②「법학전문대학원 설치·운영에 관한 법률」 제18조 제1항에 따른 법학전문대학원의 석사학위를 취득한 후 또는 이 법 제5조 제2항에 따라 석사학위 취득 예정자로서 시험에 응시한 후「병역법」 또는 「군인사법」에 따른 병역의무를 이행하는 경우 그 이행기간은 제1항의 기간에 포함하지 아니한다.

35 이성진, "여성가족부 '임산부에 변호사시험 5진아웃 완화해야", 《법률저널》, 2018년 1월 11일.

신·출산 등이 변호사시험 응시 기간의 예외 사유로 인정되도록 변호사시험법 제7조를 개정할 것을 법무부 장관에게 의견 표명한다'고 의결하고 법무부에 통보했다.[36] 그럼에도 여전히 법 개정은 안 되고 있다.

그런데 임신·출산만을 예외 사항으로 추가한다면, 문제가 해결되는 것이 아니라 되레 다른 특수 상황들에 대한 형평성 논란만 더욱 본격화할 위험이 있다. 이에 임신·출산 외에도 불가항력적인 중병에 대해서 응시 기간을 연장하는 법안이 지난 국회까지도 계속 발의되었지만, 해마다 폐기될 뿐 아무런 경과 진행이 없다. 법무부 산하 '변호사시험 개선 위원회' 역시 변호사시험법 제7조 제2항 예외 사유에 임신·출산을 포함한다는 입장을 취했다.[37]

결론

5탈제 피해자들을 어떻게 할 것인가. 불의의 사고를 입어 거동할 수 없는 자들, 극심한 생계곤란과 가족부양으로 인해 부득이 한동안 경제활동을 하면서 공부를 쉴 수밖에 없는 자들은 어떻게 구제할 것인가. 이렇게 제도개선이 느려서야 그사이

36 이장호, "변호사시험 응시기간 예외사유에 '임신·출산 등' 추가하라", 《법률신문》, 2018년 7월 12일.

37 2018년 11월 28일 법무부 변호사시험 개선 위원회 보도자료.

에 심각한 기본권 침해를 겪은 피해 수험생들과 앞으로 발생할 피해자들을 어떻게 할 것인지 암담한 상황이다.

2019년 2월 20일 법무부가 공개한 자료에 따르면[38] 2009년 부터 2011년까지 입학한 로스쿨 1~3기 졸업생 중 소위 '5탈자'(평생 응시 금지자)는 약 441명으로 추산됐다(2018년 12월 기준). 기수별로 1기 150명, 2기 178명, 3기 113명이 응시 자격을 잃었다. 그 이후 합격률은 더 떨어져서 50% 초반대로 수렴했고 2019년 법무부 역시 누적 응시 인원 증가에 따라 5탈자 수는 앞으로 매년 증가할 것이라고 공식 발표했다. 당시 법무부 관계자는 "앞으로 5탈자는 장기적으로 매년 270~370명 수준이 될 것으로 예상한다"고 말했다.[39] 법무부 예상치의 평균을 320명으로 잡으면 매년 정원 대비 16%가 5탈자가 되는 셈이다.[40] 현재 통계를 보면 그 심각한 예언이 실현되고 있다.

법무부의 2024년 통계에 따르면 로스쿨 졸업(석사학위 취득) 후 5년·5회 응시 기회를 모두 사용한 응시자(1~9기)의 최종 누적 합격률은 88.35%이다. 즉 11.65%는 '5탈자'라는 의미다. 매해 입학정원 2,000명을 기준으로 계산하면 대상 기수인 1~9기 전체 1만 8,000명 중 5탈자로 파악되는 11.65%는 2,097명이다. 졸업 인원이 실제로는 매년 2,000명에 약간 미달할 것이므

---

38   이하 내용은 다음 기사 참조. 차형조, "변호사시험 다시는 못 보는 '로스쿨 오탈자 441명' 최초공개",《비즈한국》, 2019년 2월 20일.

39   남정민, "내년 辯試 지원자 첫 감소… '오탈자' 올 200명 넘어서",《한국경제》, 2019년 11월 11일.

40   36과 동일.

로 실제 5탈자가 그보다 적을 수 있으나 누적 5탈자가 2024년까지 최대 2,000명에 이를 수 있다고 이론적으로 계산해 볼 수 있다(앞서 인용한 2월 23일 자《법률저널》의 취재에 따르면, 2024년까지 1,543명으로 추산된다고 한다).

이상 살펴본 것처럼 '5탈제'가 존재하는 한 로스쿨 제도하에서 "교육을 통한 법조인 양성"은 불가능하다. 나아가 "시험을 통한 법조인 양성"으로 보기에도 다른 정원제 선발시험들과 비교해 현저히 형평성이 떨어진다. 헌법상 기본권까지 침해하는 불행한 제도인 것이다. 위 같은 이유로 변호사시험법 제7조는 직업선택의자유를 심각하게 침해하므로 위헌이다. 나는 연이어 헌법재판소에서 패배했지만 하늘에서 언젠가 비가 내릴 확률이 100%인 것처럼, 여전히 자신 있다. 헌법재판관들이 통제할 수 있는 통계가 아니다. "1+1=2"라는 명제에 대해 확신하는 정도의 자신감이다.

검경 수사권 조정
그 이후

2021~2022년 법률(검찰청법, 형사소송법) 개정, 즉 '검경수사권 조정'으로, 경찰에 대한 검찰의 수사지휘권이 폐지되고, 경찰은 '수사종결권'을 갖게 되었다. 경찰이 자체적으로 판단해서 무혐의 의견으로 수사를 종결시킬 수 있게 된 것이다. 수사를 종결하는 경우 경찰은 '불송치 결정'을 내리고 검찰에 보고하지 않는다. 이에 대해 고소인(직접 피해를 입은 사람)은 경찰에 '이의신청'을 해서 검찰이 사건을 다시 검토하게끔 할 수 있다(고발인-피해자가 아닌 제삼자-에게는 아예 이의신청권 자체가 없어졌는데, 이는 별도로 심각한 문제를 야기하고 있다).

이 같은 상황에서 경찰의 불성실 또는 법률 지식 부지, 수사 미진으로 인해 불송치 결정의 부당함을 호소하는 경우가 많아졌다. 이의신청 제도 역시 생소한 제도로, 고소인에게 제대로 안내도 되지 않아서 당사자들이 이용에 어려움을 겪는다. 이의

신청 기한도 정해져 있지 않아 피고소인의 지위는 계속 불안정한 상태에 있게 된다. 이처럼 제도가 많은 부분 미비하다. 또한 수사절차와 기간이 이전보다 대폭 늘어나 '지연된 정의는 부정의'가 되는 사례가 많다.

검경 수사권 조정 이후 문제점

첫째, 불송치 결정의 이유에 대해 안내가 잘 되지 않는다. 불송치 결정을 통보하지 않는 경우도 있고, 문자로만 통보하거나 그 경우에도 불송치 이유서는 대부분 제공하지 않는다. 이유서를 제공해야 할 의무가 법률에 규정되어 있지 않고, 경찰 내부 사무 준칙에도 관련 내용이 명확히 제시되어 있지 않기 때문이다. 경찰 측은 내부 지침이 있다고 하나, 나 또한 수사권 조정 이후 아직까지 고소·고발 사건에서 불송치 이유서를 경찰이 스스로, 지체 없이 발급한 경우를 경험해 보지 못했다. 경찰에 발급을 요청하면 '그런 거 없다'고 하거나 정보공개청구를 정식으로 하라고 한다. 정보공개청구를 하면 그제야 졸속으로 작성하여 뒤늦게 발급해 주는 경우가 잦다. 관련 규정 제정이 시급하다. 검찰이 수사권을 갖고 있을 때는 불기소처분 이유서를 검찰 민원실에 신청하면 즉시 발급되었다.

국가인권위원회는 2021년 9월 9일 결정을 통해, 경찰이 불송치 결정을 하면서 고소인에게 불송치 이유를 알려주지 않은 것에 대해 헌법상 '알권리'를 침해한 것으로 판단했다. 사건은 이렇다. 인권위 진정인 A 씨는 지난해 5월 1억 2,000만 원 사기 혐의로 네 명을 고소했지만, 올해 2월 16일 경찰서로부터 불송치 결정을 통보받았다. 경찰서에선 A 씨에게 '불송치를 결정했다'는 결과 이외에 불송치 결정 취지와 이유는 알려주지 않았다. A 씨는 이에 해당 경찰서에 불송치 이유를 알려줄 것을 여러 차례 요구했지만 답변을 듣지 못했다. 인권위는 이에 대해 해당 경찰서가 헌법 제21조에서 보호하는 국민의 알 권리를 침해하고 형사소송법도 위반했다고 판단한 것이다.[41]

둘째, 실질적인 이의신청이 어렵다. 이의신청 제도 자체에 대한 안내가 잘 되지 않는다는 문제가 있다. 그리고 앞서 설명한 바와 같이 경찰이 불송치 이유서를 배부하지 않거나, 하더라도 법률적으로 부실한 경우가 많아서 당사자 및 대리인으로서는 정확한 이의신청을 제기하기 어렵다. 불송치 이유가 뭔지를 제대로 알아야 지적도 할 것이 아닌가. 그래서 일단 이의신청서를 접수하고 나서 검찰이 재수사하기를 기다린다. 만약에 경찰이 불기소 결정을 하면 그때 다시 검찰로부터 불기소 이유서를 발급받아서 기존의 '항고'라는 불복 절차를 재검토해야 한다. 즉 경찰에 대한 이의신청 제도가 예전 검찰 항고와 같은 기능을 제대로 수행하지 못하고 있다. 경찰 수사 기간만큼 시

---

41 원다라, "경찰이 불송치 사유 설명 안 하면 '알 권리 침해'", 《한국일보》, 2021년 9월 9일.

간만 잡아먹는 것이다. 차라리 애초에 경찰이 아닌 검찰이 불기소 결정을 내려서 항고를 빠르게 하는 것이 시간과 에너지 낭비를 막을 수 있으니 더 낫다는 의견이 나온다. 경찰에겐 미안한 말이지만 민원인 입장에서는 경찰이 검찰보다 훨씬 게으르고 비전문적으로 느껴진다.

셋째, 이의신청 기간 제한이 없어서 피고소인의 불안한 상태가 지속된다. 경찰의 불송치 결정에 불복할 수 있는 기간에 대해서는 법령이나 규칙에 아무런 규정이 없다. 이론적으로는 고소인이 불송치 결정을 받은 뒤 5년이나 10년 뒤에도 이의신청을 할 수 있다는 뜻이다. 불송치 결정을 받더라도 이의제기 기간에 제한이 없다 보니 피고소인은 고소인이 언제 다시 이의신청을 할지 모른다는 불안함을 지닌 상태로 계속 지내야 한다. 이것만 보더라도 검경수사권 조정 개정 입법의 허술함에 한숨이 나온다. 검찰에 대한 항고기간은 불기소처분 통지를 받은 날로부터 30일로 규정되어 있다.

넷째, 경찰의 법률 무지 문제다. 준비 기간과 과도기 없이 즉시 검경수사권이 조정되면서 경찰이 갑자기 검찰 수준의 수사권과 수사종결권을 갖게 되어 생긴 필연적 문제다. 판사, 검사, 변호사도 자신이 실무에서 주로 다루는 법률 분야가 아니면 잘 모른다. 학생 때 사법연수원 또는 로스쿨에서 학습한 법률 지식은 졸업 후 불과 수년 만에 희미해지기 때문이다. 수사권 조정 이전 경찰의 역할은 고도의 법률적 해석과 판단을 내리는 것보다는 검사의 법률적 해석과 판단을 돕기 위해 사실관계를 조사하고 증거와 당사자의 신문 기록을 검찰에 보내면서 '기소 의견', '불기소 의견' 정도의 초벌 의견을 밝히는 데 불과했다. 그런데 이제는 경찰이 직접 불송치 결정을 내릴 수 있고, 이때 수사가 종결되어 버리므로 경찰에게 예전보다 훨씬 높은 수준의 법률적 해석, 판단 능력이 필요해진다. 여기서 문제가 심각해진다. 경찰의 전문성이 더 나아질 시간이 없었기 때문이다. 수사 경찰 재교육 또는 의무적으로 변호사 자격을 갖춘 자를 수사팀 내 법률 자문역으로 배치하는 등, 제도개선이 시급하다. 피해는 고스란히 국민에게 돌아간다.

경찰은 잘 모르겠다 싶으면 무혐의 처분, 수사종결의 유혹에 직면한다. 검경수사권 조정 이후 실무에서 그런 경찰들이 부쩍 늘어났음을 느낀다. 주위 변호사들과 대화를 해보면 대부분 비슷한 탄식을 내뱉는다. 과거 검찰의 무혐의 처분보다 현재 경찰의 불송치 결정이 훨씬 넘쳐난다. 검경수사권 조정으로 범죄자만 좋은 세상이 되었다는 말이 괜히 나오는 게 아니다.

다섯째, 경찰의 불성실 문제다. 발생 이유는 '게으름에 대한 정당성' 때문이라고 본다. 경찰은 일정한 급여를 받는 공무원이다. 수사권 조정 이후 경찰 업무가 몇 곱절 늘었다. 그러나 특별히 급여가 인상되었다는 소식은 없다. 그렇다면 동일한 급여를 받으면서도 예전보다 몇 배나 일을 많이 해야 하고 법률 해석과 판단에 대한 고도의 책임까지 부담해야 하니 경찰 입장에서는 대단히 곤혹스러울 것이다. 일선 경찰들의 불만이 상당하다. 쉽게 말해 '어차피 사건을 많이 하나 적게 하나, 열심히 하나 대충 하나 월급은 똑같다'는 인지상정이 생길 수밖에 없는 상황이다. 여기에다가 '수사종결권'이라는 강력한 무기까지 있으니 어렵고 복잡한 사건은 제대로 들여다보지도 않고 '에라 모르겠다' 식으로 졸속 수사종결을 해버린다. 그리고 당사자가 항의하면 '검찰에 이의신청하세요'라며 검찰로 미뤄버린다. 대단히 편리한 업무 수행 방식이고 실제로 실무에서 빈번하다. 일선 경찰서에서는 새로운 형사 사법 시스템이 큰 방향에선 맞지만, 경찰 '체력'이 이 시스템을 뒷받침하기엔 역부족이라고 자평한다.

서울 지역 경찰서의 한 간부는 "사이버팀의 경우 수사관 한 명이 90개 사건을 맡고 있을 정도로 업무에 과부하가 걸려 있다"며 "사건 처리에 허덕이다 보니 고소인에게 불송치 결정을 알리지 않는 등 정보 제공을 소홀히 한 측면이 있었다"고 고백했다. 서울 지역의 다른 경찰서 간부는 "불송치 결정서를 고소인에게 교부해야 하지만, 고소인에게 불송치 이유를 설명하는 데 부담을 느끼는 수사관이 적지 않다"고 설명했다.

아래는 실무 변호사들의 설문조사 결과다. 그 심각성을 알 수 있다.[42]

---

42 이상무, "'고소하다 지쳐' 법원까지 가려면 15단계 이상 거쳐야 한다", 《한국일보》, 2021년 6월 29일 자 기사의 자료를 발췌 및 재가공.

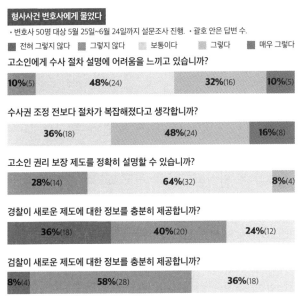

형사사건 변호사에게 물었다

· 변호사 50명 대상 5월 25일~6월 24일까지 설문조사 진행. · 괄호 안은 답변 수.

■ 전혀 그렇지 않다　■ 그렇지 않다　□ 보통이다　□ 그렇다　■ 매우 그렇다

고소인에게 수사 절차 설명에 어려움을 느끼고 있습니까?

| 10%(5) | 48%(24) | 32%(16) | 10%(5) |

수사권 조정 전보다 절차가 복잡해졌다고 생각합니까?

| 36%(18) | 48%(24) | 16%(8) |

고소인 권리 보장 제도를 정확히 설명할 수 있습니까?

| 28%(14) | 64%(32) | 8%(4) |

경찰이 새로운 제도에 대한 정보를 충분히 제공합니까?

| 36%(18) | 40%(20) | 24%(12) |

검찰이 새로운 제도에 대한 정보를 충분히 제공합니까?

| 8%(4) | 58%(28) | 36%(18) |

한국일보 제공

　위 설문에 응한 변호사들 90%가 고소인에게 수사 절차 설명에 어려움을 느끼고 있고, 64%는 절차가 이전보다 복잡해졌다고 생각하며, 경찰이 새로운 제도에 대한 정보를 충분히 제공하지 않는다고 답한 비율은 무려 76%에 달했다.

　여섯째, 고발인의 이의신청권 부재 문제가 정말 심각하다. 고발 사건은 내부 제보, 아동학대, 성폭력 피해자, 심신미약자 등 본인이 직접 고소하기가 곤란한 사정이 있어서 가족, 대리인, 시민단체 등 조력자에 의해 이루어지는 경우가 많다. 그런데 개정법에서는 경찰이 무혐의로 수사종결 처분을 해버리면

고발 사건은 그대로 끝난다. 이의신청을 할 수 있어야 검찰에 재검토를 받을 수 있고, 이때 검찰이 무혐의 처분을 하면 기존 제도대로 항고, 재항고, 그리고 법원 재정신청까지 여러 번 시정의 기회를 가질 수 있다.

그런데 고발 사건에서는 경찰이 최종심급이다. 즉 경찰이 대법관인 셈이다. 검경수사권 조정 때 생긴 이런 터무니없는 제도적 문제를 왜 아직도 그대로 두고 있는지 이해하기 힘들다. 직접 목소리 내기 어려운 사회적약자를 대리해 고발하는 경우가 잦은 내 입장에서는 납득하기 어려운 이유로 경찰이 수사종결을 해버리면 정말로 애간장이 타고 분노가 하늘까지 치솟는다. 경찰에게 직접 전화해서 언쟁을 하거나 다소 무례한 말투로 강력히 항의하는 것 외에 더 할 게 없다. 참으로 피해자들, 고발인들을 비참하고 무력하게 만드는 나쁜 법률 개정이 아닐 수 없다. 변호사 업계에서는 정치성향이나 전문영역을 불문하고 이 고발인 이의신청권 박탈에 대해 황당해하지 않는 이가 없다.

입법 당시 상황과 우리 정치권의 모습을 통해 추측해 보건대, 진영 논리의 과열로 여야의 강성 지지자들이 상대방 진영을 향해 고발을 남발하고 그 결과로 착수된 수사로 인해 실제로 주요 정치인들이 구속되기도, 유죄가 확정되어 지위가 박탈되기도 하는 경우가 점점 많아지다 보니 이런 고발 사건 자체를 경찰 선에서 조기에 종결 또는 증발시켜 버리려고 여야가 담합하여 입법한 게 아닌가 싶기도 하다. 충분히 합리적인 의

불온한공익

심 아닌가. 그렇지 않다면 대체 무엇을 위한 법 개정인지 납득할 만한 설명을 입법자가 해야 하는데 몇 차례 검경수사권 조정 문제로 국회 토론회에 참여했을 때도, 그 외 경로로도 들어본 적이 없다.

실무에서의 사례

(1) 경찰의 입장

현장에선 양질의 수사 인력 보강을 시급한 해결책으로 꼽는다. 서울경찰청 관계자는 "수사권 조정의 목적은 경찰이 일차적으로 고품질 수사를 통해 정확한 판단을 하라는 것 아니겠느냐"며 "사건을 검토할 충분한 시간을 확보하려면 결국 우수한 인력들이 추가로 배치돼야 한다"고 말했다. 불송치 결정에 대한 고소인의 불만과 검찰의 보완 수사 요구를 줄이려면 인력 보강 이외에는 마땅한 방법이 없다는 것이다.[43]

(2) 경찰의 증거 수집 불성실로 형사사건의 민사화 기현상

검경수사권 조정 이후 업무가 폭증한 경찰이 어렵거나 복잡한 사건을 기피하는 '사건 골라 받기' 현상, 적극 수사 회피 문제가 생기면서 형사사건의 민사화까지 이르고 있다. 원래 형사

---

43 이상무, "경찰 '책임수사 경험 부족' 검찰 '수평적 의사소통 미숙'", 《한국일보》, 2021년 6월 30일.

소송법상 고소인, 고발인, 사건 관계인들은 '수사의 단서'만 제공하면 되고, 수사는 수사기관이 하는 것이다. 너무나 당연한 말인데 그 '수사'를 경찰이 회피한다. 증거를 가져오라는 식이다. 증거는 수사를 해서 경찰이 수집을 해야 하는데 말이다. 그러다 보니 고소인(피해자) 입장에서는 경찰이 워낙 자발적인 수사를 안 해주니까 울며 겨자 먹기로 법원에 민사소송을 제기한 다음 재판부에 문서제출명령 신청, 사실조회 신청 등을 통해 관련 증거를 스스로 확보하고, 다시 경찰에 고소장을 제출하는 궁여지책까지 쓴다. 일선 변호사들 사이에서는 경찰이 수사관인지 판사인지 헷갈린다는 말까지 나온다.[44]

(3) 수사 기간의 지연

법원까지 가기 위해 15단계 이상을 거치기도 한다.

① 검찰 수사 대상인 '2대(부패, 경제) 중대범죄'가 아닌 경우 → ② 경찰 고소 및 수사 → ③ 경찰 불송치 결정 → ④ 검찰에서 90일 기록 검토 → ⑤ 불송치 결정 위법 부당 판단 → ⑥ 경찰에 재수사 요청 → ⑦ 경찰 불송치 결정 유지 → ⑧ 고소인 이의신청 → ⑨ 검찰로 사건 자동 송치 → ⑩ 검찰 수사 → ⑪ 검찰 보완 수사 요구 → ⑫ 경찰 보완 수사 후 송치 → ⑬ 검찰 수사 → ⑭ 검찰 기소 → ⑮ 법원 재판

---

44 강한, "검·경 수사권 조정 이후 '형사사건의 민사화' 기현상", 《법률신문》, 2021년 7월 19일.

결국 수사권 조정 이후 경찰서에는 사건들이 점점 쌓여가고 있다. 2021년 6월경 서울 지역 한 일선 경찰서 간부는 "최근 자체적으로 미제 사건을 조사했는데, 접수된 지 3개월 이상 된 고소·고발 사건은 카운팅하는 게 의미가 없을 정도로 많았다"며 "6개월 이상 장기 미제 사건의 경우 사이버팀은 1인당 40~50건, 경제팀은 1인당 10~20건에 달했다"고 했다.[45] 경찰에 신고한 피해자는 이렇게 또 피해를 입고 있다.

경찰청 홈페이지에는 경찰 사건 처리 지침이라든지, 고소 시 유의해야 할 점을 정리한 게시물이 없다. 2022년 1월 1일 이후 올라온 공지 사항 가운데 수사권 조정과 관련된 설명 자료는 찾아볼 수 없다. 이처럼 수사 서비스를 이용하려는 시민들은 경찰에서조차 기본적인 정보를 얻기 힘들다. 근본적이고 대대적인 법률 재개정이 있어야 할 것이고 그사이에 임시방편으로나마 수사 기간 상한선 통제 강화, 경찰 전문 인력(변호사 자격자 등) 추가 배치, 경찰 재교육이 시급하다.

---

45   이장호, "변호사시험 응시기간 예외사유에 '임신·출산 등' 추가하라", 《법률신문》, 2018년 7월 12일.

검경수사권 조정 이후
내가 경험한 사건

■ 불송치 결정문을 대리인에게 보내주지 않는다. 여러 고소인 중 한 명에게만 보내주고 나머지 고소인들에게 알려주라고 했다는데 그 통지를 받은 고소인은 사건 진행 중에 나머지 고소인들과 사이가 안 좋아져서 아무에게도 전달을 안 했다. 두 달 뒤쯤 사건 진행이 너무 안 돼서 대리인인 내가 경찰에 전화했을 때 비로소 불송치 결정 사실을 알았다. 심지어 경찰은 결정문을 대리인 변호사에게 보내줄 수 없다고 했다. 경찰이 그럴 의무가 있냐는 식이었다. 대리인 자격이 있는 변호사는 당사자와 마찬가지의 자격이므로 불송치 이유서를 변호사에게 줘야 한다고 하자 그게 법에 있냐며 변호사님이 왜 그런 걸 요구하냐며 비아냥댔다. 국가인권위와 국민권익위에 진정을 제기해 답을 구해보자고 하니 그제야 본인이 알아보겠다고 한 후 몇 시간 뒤에 사과했고, 불송치 결정문을 팩스로 바로 보내주었다. 불송치이유서는 그로부터 2주 뒤에 받게 되었는데 그 와중에 고소한 혐의 사실들이 몇 가지 누락되어 있었고, 그나마 있는 이유 내용도 '위 내용을 입증할 증거가 없음' 정도였다. 오타도 많고 비문도 많은 점을 보아 졸속이라고 느껴졌다.

■ 명예훼손죄, 모욕죄에 대해 여러 건을 고소·고발 했는데 고소 사건과 고발 사건을 구별해서 고소장과 고발장을 따로 작

성해 제출하라고 했다. 이에 피해자는 고소인이고, 목격자는 고발인이라서 고소·고발장을 하나로 내는 것이라고 하면서, 지금까지 한 번도 이렇게 고소장, 고발장을 따로 내라는 경찰은 없었다고 하자 자기는 그렇게 해야겠다고 우겼다. 경찰서장과 통화하겠다고 하자 그냥 없던 일로 하자고 했다.

■ 사기죄, 횡령죄를 비롯해 여러 건을 같이 고소했는데 사안이 복잡하고 양이 많으니까 사기죄 부분은 취하하고 나중에 다시 고소하라고 했다. 형사소송법상 재고소 금지 원칙(한번 고소했다가 취하하면 영원히 같은 건에 대해 다시 고소할 수 없는 원칙)을 설명하면서 무슨 소리냐고 항의를 했는데도 문제의식을 못 느끼고 사과하지도 않아서 경찰청 청문 감사실에 진정을 제기했다. 해당 경찰관은 징계를 받았고 사과를 했다.

■ 피의자 신문 과정에서 영상 녹화 절차에 대해 의무적으로 설명하도록 법률에 되어 있는데, 그 설명이 없기에 설명을 요구하니 일단 조사부터 하자고 했다. 영상 녹화실에서 하자고 하니 경찰서가 작아서 그런 공간이 없다고 짜증을 내기에 밖에 있는 상급자인 수사과장에게 항의했다. 결국 영상 녹화실이 있는 것으로 드러나서 해당 경찰서 청문 감사실에 수사관을 신고했다. 그리고 그 수사관은 징계를 받았다. 해당 수사관이 후에 전화로 내게 사과하면서 검경수사권 조정 후에 사건이 너무 많은데 위에서 빨리 처리하라고 쪼아대서 그랬다고 말했다.

■ 경제 사건, 노동 사건은 경찰을 상대로 교과서 내용이나 판례를 출력해 가서 최초 조사 때 개인 과외 교습식으로 알려 줘야 한다. 이런 기회라도 가질 수 있으면 다행이다. 보통은 그냥 본인이 모르는 법리 내용이면 들으려 하지도 않고 증거불충분으로 불송치 결정하는 경우가 많다.

■ 고소는 피해 입은 장소 또는 피해자 주소지 경찰서에 하면 되는데 피해 입은 장소 관할에서는 피해자 주소지로 보내고 피해자 주소지에서는 왜 여기 보냈냐며 고소를 취하하라고 했다. 그리고 원래 고소했던 피해 장소 경찰서로 다시 가서 고소하라고 한다. 관할에 대한 법률과 재고소 금지 원칙을 설명한 후에야 피해자 주소지에서 수사를 시작했다.

■ 검찰이 제도를 잘못 이해하는 문제도 있다. 업무방해 사건에 대해서 경찰 무혐의 수사종결이 되어서 이의신청을 하며 검찰에 동일 사실관계를 입증하는 추가 증거자료를 냈더니 추가 증거를 낼거면 이 증거에 대해서는 경찰에 다시 고소를 하라는 식이다. 검찰에서 추가 증거를 볼 수 없다거나 인지수사가 안 된다는 주장도 했다. 같은 사실관계에 대한 추가 증거에 불과해서 추가 고소할 사안이 아니라고 설명했음에도 검찰수사관이 이해를 못 하고 계속 무조건 경찰에 추가 고소를 하라고 했다. 추가 증거를 이의신청서에 첨부했다는 이유로 기존 증거들에 대해서도 통으로 아예 재판단하지 않겠다는 검찰수

불온한 공익

사관의 태도를 보고 당혹스러웠다. 검찰과 경찰이 어떻게든 제도 미비 또는 애매한 점을 이용해서 업무를 서로에게 떠밀려고 하다 보니 발생한 황당한 일이다. 검찰이 너무 무리하게 자기 권한을 축소 해석하는 경우도 있다는 것이다. 사법연수원, 로스쿨 동료 검사들의 시중 전언에 따르면 검찰수사관들이 일이 너무 없어져서 노는 시간이 많다고 한다.

■ 업무상횡령, 배임으로 고소했는데 계좌 내역 등 증거를 피해자와 변호사에게 다 제출하라고 한다. 증거를 제출할 때까지 수사를 하지 않겠다고 하며 대단히 무례한 태도를 보여서 수사관 교체를 요청했다. 교체된 수사관이 피고소인으로부터 계좌 내역을 임의제출 받고 참고인들을 조사한 후 범죄 사실 확인을 마치고 기소 의견으로 송치했다. 법원에서 벌금형이 확정되었다. 수사관 교체 신청 등 강력한 항의가 없었으면 그냥 묻혔겠다 싶어 아찔했던 경우가 이 외에도 너무나 많다.

■ 형법상 처벌 대상이 회사인 사건에서 회사를 고소해야 하는데, 고소인이 피고소인 기재란에 '○○회사 대표이사 ○○○'이라고 쓴 것을 이유로 트집을 잡았다. 경찰은 고소인이 회사 대표 개인을 고소한 것이고, 피고소인의 집 주소는 이 경찰서 관할이 아니니까 그 동네 관할로 사건을 이송하겠다고 한다. 일하기 싫어서 어떻게든 다른 지역으로 사건을 넘기려고 생트집을 잡는 식이다. 이런 경우 고소 내용상 처벌 대상이 회

사이므로 피고소인을 회사로 해석하여 고소인을 조사할 때 형식적 기재 오기만 수정하면 될 일이다. 기를 쓰고 사건을 안 맡으려고 이송을 고집하다가 결국 변호사와 언쟁을 하게 된 경우다. 상급자인 팀장에게 직접 전화를 걸어 항의하자 이송 없이 기존 수사관이 수사하기로 했다. 그 과정에서 수개월이 지연되어 버렸다.

■ 수사관이 조사 중에 너무 아무 말이나 하길래 고소장을 읽어봤는지 물어보자 안 읽어봤다고 대놓고 고백했다. 일이 많아서 조사 전에 고소장을 읽을 수가 없다고 당당하게 말했다. 중요 고소 사실에 대해서는 아예 조사도 안 하기에 성을 내고 말았다. "수사관님, 앞에 앉아 있는 사람이 변호사라는 걸 인지하고 말씀하세요. 아무 말이나 하지 마시고 신중하게 말하라고요", "죽은 피해자 나이가 저랑 동갑이에요. 결혼식 일주일 앞두고 불타서 사망했습니다. 사진 봤어요? 고소장을 안 읽었으니 사진도 못 봤겠지", "경찰공무원 맞습니까? 당신 가족이 이렇게 죽었는데 수사관이 지금 당신처럼 한다고 입장 바꿔 생각해 보세요." 그러니까 고개를 숙인다. 수사관 교체 신청을 했고 팀장으로 교체가 되었다.

■ 고소인을 피의자보다 귀찮아하는 경향이 있다. 본인들에게 일을 주는 사람이라고 생각해서일까. 의료사고 피해자가 의사를 업무상과실치상죄로 고소한 사건에서 피해자는 하반신

이 마비되어 출석하지 못하고 대리인인 나와 피해자의 처가 경찰에 출석했다. 수사관은 '하반신 마비'라는 증거가 어디 있느냐며 추궁하는 고압적 태도였다. 참으면서 의료기록을 다시 보여주었음에도 계속 의심을 하기에 '그럼 직접 병원으로 와서 보면 되지 않겠느냐. 환자가 여기 기어 와야 믿겠느냐'고 했다. 수사관이 '수술 전에 후유증과 부작용에 대해 설명을 듣고 의사 책임 면제 조항에 동의하지 않았느냐'라는 질문을 두 번이나 반복하기에 부적절한 의도라 생각했고 변호사의 보충 진술이 필요해 보였다. 고소 대리인이 대신 진술하겠다고 하자 '고소 대리인은 진술권이 없다'라고 수사관이 막았다. 헌법과 법률상 대리인은 진술권이 있고 실무에서도 그렇게 하며, 고소 대리인은 특히 수사에 도움을 주는 같은 편인데 왜 수사 방해라고 하느냐며 계속 옥신각신했다. 그러다가 '후유증, 부작용에 대한 설명이 의료과실의 위법성을 면책하지 않는다'고 말한 후 조서에 남겨달라 했음에도 수사관은 거부하였다. 그래서 수사를 종료시키고 조서에 날인도 안 하고 고소인을 데리고 나와버렸다. 즉시 수사관 교체 및 징계 신청을 했다. 사건이 아예 다른 팀으로 넘어갔다고 한 달이나 지나서 연락이 왔다. 다시 처음부터 설명해야 하는 상황이었다. 그사이 병원장과 피해자 환자는 매일 병원 안에서 다투었고 결국 원장이 경비인력을 동원해서 환자를 강제로 내쫓아버렸다. 하반신이 마비된 피해자는 지금도 치료를 못 받고 집에 방치되어 있다. 경찰의 무책임과 게으름은 이렇게 분쟁과 피해를 극단으로 치닫게 한다.

■ 변호인은 경찰서에 정보공개청구를 해서 피의자 신문조서와 고소장, 고발장 등을 교부받는다. 헌법상, 법률상, 그리고 검경 내부 규칙에 명시된 내용이고 당연히 실무상 그렇게 하고 있다. 그런데 원주경찰서에서 피의자 신문조서 및 고소장에 대한 변호인의 정보공개청구에 대해서 정보공개청구권한 위임장과 의뢰인 신분증 사본을 제출하라는 황당한 요구를 두 번이나 연이어 하기에 아예 행정소송을 해버렸다. 정보공개 거부처분 취소소송이다. 재판 날 판사가 경찰 측 소송수행자(재판에 출석하는 공무원)에게 짜증을 냈다. 그리고 조정 권고안을 내렸다. 거부처분을 취소하고 법원이 명령하는 소송비용은 원주경찰서가 다 내라는 것이었다. 경찰이 이의를 제기하지 않아 확정되었다. 그리고 경찰은 소송비용을 물게 되었다. 공무원이 무지하고 무책임하면 손발이 고생하는 것과 더불어 이렇게 시간 낭비, 세금 낭비를 한다. 이 사건은 대한변협에도 진정을 제기했는데 대한변협 역시 변호사 조력권 침해를 인정하여 공문으로 원주경찰서에 경고 및 시정권고를 했다.

　　　　　　　　　　　　　　　불온한 공익

때로는 '미움받을 용기'가 필요하다

수사기관에 피의자 변호인 신분으로 출석하게 되면 잘 대응해야 한다. '말싸움' 말이다. 여기서 밀리면 법에 있는 권리를 주장할 수 없다. 하고 싶어도 콘텐츠가 없으면 할 말이 없고, 콘텐츠가 있어도 기세가 달리면 입이 잘 안 떨어지거나 입이 떨어져도 무시당할 수 있다. 온순 성향의 변호인들에게 도움이 되고자 적어보는 글이다. 일반인 피의자들에게도 도움이 될 것이다. 변호사의 관점이다.

입장 入場

경찰서, 검찰청에 가면 벽돌 하나, 공기 입자 하나하나에서 조직적인 푸대접의 냄새가 나기 시작한다. 사람이 사람을 잡는 특유의 냄새가 있다. 코로 맡을 수는 없다.

수사관실, 조사실 또는 검사실 문을 열고 들어가면 나에게 가장 법적으로 적대적인 한 명의 대장 아래 서너대여섯일곱 명의 전사들이 버선발로 마중 나와 두 팔 벌려 나를 비非환대 한다. 그중 호전적인 한 명이 "선임계" 가져왔냐며 훅 들어온다. 변호인은 선임계를 넘겨준다. 그럼 수사관 중에 가끔 "참여 신청서"도 내야 된다며 갑질하는 사람이 있다. 그때 이렇게 답하면 된다.

"변호인이 선임계 가져와서 여기 서 있는 게 참여하러 온 건데 무슨 서류를 냅니까? 변호인이 구두로 참여 요청 해서 수사 방해, 증거인멸 등 특별한 사정이 없으면 피의자 옆에 동석하는 거지요. 그런 서류가 필수 요건이라는 법률이 있으면 봅시다."

선임계를 못 챙겨온 경우에도 A4용지 하나 달라고 해서 내용을 손으로 쓴 후 즉석에서 의뢰인 서명을 받아서 주면 된다. 그런데 그 외에 무슨 서류를 더 달라고 갑질을 한다면 신경 쓰지 않아도 된다. 그러니 당황하지 마라. 당황하면 들키고 그다음 단계도 어려워진다.

부당한 대우

그제야 의뢰인을 보니 수갑을 차고 앉아 있다. (이 글에서는 '수갑'을 예로 든다. 다른 부당한 대우를 대입해도 된다.)

불온한 공익

"이거 계구(수갑이나 포승 등 얽매는 기구) 좀 풀어주세요." 그러면 수사관은 더 호전적으로 눈을 부라리며 "안 됩니다. 이걸왜 풀어요." 이렇게 달려든다. 그럼 먼저 대답하지 말고 되물어야 한다. "채우는 사람이 근거를 대야지 '왜 풀어야 하는지'를나한테 묻는 게 맞습니까? 계구를 채우는 근거가 뭔데요?" 이러면 이상한 대답을 하게 되어 있다. 그때 수갑을 풀어야 할 근거를 말해주면 된다. (나의 그날 컨디션과 수사관의 불손한 정도에 따라서 때로는 "아니 법을 집행하는 수사관이 법적 근거도 모르면서 신체를강제로 구속해요? 그런 것도 안 배웠어요? 이거 큰일 날 사람이네." 이런말을 추가해도 괜찮다.)

그리고 아래 법률 및 판례를 말하면 되는데, 대충 외워서 말하기보다는 스마트폰에 저장해 놓고 꺼내서 정확하게 다 읽어주는 게 좋다. 분위기가 확실해지기 때문이다.

"형의 집행 및 수용자의 처우에 관한 법률 제100조 및 계호업무 지침입니다. 이에 따르면 조사 과정에서 자살, 자해, 상당한 도주 우려 등이 인정될 때만 예외적으로 인정되고 강제력의사용은 필요 최소한으로 그쳐야 합니다. 지금 이 사람이 자살, 자해, 도주 우려가 있습니까? 철문으로 저렇게 닫아놨고 지금여기 수사관들이 몇 명이나 둘러싸고 있어요?

그리고 헌법재판소는 2005년 5월 26일 2001헌마728 사건결정문에서, '조사실에 소환되어 피의자신문을 받을 때 계호교도관이 포승과 수갑을 채운 상태에서 피의자 조사를 받도록 한 행위'를 위헌이라고 분명히 했고, 2004헌마49 사건 결정문은, 조사 중 수갑을 채우는 근거라고 수사기관이 주장한 계호근무 준칙 제298조는 법률이 아닌 수사기관 내부 규칙에 불과하며 그 내용도 위헌이라고 하면서 '도주, 폭행, 소요, 자해 등 분명하고 구체적인 필요성이 있을 때 필요한 만큼만 계구를 사용해야 한다'고 했습니다."

그러면 약간 움찔하는데 숨도 쉬지 말고 바로 이어서 이렇게 말해야 한다.

"대법원은 2016다260660 판결에서 수갑을 채운 채 피의자 조사한 검찰공무원이 형집행법, 계호 업무 지침을 위반하는 불법행위를 했으므로 민사상 손해배상책임이 있다고 했고요. 지금 저는 계구 풀어달라고 분명히 요구했죠? 근데 지금 수사관님이 거부했습니다. 맞죠? 이거 책임질 수 있죠? 녹음기 좀 켤게요."

그리고 수사관에게 직책과 실명을 물어보면 좀 차분해져서 한 단계 높은 사람(팀장, 과장, 검사 등)한테 물어보러 간다. 그 높은 사람도 수갑을 안 풀어주면 이제 진짜 상황이 좀 진지해지는데 이렇게까지 했을 때 수갑을 안 풀어준 적은 한 번도 없었다.

말싸움, 기싸움

이제 수사관이 좀 젠틀해지는데, 때로는 약이 올라서 더 이상한 행동을 하는 사람도 있다. "아이고 제가 변호사님을 몰라봤네요. 아이고~." 이러면서 소위 '야지'를 놓는다. 이 정도가 되면 가만히 있을 수 없다. 그래서는 안 된다. '호구'가 될지 말지의 경계선이다. 그 순간 바로 그 사람 팔을 잡고 "당신 지금 뭐라 그랬어? 하…. 이리 좀 따라와 보세요"라고 하면서 한 단계 높은 사람한테 가자고 끄는 시늉을 하며 실랑이를 좀 한다.

그럼 시끄러워지면서 한바탕 고성이 오가고 한 단계 높은 사람이 무슨 일이냐며 다가오게 되어 있다. 이때다. 최대한의 예를 갖추어 한 단계 높은 사람에게 여쭙는다. "아니 ○○(직위)님 지금 이 사람이 저한테 이러저러하면서 비아냥대는데, 조사 동석 참여한 변호사한테 공무원이 이렇게 하는 게 맞습니까? 이 사람의 행동에 대해서 ○○(직위)님은 어떻게 생각하세요?"

그리고 "○○(직위)님, 대한변호사협회 차원에서 이 사람 공식적으로 문제 삼아도 되겠습니까? 수사기관 출입하는 변호사한테 공무원이 이래도 되나요. 이 사람은 원래 늘 이렇습니까?"

이러면 내게 팔을 잡혀 있는 수사관은 얼굴이 붉어지면서 움츠러든다. 한 단계 높은 사람이 나를 진정시킨 후 수사관에게 주의를 주고, 나는 조사석에 앉는다. 그때 다른 수사관들을 둘러보며 이렇게 말하면 된다.

(이 수사관이 우리 조사 담당이 아닌 경우) "저기 죄송한데 저 사람 저한테 말 좀 안 걸게 해주세요" 또는 (우리 조사 담당인 경우) "저 사람이 우리 조사 담당인가요? 그럼 다른 수사관으로 교체해 주세요. 지금 안 바꿔주면 오늘은 조사 안 받고 우리 의뢰인이랑 일단 집에 가겠습니다. 청문 감사실에 오늘 일 다 써서 수사관 교체 신청서 접수하고 갈게요"라고 한다.

그리고 피의자에게 귓속말로 잠시 화장실 좀 다녀오라고 말한다. 수사관은 피의자가 없는 사이에 조용히 내게 온다. "변호사님 아까 일은 제가 사과하겠습니다. 앞으로 제가 절차 관련해서 연락을 드리고 해야 하니까. 서로 좀…"이라고 하면 이제 성실하게 조사를 받으면 된다.

결론

이상의 내용은 필자가 실제로 겪은 일들이다. 극단적인 사례다. 대부분의 수사관은 친절하고 합리적이다. 불필요한 기세 다툼을 할 일이 잘 없다. 다만 강력범죄나 무죄를 강하게 다퉈야 하는 경우, 피의자가 사회경제적으로 너무 약자인 경우(전과자 포함), 부당한 방법과 절차로 증거 수집을 했거나 초동수사를 잘못했거나 강압수사를 한 바가 있는 등 수사기관이 법적·윤리적으로 켕기는 게 있는 경우, 그리고 이에 더하여 변호인이 초

불온한 공익

짜처럼 보이거나 사람 좋아 보인다면 위와 같은 분위기가 만들어질 가능성이 높다. 즉 언제든지 일어날 수 있는 일이다. 그래서 한번 써본 글이다.

수사기관 조사가 잡히면 혹시나 해서 필요한 법률 조항과 대사 한마디 한마디, 표정, 자세 같은 것들을 산책할 때나 화장실에 앉아 있을 때 계속 머릿속으로 그려본다. 소리 내어 혼잣말로 연습도 해본다. 내공이 쌓일 때까지는 그러는 수밖에⋯.

수사관들은 대부분 공적인 사명감과 정의로운 열정이 있다. 이렇게 열정 있으면서도 섬세한 집단적 푸대접 앞에서 혼자 맞서야 하므로 변호인과 피의자가 숨이라도 쉬려면 디테일과 연습만이 살 길이다.

디테일과 연습, 그리고 '미움받을 용기'다. 그것이 필요하다. 착한 아이 콤플렉스를 빨리 버리고 푸대접을 즐겨야 한다. 내가 예의 바르게 행동하고 있음에도 이 사람들이 점점 더 나를 싫어하는 것처럼 느껴진다면 내가 잘 대응하고 방어하고 있기 때문이다. 어쨌든 내가 밀리면 이 공간 안에서 모든 게 다 밀려 무너질 수 있으므로 씩씩하게 잘 해내야 한다. 변호인만 믿고 있는 의뢰인의 기본권과 방어권은 지켜내야 한다. 변호인이 의뢰인에게 해주어야 할 필요 최소한이다. 자백하고 선처를 구할지, 무죄를 구하며 다부지게 다툴지는 그다음 문제다.

어느 대기업 임원의 패가망신

"피고인을 징역 3년에 처한다. 그리고 40시간의 성폭력치료 프로그램 이수를 명한다."

판사가 판결을 마쳤다. 그리고 한마디 보탰다. "판결에 따른 수감 조치를 이행하여 주십시오." 그러자 대기하고 있던 교도 관들이 피고인 양쪽에서 팔짱을 끼고 그를 법정 옆 별도의 공 간으로 데려갔다. 피고인의 자세로 보아 끌고 갔다는 표현이 더 적절하겠다. 손을 강제로 잡고 끌거나 벽에 밀어붙이는 등 의 행동은 드라마에서 '멋진 남자주인공'의 모습으로 가끔 나 오는데 이는 폭력이고, 민간인이 이유 없이 이런 행위를 하면 폭행죄로 처벌된다. 여하간 이렇게 피고인이 법정에서 구속되 는 장면에서는 국가의 합법적 폭력이 가시화되어 드러난다.

불온한 공익

구속의 장면은 여러 형태다. 현행범 체포나 긴급체포로 인한 현장 구속, 체포영장 발부에 의한 거주지, 사무실에서의 구속, 그리고 법정에서 선고 직후 집행되는 법정구속이 있다. 시각적으로 가장 충격인 것은 불구속 상태로 재판받던 피고인의 법정구속이 아닌가 싶다. 그 이후 감옥에서 일어나는 일들은 더 심각하게 폭력적이다. 누구도 이의를 제기할 수 없이 거의 합법적인 폭력을 국가에 매일 당하게 된다.

저마다 선고일에 법정에 출석할 때는 '무죄나 벌금 또는 집행유예를 받을 수도 있겠지'라는 희망을 품는다. 변호인이 법정구속에 대해 설명해 줬겠지만 그래도 피고인으로서는 '법정구속이 될 여지도 없지는 않습니다' 정도로 이해한다. 불구속 상태로 매 재판 법정에 출석할 때와 마찬가지로 선고일에도 말끔한 복장으로 나온다. 그런데 선고가 끝남과 동시에 바로 수갑이 채워져서 감옥으로 끌려간다니 이 무슨 청천벽력이란 말인가.

이날 성폭력 범죄로 법정구속된 피고인은 글로벌 대기업의 고위급 임원이었다. 50대 초반 남성이고 아내와 다 자란 두 자녀가 있다. 부하 직원을 강간했다. 합의된 성관계라 주장하며 끝까지 뉘우치지 않았다. 그는 명예, 자존, 돈, 업적, 가족, 동료 등 사회적 존재로서 잃을 수 있는 모든 것을 잃었다. 나는 피해자(고소인)의 대리인으로서 그가 감옥에 가는 과정을 처음부터 끝까지 지켜보았다. 얼마나 후회스럽고 절망스러울지 그의 입장에서 생각해 보려 했다. 그런데 이내 그만두었다. 생각하고 싶지도 않았기 때문이다.

이것은 나의 편견일 수도 있는데, 대한민국 '남자 어른'은 가부장 문화로 인해 잘 안 바뀐다. 다 자라버린 대한민국 남자 어른이 자신에게 부족한 성인지적性認知的 감수성을 향상하거나, 인권 의식을 죽기 전까지 바르게 갖출 것으로 크게 기대하지 않는 편이다. 다만 범죄는 저지르지 않아야 한다. 패가망신敗家亡身. 가정이 무너지고, 자기 삶도 망한다는 뜻이다. 패가망신은 누구나 두려워할 테니 적어도 어떤 게 성범죄인지, 그리고 성범죄를 저지르면 어떻게 되는지를 사회가 잘 교육한다면 범죄를 줄일 수는 있겠다고 생각한다. '문화'가 아니라 '범죄'라는 점을 제대로 못 박아두자는 말이다. 뺨을 때리고서 "귀여워서 그러는 거야"라고 넘어가지 않는 것과 마찬가지다. 그것은 그냥 범죄다.

"밥 먹는 자리에서 젊은 여직원이 예쁘다고 칭찬한 거예요." 판사 앞에서 이렇게 말한 또 다른 피고인은 벌금형을 받고 민사 손해배상 책임이 인정된 후 회사의 이사장 자리에서 해임됐다. 회식 때 여자 사원의 피부가 좋다며 손등으로 턱을 두어 차례 만지고, 회식 후 집에 가려는 여자 사원의 손을 잡고 다 같이 맥주 한잔 더 할 건데 왜 먼저 가느냐고 한 죄다. 놀랍고 부끄럽게도 우리나라 남자들이 별 생각 없이 할 수 있는 행동이다. 이 정도로는 형사처벌되거나 회사에서 쫓겨나지는 않을 것이라고 여긴다. 그러나 이것은 명백한 범죄다.

다시 그 법정구속 된 대기업 임원을 떠올려 본다. 두 자녀가 뭐라고 생각할까. 또 지인들이 "그 양반 어디 갔대? 연락이 안 되네?" 이렇게 수군대다 소문이 퍼지면 그는 출옥 후 어떻게 살아갈까. 좋은 남자 어른이 되지는 못하더라도 범죄를 저지르지는 말자고 딱 그만큼만 기대하고 싶다.

"법 되게 좋아하시네." 성찰을 겁내는 사람들

의뢰인에게 메시지가 왔다. 작은 사회봉사 모임의 전임 대표가 대표실에 난입해 본인이 아직 대표이니 직인을 가져오라며 점거 난동 중이라고 한다. 그날 오전 법원이 가처분 결정을 내리면서 이미 대표 임기가 끝났다고 했음에도 난리를 친 것이다. 전임 대표는 재직 중에 절차도 없이 본인의 임기를 마음대로 연장하고 직원들을 부당 해고 하는 등 독재자로 군림했다. 그를 싫어하는 압도적 다수의 회원이 나를 대리인으로 선임해 그와 소송으로 다투었다. 그는 왜 아직도 패악을 부릴까.

제법 큰 법인에서도 비슷한 일이 있었다. 이사장이 공금을 횡령하고 직원들을 성추행해 총회에서 투표로 제명된 사건이었다. 적반하장으로 이사상은 총회 의장과 성폭력 피해 직원들을 명예훼손, 무고죄 등으로 모조리 형사고소하고 제명이 무효라는 민사소송까지 제기했다. 직원들은 제명만 하고 조용히 끝내려고 했는데, 상대가 먼저 법을 내세우며 달려드니 울며 겨자 먹기로 맞고소와 손해배상청구를 했다. 결과적으로 이사장의 주장이 모두 터무니없다는 판결이 내려졌고, 이사장이 피고소인이 된 형사사건에서는 이사장의 유죄가 인정되었으며 민사사건에서는 직원들과 회사에 막대한 손해배상금을 물어주라고 법원이 엄히 꾸짖었다.

잘못도 했고, 구성원 대부분이 자신을 원하지 않고 미워한다는 것을 누구보다 잘 알면서도 괜히 소송을 걸어 싸우는 아집을 뭐라고 설명해야 할까. 심리학에서는 '악성 나르시시즘'이라고도 한다. 인생을 송두리째 부정당했다고 생각하는 듯하다. 내가 그 사람의 변호사라면 수임료는 안 받아도 되니 이렇게 조언해 줄 것 같다. "그냥 인정하고 진심으로 사과하면 어느 정도 존중받을 수 있을 거예요. 그리고 뭐든 다시 시작하면 되고요."

그런 조언이 통할지는 의문이다. 자존감이 낮고 품격에 자신이 없는 사람일수록 타인의 조언에는 귀를 닫는 경향이 있다. 결국에는 충동적으로 행동하는 경우가 많다. 누군가로부터 공격을 받았을 때 특히 그렇다. 자신의 의견과 행위에 대한 비판을 마치 자기 존재에 대한 부정으로 받아들이는 탓에, '공격받았다'고 착각하는 경우가 잦다. 사실 그는 겁이 나는 것이다. 공감과 대화, 성찰과 사과, 그리고 행동 개선을 통한 관계 회복이라는 과정을 두려워한다. 이런 과정을 거치는 동안 나약한 자신이 버텨낼 수 있을까 겁이 나고, 누추한 자아가 들킬까 봐 걱정이 앞서기 때문이다. 또는, 귀찮은 것이다. 설명하고 토론해서 오해의 폭을 좁힌 다음 최선의 방안을 찾아 나서는 길이 번거롭다고 느낀다. 그 길에 나서본 적이 별로 없어서 방법도 잘 모른다. 대화하는 방법을 모른다는 뜻이다.

독재자들을 보자. 명분과 근거가 없는 자는 논리와 이성을 마주했을 때 감정적으로 언성을 높이거나 주먹을 휘두르고 만다. 낮은 자존감이 열등의식을 불러일으키기 때문이다. 민주적 공동체라면 명분 없이 날뛰는 자마저도 차분히 설득해 감싸안는다. 이렇게 볼 때 대화, 성찰보다 법을 먼저 꺼내는 자는 그야말로 평화로운 민주 공동체의 적이라 할 만하다.

법은 마지막 단계여야 한다. 형사사건의 피해자라면 가해자와 대화를 시도하기보다는 수사기관으로 가야 하지만 사사로운 인간관계 갈등 및 사회 활동 중의 분쟁인 경우에는 대화가 우선이다. 이런 대화가 불가능할 때 권리를 침해당한 사람이 구제나 조정을 요청하는 최후의 기관이 법원이다. 그런데 스스로 소통을 차단하고 막무가내로 행동해서 사람들과 불화를 빚은 사람이 적반하장으로 남들을 공격하거나 복수하려고 변호사 사무실이나 기웃거리는 경우가 있다. 그런 사람들을 볼 때 속으로 혼잣말을 하게 된다. '법 되게 좋아하시네.'

현실과 인식이 괴리된다면

확증편향이란, 자신의 신념과 일치하는 정보는 받아들이고 신념과 일치하지 않는 정보는 무시하는 경향을 말한다. 선거기간이 되면 자주 발견된다. '진영 논리'로 일컬어지는 닫힌 사고, 개인 정치인을 우상화하는 팬덤 정치의 주 동력원이다. 확증편향과 위 이상 현상들은 원인이기도 하고 결과이기도 하다.

어떤 의뢰인에게 '시무 2조'부터 화이트보드에 쓴 후 상담을 시작했다. 이렇게 상담을 시작한 사건이 여러 건 있다. 적긴 한데 드물지 않은 경우다.

1. 주위에 사건 조언 구하지 말 것
2. 확증편향 금지

정말로 "시무 2조"라고 썼다. 오죽했으면 이렇게 엄격하게 행위와 생각을 제한하도록 권했을까. '확증편향'의 개념에 대해 길게 설명까지 했다. 주위에 사회 활동을 열렬히 하는 지인이 많은 의뢰인은 그들에게 사건 이야기를 A부터 Z까지 다 하고 다닌다. 그럼 지인들은 다 사이비 판사, 검사, 변호사, 척척박사가 되어서 아무 말, 진짜 아무 말이나 하고 의뢰인은 그 아무 말 중 본인에게 유리하고 마음 편해지는 것들만 모아서 깊게 새긴 후 내게 온다. 그리고 그 아무 말들을 근거로 변호사의 설명에 반박하거나 변호사의 조언을 가벼이 여긴다. 본인에게 좋을 법한 알리바이는 지엽적, 말단적인 것이라도 어떻게든 겨우 캐치한 후, 모든 문제가 다 해결될 것처럼 선언하면서 강한 에너지를 그 순간에 쏟아부어 스스로를 안심시켜 버린다. 반대로 본인에게 불리한 상당수의 사실관계와 법리를 마주하면 인지하거나 이해하지 않으려고 의도적으로 집중하지 않는 게 보인다. 눈을 피하고 진지함을 거부한다. 그리고 거악을 창조해서 본인의 케이스가 바로 그 거악에 의한 억울한 희생이라 호소하기도 한다. 할 말을 잃은 나는 그래도 그에게 품은 작은 애정으로 묵비권을 강력히 권유하면서 이렇게 조언한다.

"수사기관이나 법원에 가서 그렇게 약을 올리면 경찰과 검사가 사명감을 가지고 일을 엄청나게 열심히 하게 됩니다", "판사는 바보가 아닙니다. 선생님에게 어떻게 하면 나쁜 판결을 내려서 혼낼 수 있을까 날을 새서 연구할 것입니다", "최악의 변호인이 누군지 아세요? 의뢰인이 듣기 좋은 말만 하는 사람, 의뢰인이 하고 싶어 하는 말을 수사기관 또는 법원에서 다 하게 하는 사람입니다", "뉴스에 나오는 정치인들의 변호인, 결국 감옥에 가는 정치인들 보셨죠? 그런 케이스가 되고 싶으세요? 그렇지 않다면 제 말에 따라주세요. 부탁입니다."

듣고 싶은 말만 듣고, 믿고 싶은 사실만 믿어서 스스로를 속이면 나쁜 결과를 마주할 수밖에 없다. 판결이든 사회 생활이든 가정이든 간에 대부분 망가지게 되어 있다. 스스로가 망가져서 일어나는 필연적, 연쇄적 사태다. 어른일수록, 사회적 지위가 높을수록, 가진 것이 많을수록 잘 배우려 하지 않는다. 그래서 자신과 관련한 사건이 일어나면 현실과 인식이 괴리된다. 고치기 여간 어려운 것이 아니다. 그래도 고쳐야만 나쁜 상황에서 가장 나쁜 결과를 피할 수 있다.

불온한 공익

나가는 글
"평화비용"

어떤 판사

재판 시작 전 판사가 법정 안으로 들어서면 법원 경위가 근엄하게 말한다. 방청석과 변호사석에 앉은 사람들 모두가 일어서고 판사가 가볍게 목례를 하며 판사석에 앉으면 법원 경위가 다시 말한다. "모두 앉으세요."

판사의 권위는 이런 의전에서 드러난다. 솔직히, 눈으로 보이지 않는 진짜 권위는 잘 볼 수 없다. 판사의 인간됨 말이다. 민사재판에서는 주로 서류만 왔다 갔다 할 뿐 법정에서 변호사와 판사가 말을 길게 섞을 일도 없고, 어차피 갈 데까지 간 사람들이 재판하러 나오는 것이니 판사가 당사자들에게 이러쿵저러쿵 의견을 말하지도 않는다. 건조한 판결문 이후 승자의 기쁨과 패자의 좌절이 판사에 대한 인간적 평가를 안개처럼 가린다.

그날은 40대 젊은 판사가 자리했다. 나의 사건 순서였지만 한 시간이 지나도록 앞 사건이 끝나지 않았다. '판사님 재판 참 열심히 하시네.' 이렇게 생각하며 지루하게 기다릴 뿐이었다. 밀려오는 짜증을 억누르려 재판 기록을 읽고 또 읽으니 다 외울 지경이었다. 드디어 우리 순서가 왔다. 판사가 지난 기일에 "다음 재판 때는 변호사님들만 오지 말고 당사자들도 꼭 같이 나오세요. 아셨지요?"라고 말했기 때문에 우리는 변호사와 원고, 변호사와 피고 이렇게 네 명이 짝을 이루어 앞으로 나갔다. 그러고 보니 바로 앞 사건에서도 당사자들과 변호사들이 우르르 나가는 것을 보았다. 또 한 번 생각했다. '판사님 재판 참 열심히 하신다.'

우리는 원고였다. 판사가 변호사 말고 원고가 직접 소송 이유를 말해보라고 마이크 기회를 줬다. 오래 걸렸다. 피고에게도 마찬가지로 발언 기회를 줬다. 역시나 오래 걸렸다. 누구나 타인의 행동은 단순히 결과만을 평가하지만 자신의 행위는 복잡하게 동기부터 이해시키려 한다. 그래서 변론, 변명은 길어지는 법이다. 그리고 판사님이 오래 닫았던 입을 열었다.

"양보는 결국 좋은 일입니다. 원고 입장에서는 다소 억울한 면이 있으시겠지만 물러서는 만큼을 평화비용이라고 한번 생각해 주시면 어떨까요?"

그러고는 따스한 미소로 우리를 바라봤다. '평화비용'이라는 단어에 원고가 움직였다. 조금 후 판사가 다시 말을 이었다.

"원고를 직접 뵈니 제가 많이 설득이 됩니다. 그러나 원고가 고등법원과 대법원에 올라가서도 오늘처럼 판사님들을 마주 해서 이렇게 대화를 나눌 기회가 또 있을까요? 그 판사님들은 원고의 마음이 아닌 기록만을 보고 판결문을 쓰실 거예요. 생각해 보세요. 저는 원고에게 좋은 판결문을 드릴 수도 있습니다. 그러나 피고가 고등법원과 대법원으로 상소를 할 거예요. 그럼 평화는 여전히 오지 않은 것이겠지요?"

기록을 보고 있다가 나도 모르게 고개를 들어 판사 얼굴을 쳐다봤다. 내 의뢰인도 여기서 끝난 것 같았다. 한 치도 물러섬 없던 채권채무 소송에서 갑자기 조정이 성립됐다. 조정 기일도 아닌 변론 기일에 조정이 성립되는 일은 흔치 않다. 그 판사의 능력이 무엇일까 생각해 봤다. 유독 박식하거나 카리스마 있는 주도권을 가진 것이 아니다. 첫째, 목소리가 부드럽고 인자하다. 둘째, 당사자의 이야기를 끝까지 다 듣는다. 셋째, "제가 볼 때는 이런 것 같은데 ○○ 씨는 어떤가요?"라고 질문한 후 생각할 시간을 준다.

주된 특징은 그 정도였다. 단순하지만 쉽지 않은 매력이다. 진심이 있어야 하고 그 진심을 전달하고자 하는 강한 의지도 필요하며, 무엇보다도 사람을 사랑하는 눈빛과 몸가짐이 오랜 시간 체화되어야 가능해 보인다. 속된 말로 판사에게 '심쿵' 하기는 처음이다. 이름을 기억해 두었다.

어떤 스님

2015년 11월 어느 야심한 밤, 민주노총 위원장 한상균은 서울 조계사로 들어갔다. 박근혜 정부의 노동법 개악에 반발하여 총파업을 주도한 혐의로 체포영장이 발부된 상태에서 사찰에 몸을 의탁한 것이다. 그는 조계종 화쟁위원회(이하 '화쟁위')에 중재를 요청했다. 화쟁위는 이를 받아들였다. '화쟁和諍'이란 불교의 철학 개념이다. '화和'는 화해和解·화합和合·조화調和를, '쟁諍'은 스스로 옳다고 주장하는 말이나 글을 뜻한다고 한다. 그러니까 '화쟁'은 쉽게 말해 분쟁을 화해케 하여 한 차원 높은 단계로 승화하는 철학을 말한다. 서양으로 치면 헤겔의 '정반합' 변증법 철학 같기도 하다.

화쟁위는 정부, 경찰, 노동계가 참여하는 대화의 자리를 제안했다. 그러나 경찰이 "범법자의 요구를 받아 대화하겠다는 것이 아니냐"며 이와 관련해 화쟁위와 대화하지 않겠다고 일축해 논의가 무산되었다. 당시 역학 관계는 복잡했다. 야당인 민주당의 소극성, 경찰과 청와대·여당의 강경함, 여론의 팽팽한 긴장감 등 그 복잡한 실타래를 조계종 홀로 풀 수 없었다. 사찰 밖에서는 민주노총 인사들이 입건되고, 극우단체가 조계종 총무원장 자승스님을 범인도피·은닉으로 고발했다. 조계사 신도들 일부가 한 위원장 퇴거를 시도하기도 했다. 노동계와 진보적 시민단체는 정부의 노동법 개악 및 공안정국 조성을 비판했

불온한 공익

다. 2015년 12월 9일 오전 '민주사회를 위한 변호사모임'이 조계사 앞에서 정부 비판, 문제해결을 촉구하는 기자회견을 열었다. 그리고 변호사들 몇 명이 사찰 안으로 들어가서 한상균 위원장을 만났다. 곁에 도법스님이었던 것으로 기억한다. 스님의 말씀이다.

"변호사님들이니까 이런 이야기를 해볼까요. 최고의 판결보다 최악의 화해가 낫다", "판결은 승패가 있지요. 결국 공존은 할 수 없습니다. 그러나 화해는 서로 양보해서 공존을 할 수가 있지요."

그날 오후 경찰은 12개 중대, 1,000여 명의 경찰로 조계사를 에워쌌다. 민주노총은 한 위원장 체포 시 즉각 총파업, 총력 투쟁에 돌입하겠다고 경고했다. 경찰은 체포 작전 강행을 결정했다. 사찰 안으로 들어가겠다는 것이었다. 네 시간의 대치 끝에 조계종 총무원장 자승스님의 요청으로 작전은 일단 중단됐다. 다음 날 오전 한상균 위원장은 자진 출두했다. 이후 여러 평가가 있었던 사건이다. 스님이 말씀하셨던 '공존'을 위한 '화해'는 아니었다.

노동조합, 장애인 단체 등 상대적 소수자·약자들이 가끔 강경 일색으로 보일 때가 있다. 왜 그럴까. '화해'는 서로가 한발씩 양보하는 것인데 더 이상 양보할 것도 없거나, 도저히 양보힐 수 없는 벼랑 끝에 한쪽이 서 있는 것은 아닌지 살펴볼 필요가 있다. 단지 '싸우지 좀 마라', '데모 때문에 차 막힌나' 할 것이 아니라 대화를 통한 화해가 가능한 상황인지, 누가 더 많이 양보해야 화해가 가능한지 잘 들여다보아야 한다. 진실은 대단히 구체적이기 때문이다. 인상비평은 쉽다.

어떻든지 간에 나는 여전히 스님의 말씀이 옳다고 생각한다. "최고의 판결보다 최악의 화해가 낫다." 다만, 화해는 힘의 균형이 맞을 때 가능하고, 힘의 균형을 위해서 누군가 더 많이 양보해야 할 때가 훨씬 더 많으며, 화해를 위해서는 용서가 필요한데 용서를 위해서는 사과가 전제되어야 한다. 이렇게 화해로 가는 길은 어렵다. 그래도 화해로 가야 한다. 이를 위해서는 더 많이 가진 자의 양보, 잘못에 대한 사과가 있어야 한다. 그렇게 했는데도 상대방이 화해를 거부한다? 그럼 그 상대방은 비난받아 마땅하다. 그러나 우리는 상황을 잘 들여다보지도 않고 거리에서 악다구니 쓰는 자들에게 무심코 "떼쓴다"고 한 적은 없었을까? 돌아볼 필요가 있다. 다시 강조하건대 진실은 대단히 구체적이기 때문이다. 그리고 정의는 대개 낮은 곳에서 만들어지기 때문이다. 높게 있는 자가 낮게 임할 때 평화도, 화해도 구현될 수 있다고 믿는다. '공익'이라는 표현에 알맹이를 꼭 넣어야 한다면 바로 이런 평화, 이런 화해가 아닐까.

불온한 공익